Contents

Our contents list has been mapped against the latest Edexcel GCE A Level specification, highlighting the language and grammatical structures which you will be required to demonstrate in the AS and A2 examinations. Grammar and structures are divided into AS and A2 level. For the A2 level, all grammar and structures listed under AS, along with those marked A2, will need to be actively demonstrated. For structures marked (R), receptive knowledge only is required.

D1494569

Introduction

Edexcel German Grammar for A Level is the comprehensive grammar reference of choice for students studying for A level. Taking a contemporary approach to language, it pairs detailed explanations with graded reinforcement exercises. A range of open-ended communicative activities is also included to encourage and develop the creative use of language using the grammar points covered.

 Our contents list has been mapped against the latest Edexcel GCE A Level specification, highlighting the language and grammatical structures which you will be required to demonstrate in the AS and A2 examinations.

Edexcel German Grammar for A Level aims to provide a systematic presentation of grammar points with sufficient back-up practice to ensure the points are adequately reinforced. It assumes that students will have 'discovered' most points in previous – probably topic-based – study, and therefore goes straight to the explanation of them.

 So wird's gemacht – 'This is how you do it: the rules of the road' The first section of each chapter sets out a grammatical rule or usage, with a clear explanation in English. This section can also be used purely for reference.

 Übung macht den Meister! – 'Practice makes perfect: the driving lesson' This provides practice and reinforcement exercises on a particular grammatical point. Where possible, the exercises are set within a realistic, self-contained context and most are designed to be suitable for individual study. There is a key at the end of the book for self-correction. This section is entirely in German.

 Freie Fahrt! – 'Off you go to enjoy the freedom of the road' The third section offers a range of more open-ended communicative activities in German, ranging from the fairly elementary to the more sophisticated, both oral and written. The activities are set in a variety of contexts in which the grammar point is likely to occur.

This arrow directs you from explanatory paragraphs to relevant exercises and/or to other explanatory paragraphs.

This arrow directs you from exercises back to relevant explanatory paragraphs.

1 Grammar – what is it?

Any language is a mechanism, and grammar is the system – or the rules and patterns – by which the language works.

Although at first you may sigh heavily at 'all the grammar' that has to be absorbed, once you have done so, you will find it does in fact help you enormously. It can often provide useful short cuts. For example, once you have learned one 'regular' verb, you know the pattern for **hundreds** of others. And, most importantly, once you have mastered each point of grammar, you are on the way to speaking and writing the language correctly!

But why do we need technical terms, such as verb, adjective or noun? Well, like any system or area of knowledge, such as engineering, information technology or horticulture, grammar has its technical terms, which enable us to talk about, explain and describe that subject. What follows is a brief explanation of some of the more common and useful grammatical terms which you will encounter in this book. If you really do know them all, just skip this chapter. If not, read it thoroughly and refer back to it when you need help in understanding these terms.

We have arranged this chapter so that you can use it in two ways. 1) You can read it through to revise your knowledge of grammatical terms, and perhaps learn some new ones, or 2) you can use it as a quick reminder if you come across a term that you have forgotten in the body of the book. To this end, we have provided below an alphabetical reference table, giving you the number of the paragraph in which you will find the term in question.

accusative case	1.2.6	imperative	1.4.4	reflexive pronoun	1.4.13
adjectival noun	1.2.1	indefinite article	1.2.1	reflexive verb	1.4.13
adjectives	1.2.7	indicative	1.4.6	**register**	**1.5**
adverbs	1.2.8	indirect object	1.2.5	relative clause	1.3.2
auxiliary verb	1.4.8	infinitive	1.4.3	relative pronoun	1.3.2
case	1.2.6	inseparable verb	1.4.11	sentence	1.3.3
clause	1.3.2	interrogatives	1.2.11	**sentence structure**	**1.3**
comparative	1.2.8	intransitive verb	1.4.14	separable verb	1.4.11
compound noun	1.2.1	main clause	1.3.2	singular	1.2.1
conditional	1.4.6	masculine	1.2.1	**spelling**	**1.1**
conjugation	1.4.5	modal verb	1.4.12	strong verb	1.4.7
conjunctions	1.2.10	nominative case	1.2.6	**style**	**1.5**
consonants	1.1.1	neuter	1.2.1	subject	1.2.5
dative case	1.2.6	noun	1.2.1	subjunctive	1.4.6
declension	1.2.2	object	1.2.5	subordinate clause	1.3.2
definite article	1.2.1	**parts of speech**	**1.2**	superlative	1.2.8
determiner	1.2.3	passive	1.4.10	syllables	1.1.2
direct object	1.2.5	past participle	1.4.9	tense	1.4.2
endings	1.4.5	person	1.4.5	transitive verb	1.4.14
feminine	1.2.1	phrase	1.3.1	umlaut	1.1.3
finite verb	1.4.1	plural	1.2.1	**verbs**	**1.4**
gender	1.2.1	prepositions	1.2.9	vowels	1.1.1
genitive case	1.2.6	pronoun	1.2.4		

1.1 Spelling

1.1.1 Vowels

Vowels are *a*, *ä*, *e*, *i*, *o*, *ö*, *u*, *ü*, *y*, and combinations of these. All other letters are called **consonants**.

1.1.2 Syllables

Syllables are the simple consonant + vowel units that make up a word:
ap-pe-tite, con-gra-tu-la-tions, *Ap-pe-tit*, *Herz-li-chen Glück-wunsch*.

1.1.3 Umlaut

An umlaut denotes the two dots placed above *a*, *o* or *u*: *Männer*, *das Öl*, *führen*.

(See also Chapter 3 on punctuation and spelling.)

1.2 Parts of speech

1.2.1 Noun

A **noun** is a person, name, concept, animal or thing (the policeman, Mary, unemployment, a cow, the plate: *der Polizist*, *Maria*, *die Arbeitslosigkeit*, *eine Kuh*, *der Teller*).

An **adjectival noun** is one formed from an adjective. It takes the usual adjective endings (the (male) German, the old woman, a newcomer: *der Deutsche*, *die Alte*, *ein Neuer*).

A **compound noun** is one formed by joining together two or more words (taxi driver: *das Taxi* and *der Fahrer* ⟶ *der Taxifahrer*).

Nouns can be **singular** (that is, one of something: a dog: *ein Hund*) or **plural** (that is, more than one: some dogs, four dogs, the dogs: *einige Hunde*, *vier Hunde*, *die Hunde*).

In German, every noun is either **masculine**, **feminine** or **neuter**. This is called **gender**. The gender of the noun will decide the form of the **definite article** (the word for 'the'), the **indefinite article** (the word for 'a') and the **determiner**.

1.2.2 Declension

Declension is the way a noun or adjective changes its case and number (singular/plural – see below) to indicate different meanings or grammatical functions. We thus talk about how nouns and adjectives **decline** or are **declined**.

1.2.3 Determiner

The **determiner** is the word which tells you which noun is being referred to, how many of the noun there are, or to whom the noun belongs; for example, 'those', 'some', 'our' (the table, the woman, a book, this man, every house, which town, our brother: *der Tisch*, *die Frau*, *ein Buch*, *dieser Mann*, *jedes Haus*, *welche Stadt*, *unser Bruder*).

1.2.4 Pronoun

A **pronoun** stands in place of a noun and means we do not have to keep repeating that noun (Mary gave the plate to her mother ⟶ She gave <u>it to her</u>: *Maria gab ihrer Mutter den Teller* ⟶ *Sie gab <u>ihn ihr</u>*).

1.2.5 Subject and object

The noun or pronoun who/which ***does the action*** is called the **subject** (in the above example, 'Mary'). The person or thing which ***has the action done to it*** ('the plate') is called the **object** or, more specifically, the **direct object**. The recipient, who gets given, sent, etc. the thing in question ('her mother') is the **indirect object** which in German is in the **dative case**.

1.2.6 Case

Case shows the role which a word or words play in a German sentence. The form of articles, determiners, nouns, pronouns and any adjectives used with them change according to case.

The **nominative** indicates the subject of the verb (see above).

The **accusative** is the direct object.

The **dative** is the indirect object.

The **genitive** indicates possession or the relationship between nouns.

As shown in Chapter 16, particular cases have to be used after prepositions.

1.2.7 Adjectives

Adjectives are used to describe nouns (an interesting film, the old roof: *ein interessanter Film*, *das alte Dach*).

1.2.8 Adverbs

Adverbs are used to describe verbs, adjectives and other adverbs (<u>Fortunately</u> nothing happened. I have a <u>very</u> old VW. She eats <u>terribly</u> quickly: *<u>Glücklicherweise</u> ist nichts passiert. Ich habe einen <u>sehr</u> alten VW. Sie isst <u>furchtbar</u> schnell*).

The **comparative** is used to compare adjectives and adverbs (a more important town, walk more slowly: *eine wichtigere Stadt, geh langsamer!*)

The **superlative** is used when you describe the 'most' or 'least' (the most important town, she walks the most slowly: *die wichtigste Stadt, sie geht am langsamsten*).

1.2.9 Prepositions

Prepositions tell you where something/someone is in relation to another in time or place, or they can indicate direction (before lunch, with my brother, under the table, into town, over the bridge: *vor dem Mittagessen, mit meinem Bruder, unter dem Tisch, in die Stadt, über die Brücke*).

1.2.10 Conjunctions

Conjunctions join words, phrases or clauses to each other (beer <u>and</u> wine, slowly <u>but</u> surely, <u>if</u> it rains, <u>when</u> he arrived: *Bier <u>und</u> Wein, langsam <u>aber</u> sicher, <u>wenn</u> es regnet, <u>als</u> er ankam*).

1.2.11 Interrogatives

Interrogatives are question words – such as when you interrogate someone (who? where? in what? *wer? wo? worin?*)

1.3 Sentence structure

1.3.1 Phrase

A **phrase** is a meaningful group of words (a cup of coffee, by the end of the year: *eine Tasse Kaffee, bis zum Ende des Jahres*).

1.3.2 Clause

A **clause** is a meaningful group of words containing a verb, usually in a tense. A **main clause** is one which can stand by itself (the table was made of plastic: *der Tisch war aus Kunststoff*). A **subordinate clause** (because I was too warm: *weil mir zu warm war*) and a **relative clause** (who was sitting at the table: *der beim Tisch saß*), introduced by a **relative pronoun** (who/that/which: *der*, *die*, *das*), cannot stand alone, since a **sentence** must always have a main clause.

1.3.3 Sentence

A **sentence** consists of a main clause and any number of subordinate clauses.

1.4 Verbs

A **verb** is a word which describes an action or state of being (I work, you play, he thought, to feel: *ich arbeite, du spielst, er dachte, sich fühlen*).

1.4.1 Finite verbs

A **finite verb** is the one verb in a sentence which changes to agree with the subject (see above); it can therefore be either singular or plural, and is always in a tense.

1.4.2 Tense

A **tense** relates the verb to time (past, present or future), telling you when the action takes/took/will take place. There are a number of different tenses in German which you will find explained in the body of the book.

1.4.3 Infinitive

The **infinitive** is the non-finite part of the verb, that is, a form which does not agree with a subject (see above) and is not in a tense. It is the basic form you will find in dictionaries and vocabularies (to eat, to travel, to answer: *essen, fahren, antworten*).

1.4.4 Imperative

The **imperative** form of the verb is used to express commands (Come here, Go away: *Kommen Sie her! Geh weg!*)

1.4.5 Verb endings

Verbs in tenses have **endings** (for example, *-te*, *-test*, *-ten*), one for each **person**. There are three persons:

1st person singular (I: *ich*) and plural (we: *wir*)
2nd person singular (familiar you: *du*, polite you: *Sie*) and plural (familiar you: *ihr*, polite you: *Sie*)
3rd person singular (he/she/it: *er/sie/es*) and plural (they: *sie*).

The way in which a verb changes its forms depending on these persons (for example, I go, he goes: *ich gehe*, *er geht*, etc.) is called its **conjugation**.

1.4.6 Subjunctive

Most verbs are in the **indicative** mood – the 'normal' form. There is also a **subjunctive** mood which is explained fully in Chapters 34–36. Among other things the subjunctive is used to form the **conditional** which is commonly found in conditional sentences, so called because they suggest some condition applies to the meaning of the main clause (If I had more money, I would go on holiday: *Wenn ich mehr Geld hätte, würde ich in Urlaub fahren*).

1.4.7 Strong verbs

A **strong verb** is a verb which undergoes a change to its stem in forming the simple past (we find/we found: *wir finden/wir fanden*) and sometimes also the 2nd and 3rd person singular of the present tense (I give/you give/he gives: *ich gebe/du gibst/er gibt*).

1.4.8 Auxiliary verbs

An **auxiliary verb** is used with a past participle to form tenses and the passive. The German auxiliaries are *haben*, *sein* and *werden* (Have you read it? He has come. It was built: *Hast du es gelesen? Er ist gekommen. Es wurde gebaut*).

1.4.9 Past participle

The **past participle** is used to form various tenses and indicates that an action is complete (I have seen it. We had painted the house: *Ich habe es gesehen. Wir hatten das Haus gestrichen*).

1.4.10 Passive

The **passive** is a grammatical construction in which the person or thing affected by the action of a verb appears as the subject of the sentence (see above). For example, the sentence 'My brother bought the book' can be expressed in the passive 'The book was bought by my brother': *Mein Bruder kaufte das Buch* ⟶ *Das Buch wurde von meinem Bruder gekauft*.

1.4.11 Inseparable and separable verbs

An **inseparable verb** has an unstressed prefix which does not separate from the verb and its past participle does not begin with **ge-** (I had forgotten: **Ich hatte vergessen**).

A **separable verb**, on the other hand, has a stressed prefix which appears separately from the main part of the verb in some structures (He invited me: **Er hat mich eingeladen/Er lud mich ein**).

1.4.12 Modal verbs

A **modal verb** is one which can be used with another verb to modify meaning (I do the work/I <u>have to</u> do the work. She does not play/She <u>is not allowed</u> to play: **Ich mache die Arbeit/Ich <u>muss</u> die Arbeit machen**. **Sie spielt nicht/Sie <u>darf</u> nicht spielen**).

1.4.13 Reflexive verbs

Some verbs are called **reflexive verbs**, because the doer does the action to himself/herself. A number of verbs are reflexive in German which are not necessarily so in English (to wash (oneself): **sich waschen**). The pronoun (myself: **mich**, etc.) which is used with these verbs is called the **reflexive pronoun** (see above for **pronoun**).

1.4.14 Transitive and intransitive verbs

A **transitive verb** is one which can have an accusative object (We saw the accident: **Wir sahen <u>den Unfall</u>**).

An **intransitive verb**, on the other hand, has no object at all (They are standing: **Sie stehen**) or is followed by a prepositional phrase (He is sitting on the chair: **Er sitzt auf dem Stuhl**) or takes an indirect object (She helps me: **Sie hilft mir**).

1.5 Register and style

The term **register** refers to the relationship between a speaker/writer and the person he or she is speaking or writing to. The formality or informality of what they say/write depends on a number of factors: how well they know each other, how old they are and what their status or standing is. You must be careful about what sort of language you use with Germans. The most obvious example of this is the **du/Sie** distinction but there are many other examples of language style which would be more appropriate between two students or two close friends (for example, **Tschüs!** or **Tschau!**) than between a doctor and patient or a bank manager and client (**Auf Wiedersehen**). There are various gradations of **style**, ranging from, say, writing/talking to a sixteen-year-old penfriend (very informal), to addressing a German friend's parents (fairly formal), to interviewing a German official as part of a foreign-language project (very formal). In this grammar we have tried to indicate when a certain style would not be appropriate and have included exercises and activities involving different registers. The best advice the learner can be given on this point, however, is not to use informal language with a German native until he or she uses it with you!

1.6 German grammar terms

While working through the exercises in the sections *Übung macht den Meister!* and *Freie Fahrt!* you may find it helpful to refer to the following list of grammatical terms:

Adjektiv, das	adjective
Adverb, das	adverb
Akkusativ, der	accusative case
Artikel, der (unbestimmt, bestimmt)	article (indefinite, definite)
bestimmte Artikel, der	definite article
Buchstabe, der	letter
Dativ, der	dative case
Deklination, die	declension (of noun)
direkte/indirekte Rede, die	direct/indirect speech
Endung, die	ending
Fall, der	case
Fragewort, das	interrogative
Futur I, das	future tense
Futur II, das	future perfect tense
Genitiv, der	genitive case
Geschlecht, das	gender
Imperativ, der	imperative
Infinitiv, der	infinitive
Infinitivsatz, der	infinitive clause
Kasus, der	case
konjugieren	to conjugate (a verb)
Konjunktion, die	conjunction
Konjunktiv I/II, der	subjunctive I/II
männlich	masculine
Modalverb, das	modal verb
Nachsilbe, die	suffix
Nebensatz, der	subordinate clause
Nomen, das (stark, schwach)	noun (strong, weak)
Nominativ, der	nominative case
Ortsadverb, das	adverb of place
Partizip I/II, das	present/past participle
Partizip Perfekt, das	past participle
Passiv, das	the passive
Perfekt, das	perfect tense
Plusquamperfekt, das	pluperfect tense
Präposition, die	preposition
Präsens, das	present tense
Präteritum, das	simple past tense
Pronomen, das	pronoun
Reflexivpronomen, das	reflexive pronoun
Relativpronomen, das	relative pronoun
Relativsatz, der	relative clause
sächlich	neuter

Satz, der	sentence; clause
Silbe, die	syllable
Superlativ, der	superlative
trennbar/nicht trennbar	separable/inseparable
unbestimmte Artikel, der	indefinite article
unpersönlich	impersonal
Verb, das (schwach, stark)	verb (weak, strong)
Vergangenheit, die	past (tense)
Vorsilbe, die	prefix
weiblich	feminine
Wortstellung, die	word order
Zeit, die	tense
Zeitadverb, das	adverb of time
zusammengesetzt	compound

2 Letters and sounds

 SO WIRD'S GEMACHT

You cannot learn German pronunciation from a book alone and therefore it is important that you practise all the examples in this chapter with a teacher and/or a native speaker.

2.1 The alphabet

Sometimes you need to spell German names and addresses. In order to do this you must know how to pronounce letters. The following guide to the alphabet gives you a **rough** equivalent of the sounds used in German spelling. The colon after some sounds indicates a long vowel, for example, *e*: is the English sound 'ay' as in 'say'; *a*: is the sound 'ar' as in 'far'; *u*: is the English sound 'oo' in 'fool' and *u* is a shorter sound with no exact equivalent in English.

a	a:	k	ka:	ß	scharfes S/es-tset
b	be:	l	el	t	te:
c	tse:	m	em	u	u:
d	de:	n	en	v	fau (like English 'ow!')
e	e:	o	o:	w	ve:
f	ef	p	pe:	x	iks
g	ge:	q	ku:	y	ypsilon
h	ha:	r	er (like English 'air')	z	tset
i	ee (as in English 'see')	s	ess		
j	yot				

You pronounce German more or less as it is written. However, there are a number of vowel and consonant combinations which sound the same but which you write differently.

2.2 Vowels

German vowels can be either long or short.

2.1.1 Long vowels

- Before single consonants, especially *b, d, g, m, n, t*:

sagen, *weder*, *Foto*, *gab*, *tragen*, *Samen*, *Mine*

Exceptions are a number of one-syllable words, such as:

an, *in*, *mit*, *unter*, *das*, *des*, *man*

- In double vowels:

Paar, *Boot*, *Beet*

- Before the silent *h*:

geht, *fehlen*, *ihnen*, *sahen*, *nah*, *drohen*, *Truhe*

2.2.2 Short vowels

- Before a double consonant:

Rasse, *hassen*, *Mutter*, *Hammer*, *Sommer*, *Himmel*

- Usually before **ch**:

Sache, *lacht*, *Nacht*, *sprechen*, *dicht*, *licht*, *Küche*

There are, however, a number of exceptions here:

hoch, *Buch*, *Sprache*

2.2.3 Syllables

You pronounce all the syllables in a German word. There is no final silent 'e' as in English 'hide', 'bathe', etc. Other than in colloquial usage, final *-e* will always be pronounced: *Zähne*, *Heide*, *bringe*.

2.3 Umlaut

You can place an umlaut on the letters *a* (= *ä*), *o* (= *ö*) and *u* (= *ü*). The vowel sound can be either short or long in accordance with the above guidelines.

- Short *ä* is very like short *e*:

Säcke, *Hände*, *Männer* (compare *sprechen*, *decken*, *brennen*)

- The long *ä* is like the vowel sound in English 'wear' or 'stair':

erträglich, *käme*, *Säge*

- Short *ö* has no real equivalent in English:

Schlösser, *möchte*, *könnte*

- Long *ö* is close to the sound 'ern' in English 'fern':

mögen, *Föhn*, *Stöße*

- You can approximate the sound *ü* by creating the English sound 'ee' with pursed lips. It is short in *müssen*, *Flüsse* and *München*, but long in *Lüge*, *grün* and *Füße*.

2.4 Diphthongs

Diphthongs are pairs of vowels which combine to produce a new sound. There are a number of common and important diphthongs in German.

- ***aa*** is the equivalent of a long ***a***:

Haare, Paar

- ***au*** is pronounced like 'ow' in English 'how':

bauen, Haus, glauben

- ***äu/eu*** are pronounced 'oy' as in 'toy':

Mäuse, Häuser, zeugen, Leute

- ***ai/ei*** are pronounced like English 'igh' in 'high':

Main, Haifisch, sein, treiben

- ***ee*** is pronounced like a long ***e***:

See, leer, Tee

- ***ie*** is pronounced like English 'ee' in 'see':

Sieg, lieben, wieder, die

- ***oo*** is pronounced like a long ***o***:

Boot

2.5 Consonants

You pronounce German consonants differently from the English equivalents only in the following instances:

- ***b*** is pronounced 'p' at the end of words:

hob, Lob, Sieb

- ***d*** is pronounced 't' at the end of words:

Lied, Hand, Bild

- ***g*** is pronounced 'k' at the end of words:

Sarg, mag, sag

✍ Note that you pronounce the combination *ig* like German *ich*, although in some parts of Germany people pronounce it '**ik**', and that the *g* in the combination *ng* is silent, as in English 'ring' (*singen*, *hängt*, *bringen*).

* *ch* is pronounced in one of two ways:

(1) like Scots English 'Loch' following either a short or long *a*, *o*, *u* and the diphthong *au*:

machen, kroch, fluchen, auch

(2) or like the 'sh' in English 'show' but produced further back in the mouth following all other vowels and diphthongs or a consonant:

brechen, Stich, Bäuche, streichen, riechen, welche

* *j* is pronounced 'y' at the beginning of a word or syllable:

Juwel, Junge, Jurist

* *qu* is pronounced 'kv':

Quark, quetschen, Quiz

* *r* at the beginning or in the middle of a word is a sound which you produce quite far back in the mouth; it involves a certain amount of vibration and is generally a harsher sound than the 'r' in English 'rugby':

Rat, Kreide, fahren

* At the end of words you do not pronounce *r* but it changes the sound of the final syllable to something close to the 'a' in English 'land':

*Bru**der**, Lut**her**, Va**ter***

* *s* is pronounced 'z' before a vowel:

sagen, lesen, leise

* *sch* is pronounced 'sh':

scheinen, Schneider, frisch

* *ß* is always pronounced 'ss' as in English 'mess':

weiß, schließen, Fuß. See Chapter 3 for rules concerning the use of *ß* and *ss*.

* *st*, *sp* are pronounced 'sht' and 'shp' respectively at the beginning of a word or syllable: *Stuhl, verstehen, spenden, entspannen*

* *v* is pronounced 'f' at the start of words or syllables and at the end of a small number of words:

viel, vier, unverträglich, brav

- **w** is pronounced 'v':

weil, **wann**, **Lawine**

- **y** is pronounced like **ü**:

Physik, **Mythos**, **systematisch**. Only at the start of words of foreign origin do you pronounce it 'y': **Yoga**

- **z** is pronounced 'ts' when it begins a word or syllable:

zeigen, **Zoo**, **inzwischen**

 # ÜBUNG MACHT DEN MEISTER!

1 Hören Sie den Unterschied?

Hören Sie gut zu, während Ihr(e) Lehrer(in) folgende Wortpaare ausspricht. Versuchen Sie ihm/ihr die Wörter dann nachzusprechen.

```
treiben – trieben
beide – bieder
deine – diene
reiten – rieten
fuhren – führen
wurden – würden
ruhen – rühren
Mutter – Mütter
Zahn – Zähne
rate – Räte
Vater – Väter
sagen – sägen
hohle – Höhle
Bonn – Köln
fordern – fördern
offen – öffnen
```

2 Wie sagt man das?

Versuchen Sie nun auch folgende Wörter zu wiederholen:

a   Mine, lange, bringe, Ruhe, fliehe
b   zeigen, Zoo, ziehen, Züge, Zelt
c   System, Physik, Psychologie
d   Kreide, braten, Freitag, Risiko, russisch, Ratte, Roboter, direkt, fahren, Lager, weiter
e   schneiden, schade, Schuhe, waschen, frisch
f   Sahne, sitzen, stehen, Stuhl, spielen, spülen, reisen, leise, Fest, Last, Maus, Haus
g   Hase, Hunger, geht, nah, fahren, ihnen
h   Garten, Lage, lügen, mag, windig, auswendig, Garage, gelingen, bringen
i   sicher, lachen, brechen, streichen, welcher, nicht, hoch, Sprache
j   möchte, könnte, Schlösser, mögen, Föhn
k   Füße, Flüsse, grün, Lübeck
l   Bände, Männer, Länder, träge, Bären
m   wenn, woher, Westfalen, Winter, Lawine, Juwelen
n   Volkswagen, von, Vetter, vorwärts
o   Quiz, Qual, quer, Qualifikation
p   Januar, Justiz, Joghurt, jawohl
q   Paare, Trauben, Kräuter, Freude, rein, Main, Tee, Boot
r   Wind, Land, verschwand
s   Lob, hob, Sieb

 **FREIE FAHRT!**

3 *Wie schreibt man das?*

Schreiben Sie eine Liste von zehn englischen/amerikanischen Familiennamen und zehn englischen/amerikanischen Städten. Sie sind Polizist(in) und halten ein zu schnell fahrendes Auto an. Fragen Sie, wie der ausländische (britische, amerikanische) Fahrer heißt und woher er kommt. Ihr(e) Partner(in) übernimmt die Rolle des Autofahrers. Machen Sie kurze Dialoge.

zum Beispiel:

A: Wie heißen Sie?
B: Sanders.
A: Wie schreibt man das?
B: S-a-n-d-e-r-s.
A: Und woher kommen Sie, Herr Sanders?
B: Aus Oldham, in England.
A: Wie bitte? Buchstabieren Sie, bitte.
B: O-l-d-h-a-m.

Nach jedem Dialog tauschen Sie die Rollen.

3 Punctuation and spelling

 ## SO WIRD'S GEMACHT

Several reforms to German spelling and punctuation have recently been implemented by Germany, Austria and Switzerland. This chapter incorporates these changes and indeed the whole book is written in accordance with the new rules. If you have already learned the old spelling conventions, the list of new spellings on pages 18–21 will serve as a guide to the major changes and help you to learn the new rules.

Punctuation rules tend to be a lot stricter in German than in English. There are a number of key points which the student of German must learn.

3.1 Capitals

You must use capital letters:

- for all nouns (including adjectives used as nouns – see Chapter 8)
- at the start of a sentence
- in the titles of books, films and plays
- for the polite second-person pronouns and possessive adjectives (i.e. *Sie*, *Ihnen*, *Ihr*).

 Exercise 1

3.2 Commas

Although the recent reforms have relaxed the rules on commas, they are still used more in German than in English.

3.2.1 Use of a comma

- To separate a main clause from a subordinate clause:

Chapter 1, Section 1.3.2

Wenn Sie einen Moment Zeit haben, könnten Sie mir vielleicht sagen, warum diese Uhr, die ich gestern bei Ihnen gekauft habe, nicht richtig funktioniert.
When you have a moment to spare, perhaps you could tell me why this watch which I bought here yesterday is not working properly.

But note that you do not separate with a comma a *series* of subordinate clauses linked by *und* or *oder*:

Es war schon klar, dass sie zum Spiel nicht kommen wollte und dass sie gar kein Interesse am Sport hatte.
It was clear that she didn't want to come to the match and that she had no interest at all in sport.

- To separate adjectives before a noun when they are considered to be of equal importance, that is, when one of them could be used on its own without affecting the meaning of the other. Compare the following:

    *Er ist der zurzeit **bekannteste deutsche** Fußballspieler in Großbritannien.*
    He is the best-known German football player presently playing in Great Britain.

    *Siehst du das Mädchen mit den **langen, dunklen** Haaren?*
    Can you see the girl with the long, dark hair?

(A useful way of deciding whether a comma is needed is to see if the adjectives could be linked by **und**. If so, you should insert a comma.)

- To separate items in a list:

    Wir haben viele Früchte gekauft: Äpfel, Bananen, Pfirsiche, Apfelsinen und Birnen.
    We bought a lot of fruit: apples, bananas, peaches, oranges and pears.

Note that there is no comma before **und**.

- To indicate a noun in apposition (see Chapter 37):

    *Meinen Freund, **den Anwalt**, kennst du ja schon, oder?*
    Of course, you already know my friend the lawyer, don't you?

- To indicate a decimal point:

0,012	0.012
6,4	6.4
112,5	112.5

3.2.2 Optional use of a comma

- To separate a main clause from a **zu** + infinitive clause:

    Wir haben nächste Woche vor(,) nach London zu fahren.
    We intend travelling to London next week.

    Wir empfehlen ihm(,) nichts zu sagen.
    We recommend he says nothing.

- To make the meaning clear in a participial phrase (that is, a phrase using a present or past participle – e.g. **singend, gesungen**):

    Ihre Wohnung betreffend(,) möchte ich folgenden Vorschlag machen.
    I'd like to make the following suggestion with regard to your flat.

Exercise 4

3.3 Other punctuation

3.3.1 Exclamation marks

You use exclamation marks in commands (**Komm rein!** 'Come in!', **Bedien dich selbst!** 'Help yourself'), greetings (**Guten Morgen!** 'Good morning', **Herzlichen Glückwunsch!** 'Congratulations') and exclamations (**Du lieber Gott!** 'Good heavens!').

Note that nowadays you rarely use exclamation marks at the start of correspondence (for example, **Sehr geehrte Frau Debus!**). Instead you should use a comma and start the message with a small letter:

> Liebe Anna,
> vielen Dank für deinen Brief . . .
> Dear Anna,
> Many thanks for your letter . . .

3.3.2 Full stops

Full stops are used after ordinal numbers (**am 20. November** 'on the 20th of November') and abbreviations (**d.h.** for **das heißt** 'that is/i.e.'; **z. B.** for **zum Beispiel** 'for example'). But note you do not use a full stop after initial letter abbreviations such as, **CDU, BMW, GmbH**.

3.3.3 Quotation marks

Traditionally, opening quotation marks in German have always been placed at the bottom of the line:

„Zum Beispiel".

Increasing standardisation in the computer age now means that in German too you frequently find English-style quotation marks:

"Zum Beispiel".

You use single quotation marks for reference to an item within quotation marks:

> Er fragte uns: „Weißt du, was ‚gefährlich' auf Englisch heißt?"
> He asked us: "Do you know what the English for 'gefährlich' is?"

3.4 *ss* or *ß*

ß is not used in Switzerland, but in both Germany and Austria it is always used after a long vowel:

hieß, Straße, Spaß, Füße, Maße, Größe (but **not** after a short one: Flüsse, genossen, musste, muss, missverstehen, essbar, dass)

Note that you always use **SS** in upper case:

FUSS

➡ **Exercise 3**

3.5 Splitting words

3.5.1 Division of words

German has a number of rules concerning the division of words at the end of a line. The basic rule is that the split (and hyphen) comes at the end of a syllable:

spä-ter, lau-ter, un-er-klär-lich

This means a single consonant goes onto the following line, as does the last in a series of consonants:

Ru-der, he-ben, Was-ser, Drechs-ler

3.5.2 Further division of words

Note, however, the following refinements of this rule:

- Compound words and words with a prefix are divided according to their constituent parts:

aus-stehen, Frei-tag, be-treten, ge-sehen

- ***ch***, ***ck*** and ***sch*** are not split:

Bü-cher, ausdrü-cken, Zu-cker, Fla-sche

- Where ***ss*** is used in Austria or Switzerland instead of ***ß***, it can be split ***s-s***:

heis-sen

- The diphthongs ***ai, au, äu, ei, eu, ie*** and ***oi*** are not split:

Kai-ser, Häu-ser, ei-nig, neu-lich, Wie-se

3.6 Summary of reforms to German spelling

The new rules have been compulsory in all written German since 1 August 2005. Here is a summary of the most significant changes not already covered above.

3.6.1 The underlying principle

The main principle underlying the reforms is that spelling should be based on the stem or root of a word. For example, ***plazieren*** has changed to ***platzieren*** to show that it is related to ***der Platz***. Other examples of this type of change are:

Roheit	has changed to	*Rohheit*
numerieren (compare *Nummer*)	⟶	*nummerieren*
Stengel	⟶	*Stängel*

3.6.2 One word or two?

- Most separable verbs with a noun are written as two separate words (compare **Auto fahren**):

eislaufen	⟶	Eis laufen
staubsaugen	⟶	Staub saugen
radfahren	⟶	Rad fahren

- The same applies to adverbial elements:

aneinandergeraten	⟶	aneinander geraten
aufeinanderfolgen	⟶	aufeinander folgen
dabeisein	⟶	dabei sein
zusammensein	⟶	zusammen sein

- Where an adjective or a verb is the separable part of a separable verb, these are usually written as two words:

liegenlassen	⟶	liegen lassen
sitzenbleiben	⟶	sitzen bleiben
übrigbleiben	⟶	übrig bleiben

- Other inconsistencies eliminated include:

irgend jemand	⟶	irgendjemand (like irgendwer)
irgend etwas	⟶	irgendetwas (like irgendwer)
soviel	⟶	so viel (like so viele)
wieviel	⟶	wie viel (like wie viele)

3.6.3 Capital letters

- Adjectives in set phrases, especially when preceded by a preposition, are written with a capital letter:

im großen und ganzen	⟶	im Großen und Ganzen
im allgemeinen	⟶	im Allgemeinen
in bezug auf	⟶	in Bezug auf
im besonderen	⟶	im Besonderen
im einzelnen	⟶	im Einzelnen
bei arm und reich	⟶	bei Arm und Reich
zum ersten, zum zweiten	⟶	zum Ersten, zum Zweiten
für groß und klein	⟶	für Groß und Klein
recht haben	⟶	Recht haben
und ähnliches (u. ä.)	⟶	und Ähnliches (u. Ä.)

- Adjectives used as nouns usually have a capital letter:

Es ist das beste, wenn. . .	—▶	*Es ist das Beste, wenn. . .*
Das einfachste ist, wenn. . .	—▶	*Das Einfachste ist, wenn. . .*
auf deutsch	—▶	*auf Deutsch*
im dunkeln bleiben	—▶	*im Dunkeln bleiben*
jeder dritte/der einzelne	—▶	*jeder Dritte/der Einzelne*
das gleiche tun	—▶	*das Gleiche tun*
auf dem laufenden sein	—▶	*auf dem Laufenden sein*
als nächstes	—▶	*als Nächstes*

- In set phrases consisting of adjective and noun, the adjective may have a small letter:

das Schwarze Brett	—▶	*das schwarze Brett*
die Erste Hilfe	—▶	*die erste Hilfe*

However, if the phrase denotes a prominent institution or phenomenon, capitals are used throughout:

die dritte Welt	—▶	*die Dritte Welt*
der Deutsche Bundestag	—▶	*der Deutsche Bundestag*

- Nouns used as adverbs in time expressions have a capital letter:

heute abend	—▶	*heute Abend*
morgen nachmittag	—▶	*morgen Nachmittag*
gestern nacht	—▶	*gestern Nacht*

- Nouns used in fixed constructions with the verbs **sein**, **werden** and **bleiben** continue to be written with a small letter:

schuld sein	—▶	*schuld sein*

But note:

an etwas schuld haben	—▶	*an etwas Schuld haben*

3.6.4 Spelling with *gh*, *ph*, *rh*, *th*

The letter combinations *gh*, *ph*, *rh* and *th* may be replaced by *g*, *f*, *r* and *t* respectively. Alternative spellings are allowed in many cases:

Orthographie	—▶	*Orthographie or Orthografie*
Thunfisch	—▶	*Thunfisch or Tunfisch*
Joghurt	—▶	*Joghurt or Jogurt*
Delphin	—▶	*Delphin or Delfin*
Geographie	—▶	*Geographie or Geografie*

3.6.5 Personal pronouns

The formal second-person form *Sie* continues to have a capital letter, but all the forms of the informal *du* and *ihr* usually have a small letter, even in correspondence.

 **Exercise 1**

3.6.6 Multiple consonants

Where three identical consonants come together as a result of word formation, all three are written:

stillegen (= still + legen) ⟶ *stilllegen*
Schiffahrt (= Schiff + Fahrt) ⟶ *Schifffahrt* or *Schiff-Fahrt*
Gewinnummer ⟶ *Gewinnnummer* or
  (= Gewinn + Nummer)   *Gewinn-Nummer*

Where an *h* has been omitted before **-heit**, it will be restored:

Roheit (= roh + -heit) ⟶ *Rohheit*

🚗 ÜBUNG MACHT DEN MEISTER!

1 Brief an Gasteltern in Deutschland

Clare, eine Studentin aus Liverpool, bedankt sich nach einem Auslandsaufenthalt bei Familie Wagner, ihren Gasteltern. Leider vergisst sie, dass man in deutschen Briefen die Personalpronomen (Sie, Ihnen, Ihr, etc.) mit Großbuchstaben schreibt. Verbessern Sie die Fehler im Brief.

◀ **Sections 3.1, 3.6.5**

Liebe Familie Wagner,

nach den herrlichen Sommerferien bei ihnen in ihrem Ferienhaus am Bodensee wird es schwer für mich, mich wieder hier in der Großstadt einzuleben, und ich werde noch lange an die schöne Zeit bei ihnen denken.

Ich möchte ihnen nochmals ganz herzlich für ihre Gastfreundschaft danken, besonders für die Hilfe bei meinen Problemen mit der deutschen Sprache. Ich weiß, dass sie viel Zeit für mich geopfert haben und ich danke ihnen beiden für ihre Mühe und Geduld.

Besonders ihnen, Frau Wagner, möchte ich aber danken, dass sie es so leicht für mich gemacht haben, mich bei ihnen in ihrer Familie wohl zu fühlen und dass sie mich so mit ihrem guten Essen und ihrem selbstgebackenen Kuchen verwöhnt haben. Auch dass sie mir ihr Fahrrad für Ausflüge in die Umgebung geliehen haben, fand ich sehr nett, und die vielen Autofahrten, zu denen sie und Herr Wagner mich eingeladen haben, haben mich schnell mit der schönen Umgebung vertraut gemacht.

Hier in England fängt jetzt der Ernst des Lebens wieder für mich an und ich hoffe sehr, dass die Zeit bei ihnen sich positiv auf meine Deutschnoten auswirken wird.

Ich danke ihnen nochmals ganz herzlich für die schönen Tage in ihrem Haus am See und sende besondere Grüße an Maxi, ihren kleinen Hund, den ich sehr vermisse.

Bitte grüßen sie auch alle ihre Freunde von mir.

Liebe Grüße

ihre Clare

2 Ein Geschäftsbrief

Herr Reisers neue englische Sekretärin vergisst immer wieder, dass deutsche Nomen und Pronomen mit Großbuchstaben anfangen. Verbessern Sie die Fehler der Sekretärin.

◀ **Sections 3.1, 3.6.5**

Sehr geehrter herr Boll,

wir danken ihnen für ihre anfrage nach einem prospekt unseres hauses.

Wir haben ihnen wunschgemäß ein doppelzimmer mit seeblick für die zeit vom 7.7.-21.7. in unserem hause reserviert. Der preis, den wir ihnen berechnen, hängt von der ausstattung des zimmers ab. Falls sie ein zimmer mit balkon wünschen, würde sich der preis um 2 Euro pro tag erhöhen. Dürfen wir sie auch darauf hinweisen, dass in dem preis das frühstück und das abendessen eingeschlossen sind.

Würden sie uns bitte mitteilen, ob sie mit dem wagen anreisen und somit eine garage oder einen stellplatz benötigen.

Wir legen für sie den hotelprospekt bei und erwarten ihre baldige rückantwort.

Mit freundlichen grüßen

ihr

Magnus Reiser
(hotelmanager)

3 Lange oder kurze Vokale?

Lesen Sie die folgenden Wörter und entscheiden Sie, ob sie mit **ss** oder **ß** geschrieben werden. Ordnen Sie sie in Gruppen ein.

◀ **Section 3.4**

Nomen ss	Nomen ß	Verben ss	Verben ß
Schloss	schliessen	schiessen	Schuss
Schluss	Spass	Strasse	Gruss
Grüsse	Nuss	küssen	hassen
Sosse	Pass	heissen	essen
wissen	müssen	Strauss	Riss
stossen	reissen	lassen	grüssen

4 Vorsicht auf überfüllten Rolltreppen!

Frau Bauer beschreibt einen Vorfall während ihres Urlaubs in einer Großstadt. Leider weiß sie nicht, wann man im Deutschen Kommas benutzt. Setzen Sie bitte die Kommas in den Brief ein.

◀ **Section 3.2**

Als wir diesen Sommer in der Landeshauptstadt waren hatten wir ein unangenehmes Erlebnis denn wir wurden von Taschendieben am Bahnhof beraubt.

Wir waren gerade nach langer ermüdender Fahrt aus dem Zug ausgestiegen und mein Mann der die Koffer trug folgte mir zum Bahnsteigende. Aber weil wir uns am Hauptbahnhof nicht auskannten stellten wir die Koffer ab um uns an der Information nach einem Hotel zu erkundigen. Mein Mann setzte sich auf eine Bank und las die Zeitung während ich mich auf den Weg zum Informationsbüro machte. Danach hatten wir vor mit einem Taxi zum Hotel zu fahren denn wir waren sehr müde von der Fahrt.

Als ich auf der Rolltreppe die voller Menschen war ins Untergeschoss des Bahnhofs fuhr bemerkte ich eine Gruppe junger Männer die heftig diskutierten und ein bisschen betrunken schienen.

Ich betrat das Informationsbüro buchte ein Hotelzimmer kaufte einen Stadtplan und erkundigte mich nach einem Taxistand. Weil wir kein Bargeld bei uns hatten holte ich noch schnell etwas Geld vom Geldautomaten am Eingang. Als ich wieder zur Rolltreppe zurückkehrte wollten mehrere Männer gleichzeitig die Rolltreppe betreten.

Wir gingen sofort mit unserem Gepäck zum Taxistand nahmen ein Taxi und fuhren direkt zum Hotel. Aber als wir dort ankamen und ich den Taxifahrer bezahlen wollte merkte ich dass der gesamte Inhalt meiner Handtasche fehlte: Geldbeutel Pässe Fahrkarten Hotelreservierung und Kreditkarten waren verschwunden! Da wurde uns klar dass ich auf der Rolltreppe Taschendieben in die Hände gefallen war!

 **FREIE FAHRT!**

5 Es geht um die Rechtschreibung!

a Arbeiten Sie zu zweit! Jede(r) sucht einen kurzen Absatz (ca. zehn Zeilen) aus einem deutschen Buch (Lehrbuch/Schulbuch) oder einer deutschen Zeitung/Zeitschrift und schreibt ihn nur mit Kleinbuchstaben ab. Tauschen Sie dann mit einem (einer) Partner(in) und setzen Sie die Großbuchstaben ein. Geben Sie nachher Ihre Texte zurück und korrigieren Sie den Text des (der) anderen. Wer hat die wenigsten Fehler gemacht?

b Schreiben Sie einen anderen Text ab, in dem Sie alle Kommas weglassen. Wer hat diesmal die wenigsten Fehler gemacht?

4 Articles

German, like English, uses a definite article (= 'the') and an indefinite article (= 'a').

4.1 The definite article

You use the definite article when you know exactly what the noun refers to, either because it is obvious or because it has been mentioned before. It has the following forms:

	Masculine	Neuter	Feminine	Plural (all genders)
Nominative	*der* Mann	*das* Haus	*die* Frau	*die* Kinder
Accusative	*den* Mann	*das* Haus	*die* Frau	*die* Kinder
Dative	*dem* Mann	*dem* Haus	*der* Frau	*den* Kindern
Genitive	*des* Mann(e)s	*des* Hauses	*der* Frau	*der* Kinder

4.2 The indefinite article

The indefinite article ('a') indicates the type or sort of noun you are referring to. It has the following forms:

	Masculine	Neuter	Feminine
Nominative	*ein* Mann	*ein* Haus	*eine* Frau
Accusative	*einen* Mann	*ein* Haus	*eine* Frau
Dative	*einem* Mann	*einem* Haus	*einer* Frau
Genitive	*eines* Mann(e)s	*eines* Hauses	*einer* Frau

German and English use articles in similar ways, but you should note the following differences.

4.3 Use of the article

You use an article in German but not in English:

- In these common phrases:

mit dem Bus, Zug usw.	by bus, train, etc.
mit der Post	by post
zur Kirche	to church

in die/in der Kirche	to/in church
zur Schule	to school
in die/in der Schule	to/at school
in die/in der Stadt	to/in town
im Allgemeinen	in general
in der Tat	in (actual) fact

- With infinitives used as nouns:

  Das Singen *im Chor macht Spaß.*
  Singing in a choir is good fun.

  Das Rauchen *im Krankenhaus ist verboten.*
  It is forbidden to smoke in hospital/No smoking in hospital.

➡ **Exercise 5**

- With certain time expressions and with meals:

  Der Winter *ist hier immer sehr kalt.*
  Winter here is always very cold.

  Im April *hat es noch geschneit.*
  It snowed (even) in April.

  Das Frühstück *essen wir meistens draußen.*
  We usually have breakfast outside.

  Was macht ihr **am** *Freitag/***nach dem** *Mittagessen?*
  What are you doing on Friday/after lunch?

- With parts of the body and clothes, where in English you often use a possessive adjective.

  Maria hob **die Hand**.
  Maria raised her hand.

  Er hat **die Augen** *zugemacht.*
  He closed his eyes.

  Sie zog **die Jacke** *aus.*
  She took her jacket off.

✍ Where there is an adjective describing the noun, however, German too uses the possessive adjective.

  Elke braucht einen Verband für **ihren wunden Fuß**.
  Elke needs a bandage for her sore foot.

- Before many abstract nouns:

  Die Geschichte *zeigt uns das immer wieder.*
  History shows us that again and again.

Die Zeit vergeht so schnell.
Time passes so quickly.

- With the feminine or plural names of countries:

*Sie wohnen in **der Schweiz**.*   They live in Switzerland.

*Ich komme aus **den Niederlanden**.*   I'm from the Netherlands.

With masculine country names it is also usual to include the article:

*Wir waren **im Irak**. (less likely: in Irak)*   We were in Iraq.

- When there is an adjective before the names of countries, towns, etc.:

das schöne *Norwegen*   beautiful Norway
das alte *München*   old Munich

➥ Exercise 3

- With geographical names for features such as lakes and mountains:

*südlich **der** Eifel*   to the south of the Eifel (mountains)
am *Bodensee*   by/near Lake Constance

- With the names of streets and buildings:

*Gehen Sie **die Jupiterstraße** hinunter.*
Go down Jupiterstraße.

In addresses, however, the preposition and article may be left out:

*Mein Vetter wohnt **Mindenstraße** 12.*
My cousin lives at 12 Mindenstraße.

4.4 Omission of the article

You do not use an article in German:

- With nationalities, professions and religions following the verbs ***sein***, ***werden*** and ***bleiben***:

*Sie ist **Engländerin**.*
She is English.

*Er ist **Politiker**.*
He's a politician.

➥ Exercise 6

*Wir sind **Katholiken**.*
We're Catholics.

✍ But note that you do use the article when an adjective comes before the noun:

*Hans war **ein** guter Lehrer gewesen.*
Hans had been a good teacher.

- Where in English you would use 'some' or 'any' before the noun:

*Die Studenten hatten **Probleme**.*
The students had some problems.

*Haben wir noch **Geld**?*
Have we got any money left?

But be careful! In the negative you use **kein**:

*Wir haben **keinen Wein**.*
We don't have (any) wine.

- After **als** in the sense of 'as a':

*Damals hat er eine Menge Geld **als Liedermacher** verdient.*
He earned a lot of money as a singer-songwriter in those days.

- With instruments:

*Sie spielt **Geige**.*
She plays the violin (i.e. any violin).

➡ Exercise 4

- In certain expressions:

*Hast du noch **Kopfschmerzen**?*
Have you still got a headache?

*Sie ist doch immer **guter Laune**.*
She is always in a good mood.

*Ich habe **großen Hunger**.*
I am very hungry.

*Nächstes Wochenende haben wir **Besuch**.*
We have visitors next weekend.

✍ Note that where in English you use the indefinite article 'a' in phrases of measurement, German uses the definite article ('the'):

*Das Bier kostet zwei Euro **die** Flasche.*
The beer costs two euros a bottle.

*Die Äpfel kosten 80 Cent **das** Stück.*
The apples are 80 cents a piece/each.

➡ Exercise 7

🚗 ÜBUNG MACHT DEN MEISTER!

1 Im Möbelgeschäft

In einem Möbelgeschäft befinden sich folgende Möbelstücke und Geräte. Ordnen Sie die Nomen nach Geschlecht.

M (der)	N (das)	F (die)	PL (die)
PC	Sessel	Sofa	Lampen
Regal	Nachttisch	Bett	Couch
Teppich	Stühle	Vorhänge	Schrank
Kommode	CD-Spieler	Matratze	Bilder
Computertisch		Videogerät	Stehlampe

2 Ein stolzer Eigentümer

a   Ein reicher Mann zeigt einem Besucher seinen Besitz und erzählt stolz (benutzen Sie jeweils den bestimmten Artikel):

   „**Das** Grundstück gehört mir."

Was sagt er über:

Garten	Wagen	Villa
Sauna	Schwimmbad	Kunstwerke
Pferde	Ställe	Segelboot

b   Einem Ausländer, der noch nicht gut Deutsch versteht, erklärt er (benutzen Sie den unbestimmten Artikel):

Das ist ein . . . . .
        eine . . .
        ein . . . . .
Das sind . . . .

c   Später erzählt der Besucher über den Gastgeber (benutzen Sie den unbestimmten Artikel im Akkusativ):

   „Er besitzt einen . . . ./eine . . . ./ein . . . ."

zum Beispiel:
   Er besitzt ein Grundstück.

3 Das schöne Bayern!

In einem Touristenprospekt über Bayern findet man Vorschläge, was man besuchen oder besichtigen kann.

◀ **Section 4.3**

zum Beispiel:
> *Besichtigen Sie das alte München!*

a   Schreiben Sie ähnliche Sätze über:

Rothenburg – romantisch
Schwabing – künstlerisch
Augsburg – modern
Nürnberg – berühmt
Regensburg – malerisch

b   Beschreiben Sie diese europäischen Länder!

zum Beispiel:
> *Besuchen Sie das schöne Schweden!*

Spanien – sonnig
Österreich – bergig
Griechenland – antik
Irland – grün
Portugal – gastfreundlich

4 Musiker aus aller Welt

Folgende Studenten treffen sich auf einem internationalen Musikkurs. Was für Nationalitäten haben sie und was für ein Instrument spielen sie?

◀ **Section 4.4**

zum Beispiel:
> Jean Claude, ein Franzose, kommt aus Paris (die Geige).
> ⟶ *Er ist Franzose und spielt Geige.*

a   Alfonso, ein Portugiese, wohnt in Lissabon (das Klavier).
⟶ Er ist . . . . und spielt . . . .
b   Xenia, eine Griechin, lebt in Athen (die Flöte).
⟶ Sie . . . .
c   Sven, ein Schwede, hat seine Familie in Stockholm (das Cello).
d   Marieke, eine Holländerin, ist aus Amsterdam (die Klarinette).
e   Kevin, ein Ire, ist in Dublin geboren (die Gitarre).
f   Rudi, ein Schweizer, ist in Zürich zu Hause (die Trompete).
g   Maria, eine Österreicherin, kommt aus Wien (die Blockflöte).

5 Im Studentenwohnheim

Diese Studenten wohnen in einem Studentenwohnheim, wo es eine strenge Hausordnung gibt. Viele Dinge sind nicht erlaubt.

 **Section 4.3**

Man darf nicht rauchen.
Man darf keinen Alkohol trinken.
Man darf nicht in den Zimmern essen.
Man darf nicht vor acht Uhr duschen.
Man darf nicht den Rasen betreten.
Man darf nicht vor dem Haus parken.

Schreiben Sie diese sechs Sätze als Verbote und benutzen Sie die Verben als Nomen!

zum Beispiel:
Das Rauchen ist verboten!

6 Was sind sie von Beruf?

Diese Leute arbeiten an verschiedenen Arbeitsplätzen. Was sind sie von Beruf? Wählen Sie die passenden Berufe aus dem untenstehenden Kasten.

Section 4.4

zum Beispiel:
Max dient in der Armee.
⟶ *Er ist Soldat.*

a   Herr Maier predigt jeden Sonntag in der Kirche.
b   Frau Becker unterrichtet Englisch in einer Schule.
c   Gisela geht noch zur Schule.
d   Eva besucht die Universität.
e   Ihr Vater lehrt an der Universität.
f   Frau Wagner behandelt kranke Tiere.
g   Herr Hartmann vertritt einen Angeklagten vor Gericht.

---

die Tierärztin   *die Studentin*   *die Lehrerin*   der Rechtsanwalt

       der Dozent   der Pfarrer   die Schülerin

---

7 Erstaunliche Preise!

Mary studiert dieses Jahr in Deutschland. Sie vergleicht die Preise für Lebensmittel und findet, dass manche Dinge viel billiger oder teurer sind als zu Hause. Sie schreibt einen Brief nach Hause und zählt auf.

 **Section 4.4**

zum Beispiel:
> ein Glas Orangensaft – 2,80 Euro
> —→ *Orangensaft kostet 2,80 Euro das Glas!*

Was schreibt sie über die folgenden Nahrungsmittel?

> eine Flasche Wein – 4,50 Euro
> eine Tasse Tee – 1,80 Euro
> ein Kilo Äpfel – 1,60 Euro
> ein Stück Kuchen – 1,90 Euro
> eine Tüte Kartoffelchips – 80 Cent
> eine Portion Pommes frites – 1,50 Euro
> eine Schachtel Zigaretten – 4,20 Euro
> ein Liter Milch – 70 Cent

🚗 FREIE FAHRT!

8 Kennen Sie den?

Arbeiten Sie zu zweit! 'A' nennt eine berühmte Person und seinen/ihren Beruf. 'B' muss etwas über diese Person aussagen. Tauschen Sie nach fünf Fragen die Rollen.

zum Beispiel:
> Angela Merkel ist Politikerin.
> —→ *Sie ist zurzeit Bundeskanzlerin.*

9 Befehl ist Befehl

Spielen Sie das folgende Spiel zu zweit! 'A' gibt eine Anweisung und 'B' muss die Anweisung genau befolgen. Alle Anweisungen sollen sich auf Kleider und Körperteile beziehen. Für jede richtig ausgeführte Anweisung bekommen Sie einen Punkt.

zum Beispiel:
> *Heb(e) die linke Hand!*

Hier sind einige nützliche Verben:
> *Stell(e)! Leg(e)! Berühr(e)! Steck(e)!*

10 Das Wochenende ist ja schnell vorbei!

Schreiben Sie einem Brieffreund, was Sie letztes Wochenende gemacht haben!

zum Beispiel:

Am Freitag bin ich etwas früher nach Hause gekommen. Vor dem Abendessen habe ich/bin ich . . . . Nach dem Abendessen . . . . Am Vormittag . . . . Am Nachmittag . . . . Am Abend . . . .

11 Was kostet das?

Arbeiten Sie zu zweit! Sie haben einen Ferienjob in einem deutschen Supermarkt. Ihr(e) Partner(in) übernimmt die Rolle eines Kollegen, der Ihnen erzählt, was alles kostet. Fragen Sie, was bestimmte Waren kosten.

zum Beispiel:

Was kostet der Tee?
⟶ Sechs Euro die Packung.

Erkundigen Sie sich nach dem Preis von:

Bier	Kaffee	Eier
Kartoffeln	Tomaten	Milch
Joghurt	Käse	Kekse
Kaugummi		

12 Lauter Musiker

Mit Hilfe eines Wörterbuches machen Sie eine Liste von möglichst vielen Musikinstrumenten – Sie haben fünf Minuten Zeit.

Bilden Sie dann Gruppen von vier oder fünf Personen und stellen Sie jemandem in einer anderen Gruppe Fragen.

Die Person muss die Frage verneinen, ein anderes Instrument erwähnen und dann jemandem in der nächsten Gruppe die gleiche Frage mit dem neuen Instrument stellen.

zum Beispiel:

Spielen Sie Klavier?
Nein, aber ich spiele Trompete. Spielen Sie Trompete? . . . .

Fragen Sie weiter, bis Sie alle Instrumente auf den Listen benutzt haben. Sie dürfen jedes Instrument nur einmal benutzen! Für jedes neue Instrument bekommt Ihre Gruppe einen Punkt. Die Gruppe mit den meisten Punkten gewinnt.

5 Determiners

5.1 What are determiners?

Determiners are words which come first in a noun phrase and tell you which noun is being referred to, how many of the noun there are, or to whom the noun belongs. Apart from the definite and indefinite articles (see Chapter 4) German has a number of other determiners.

Determiners fall into one of two categories: either they decline like **der** and following adjectives take the **der**-declension endings, or else they decline like **ein** with following adjectives taking the **ein**-declension endings. (See Chapter 13 for more on adjective endings.) In this chapter determiners belonging to the first of these categories are called '**der** words', while those in the second are referred to as '**ein** words'.

◀ **Chapter 1, Sections 1.2.2, 1.2.3**

5.2 *der* words

5.2.1 *dieser*

dieser corresponds closely to English 'this', but in speech people often use an emphatic **der** (**hier/da**) instead. The forms of this **der** are the same as the definite article but it cannot be shortened after a preposition: compare **in <u>dem</u> Haus** ('in that house') with **im Haus** ('in the house').

5.2.2 *jener*

jener ('that') is more often found in written German.

When the determiners **dieser** and **jener** are used together, **dieser** suggests something close to the speaker or writer and **jener** something more distant:

> **Dieses** *Bild ist schöner als* **jenes**.
> This picture is nicer than that one.

▶ **Exercise 1**

Note that where there is no specific contrast, **dieser** often has the meaning 'that':

> **Dieses** *Auto würde ich nicht kaufen.*
> I wouldn't buy that car.

Another meaning is 'former' (*jener*) and 'latter' (*dieser*):

> *Das sind meine Kusinen, Petra und Gabi.* **Diese** *wohnt in Osnabrück,* **jene** *in München.*
> Those are my cousins, Petra and Gabi. The latter lives in Osnabrück, the former in Munich.

5.2.3 *derjenige*

derjenige ('that one' or, in the plural, 'those') is written as one word but both parts change their forms. It is frequently used with a relative clause beginning with some form of *der/die/das* (see Chapter 19):

> *Er schreibt an* **diejenigen** *Mitarbeiter,* **die** *Interesse daran haben, im Ausland zu arbeiten.*
> He is writing to those colleagues who are interested in working abroad.

5.2.4 *derselbe*

derselbe ('the same') is also written as one word and both parts change, but when the *der-* is combined with a preposition you must separate it from the rest of the word:

> *Heute habe ich* **denselben** *Mann gesehen.*
> I saw the same man today.

> *Sie arbeitet* **im selben** *Gebäude wie du.*
> She works in the same building as you.

➡ **Exercise 1c**

5.2.5 *jeder*

jeder ('each/every') is only used in the singular, while the more emphatic *jeglicher* ('any') can be used in the plural as well. You usually only find *jeglicher* in written (and fairly formal) German:

> **Jeden** *Sonntag spielen wir Fußball im Park.*
> We play football in the park every Sunday.

➡ **Exercise 2**

> *Ihr fehlt* **jeglicher** *Sinn für Humor.*
> She does not have any sense of humour (at all).

5.2.6 *welcher*

welcher ('which?'/'what?') is used when you want to find out what type of person or thing someone is referring to:

> **Welches** *Kleid hast du gekauft?*
> Which dress did you buy?

5.2.7 *irgendwelcher*

irgendwelcher is not very often found in the singular. The plural tends to be used as the plural form of *irgendein* (see below):

> *Hatten Sie **irgendwelche** Probleme?*
> Did you have any problems?

5.2.8 *mancher*

mancher ('many/quite a lot of') usually behaves like a *der* word:

> ***Manche** alten Autos sind jetzt sehr wertvoll.*
> Many old cars are now very valuable.

In this plural usage you sometimes find the adjective without the *-n* ending, for example, *manche alte Autos* (see Chapter 13 for adjective endings).

5.2.9 *solche*

solcher ('such') tends to be used as a *der* word only in the plural (see also below for *solch* with *ein*):

> ***Solche** alten Filme gefallen mir nicht.*
> I don't like old films like that.

5.2.10 *aller*

aller ('all') in the singular is rare in modern German. The word 'all' is frequently expressed instead by using some form of the adjective *ganz*:

die ganze Zeit	all the time

alle is a plural *der* word but before *die*, *diese* or *jene* you may find the form *all* without any ending:

***alle** alten Menschen*	all old people
***all** die/diese Verkehrsunfälle*	all the/these road accidents

See also Chapter 13 on determiners and adjectives following *alle*.

5.2.11 *beide*

beide ('both') and *sämtliche* ('all') are used only in the plural.

> *Ich trinke **beide** Teesorten.*
> I drink both types of tea.

> *Sie haben **sämtliche** Vorlesungen verpasst.*
> You have missed all the lectures.

5.3 *ein* words

5.3.1 *kein*

kein ('not a/not any') is used instead of the negative *nicht ein*:

*Das ist ja **kein** schönes Haus.*
That's not a very nice house.

Its singular forms are identical to those of *ein*, but it also has plural forms:

	Masculine	**Neuter**	**Feminine**	**Plural**
Nominative	kein Mann	kein Kind	keine Frau	keine Kinder
Accusative	keinen Mann	kein Kind	keine Frau	keine Kinder
Dative	keinem Mann	keinem Kind	keiner Frau	keinen Kindern
Genitive	keines Mann(e)s	keines Kindes	keiner Frau	keiner Kinder

5.3.2 *irgendein*

irgendein ('any . . . at all'):

*Du solltest doch nicht **irgendeinen** (alten) PC kaufen.*
You shouldn't just buy any (old) computer.

5.3.3 *was für ein*

was für ein ('what sort of') is used to get someone to describe something or someone more precisely. The case of *ein* here depends on what the phrase is doing in the sentence, that is, whether it is the subject or object (see Chapters 10, 11 and 12 on case):

*Was für **eine** Sportlerin war sie denn?*
What sort of a sportswoman was she then?

*Aus was für **einer** Familie kommt er?*
What sort of a family does he come from?

*Was für **einen** Mann willst du heiraten?*
What sort of a man do you want to marry?

5.3.4 *mein, dein, sein, ihr, unser, euer, Ihr*

mein ('my'), *dein* ('your'), *sein* ('his'/'its'), *ihr* ('her'/'their'), *unser* ('our') *euer* ('your'), *Ihr* ('your') – sometimes called possessive adjectives – are *ein*-word determiners. They show who the following noun belongs to, but the gender and case of their endings depend on the thing possessed:

*Das ist **unser** alter Lehrer.*
That's our old teacher.

*Kennst du **ihren** Onkel?*
Do you know her uncle?

See Chapter 9 for the full forms of these possessive adjectives.

➤ **Exercise 3**

These possessives are used much like their English equivalents. However, when you are referring to parts of the body and clothes, you should use the definite article (see also Chapter 4):

*Ich muss mir erst mal **die Hände** waschen.*
I must wash my hands first.

*Zieh doch **den Mantel** aus!*
Take your coat off.

To avoid ambiguity, **sein** and **ihr** are sometimes replaced by **dessen** and **deren** respectively:

Er brachte seinen Bruder und dessen Frau.
He brought his brother and his (i.e. the brother's) wife.

See Chapter 9 for ways of expressing 'mine', 'hers', 'ours', etc. following a verb. You can also express possession in German by using the genitive case (see Chapter 12) or **von** (see Chapter 11).

5.3.5 *ein*

ein is used with the appropriate form of **solch** to convey 'such a . . .':

***Einen solchen** Menschen trifft man nicht jeden Tag.*
You do not meet someone like that every day.

In spoken German **so ein** is often preferred:

***So ein** Haus kostet eine Menge Geld.*
A house like that costs a lot of money.

In fairly formal written style **solch** can be used before **ein**:

***Solch einen** Vorschlag hatten wir noch nie gehört.*
We had never heard such a proposal before.

➤ **Exercise 4**

5.3.6 *viel, wie viel, wenig*

viel ('much', 'many'), **wie viel** ('how much?') and **wenig** ('little', 'few') do not change their form in the singular:

***Wie viel** hat er verdient?*
How much did he earn?

*Wir haben noch **viel** Arbeit.*
We have a lot more work (to do).

*Sie hat **wenig** Geld.*
She hasn't got much money.

✎ Note the plural forms **wie viele?** and **wenige** which are always declined:

Wie viele Gäste hast du eingeladen?
How many guests have you invited?

*Ich habe nur **wenige** gute CDs.*
I have few good CDs.

➡ **Exercise 4**

5.3.7 *ein wenig, ein bisschen, ein paar*

ein wenig/*ein bisschen* ('a little') and *ein paar* ('a few') do not decline:

in **ein paar** *deutschen Großstädten*
in a few German cities

aus **ein bisschen** *weichem Holz*
(made) of a bit of soft wood

5.3.8 *manch*

The short form **manch** ('many a') is not often found in modern German. It is not declined and any following adjectives take the 'zero declension' endings (see Chapter 13). The word **manch** may also be followed by *ein* in formal written German:

in **manch** *neuem Internetcafé*
in many a new cybercafé

manch ein *alter Bauer*
many an old farmer

5.3.9 *allerlei, vielerlei, zweierlei*

allerlei ('all sorts of'), *vielerlei* ('many sorts of') and *zweierlei usw*. ('two, etc., kinds of') do not decline and following adjectives take *ein*-declension endings (see Chapter 13 for these):

*Sie litt an **allerlei** Krankheiten.*
She suffered all sorts of illnesses.

5.3.10 *einiger*

einiger ('some') is only rarely found, usually with abstract nouns (for example, **seit einiger Zeit** 'for some time'). Far more common is the plural **einige**:

***Einige** arme Leute können sich nicht richtig ernähren.*
Some poor people cannot feed themselves properly.

5.3.11 *etliche, mehrere*

etliche ('quite a few') and *mehrere* ('several') are plural:

*Wir haben **mehrere** interessante Computerspiele gekauft.*
We've bought several interesting computer games.

➡ **Exercise 4**

ÜBUNG MACHT DEN MEISTER!

1 Was Touristen interessiert

Sie sind als Tourist(in) auf einer griechischen Insel. Gestern haben Sie eine Nachbarinsel besucht. Dort war alles ein bisschen anders.

◀ **Sections 5.2.1, 5.2.2**

a Schreiben Sie einen Vergleich. (Benutzen Sie den Nominativ: *dieser, diese, dieses* und *jener, jene, jenes*.)

zum Beispiel:
Dieser *Strand ist sauberer als* **jener***.*

der Strand – sauber
das Wasser – klar
die Küste – felsig
die Insel – malerisch
der Zeltplatz – schattig
das Restaurant – modern
die Preise – niedrig

b Am Ende des Urlaubs beurteilen Sie, was Sie lieber mögen (Vorsicht: Akkusativ!).

zum Beispiel:
Ich mag **diesen** *Strand mehr als* **jenen***.*

c Einige Dinge auf den beiden Inseln sind gleich:

das Klima	die Sprache	das Wetter
der Hafen	die Kultur	die Einwohner
die Wetterbedingungen	der Leuchtturm	der Baustil
die Küche	die Spezialitäten	das Freizeitangebot

Schreiben Sie eine Aufzählung derselben Eigenschaften (Akkusativ!).

zum Beispiel:
Die Inseln haben dasselbe Klima/dieselbe . . . ./denselben . . . ./dieselben . . . .

◀ **Section 5.2.4**

2 Es bleibt alles beim Alten!

Setzen Sie in den Text die richtige Form von *jeder/jede/jedes* ein.

◀ **Section 5.2.5**

Meine Freunde fahren . . **(a)** . . Jahr nach Spanien. Dafür sparen sie
. . **(b)** . . Monat 100 Euro für die Reise. . . **(c)** . . Mittwoch spielen sie mit ihren
Freunden Karten. . . **(d)** . . Cent, den sie dabei gewinnen, sparen sie. Sie füllen
auch . . **(e)** . . Woche einen Lotteriezettel aus, in der Hoffnung viel Geld zu
gewinnen. Wenn sie dann in Spanien sind, gehen sie . . **(f)** . . Tag an den Strand
und cremen sich . . **(g)** . . Stunde mit Sonnenöl ein. Trotzdem bekommen sie
. . **(h)** . . Jahr einen Sonnenbrand.

3 Der arme Penner!

Setzen sie in den Text bitte die richtige Form von *ein*, *kein*, *sein* und *irgendein* ein.

Sections 5.3.1, 5.3.2, 5.3.4

Er schläft nachts in . . **(a)** . . Park auf . . **(b)** . . Bank. Er hat ja . . **(c)** . . Wohnung,
. . **(d)** . . Dach über dem Kopf. . . **(e)** . . Kleider sind alt und schäbig. Er hat
. . **(f)** . . Mantel und . . **(g)** . . Schuhe, nur . . **(h)** . . alten Anorak und Sandalen.
Er hat . . **(i)** . . feste Adresse, also bekommt er auch . . **(j)** . . Sozialhilfe und deshalb
hat er . . **(k)** . . Geld. Niemand weiß, aus was für . . **(l)** . . Familie er kommt,
beziehungsweise an was für . . **(m)** . . Ort er geboren wurde. Er hat
. . **(n)** . . Angehörigen, nur . . **(o)** . . alten Hund, mit dem er . . **(p)** . . Leben teilt.

4 Beim Einkaufsbummel in der Schweiz

Am Ende einer Klassenreise in die Schweiz kaufen zwei Schülerinnen Geschenke für ihre
Familien ein. Finden Sie die passenden deutschen Wörter für die Wörter in Klammern.

Sections 5.3.5–5.3.11

Anne: (a) (How many) Geschenke möchtest du kaufen?
Becky: Ich habe schon (b) (some) gekauft, aber ich brauche noch (c) (quite a few), weil
        meine Familie groß ist.
Anne: (d) (How much) Geld hast du noch?
Becky: Ich habe nur noch (e) (few) Schweizer Franken, aber ich habe noch (f) (a little)
        englisches Geld.
Anne: Ich habe schon (g) (all sorts of) Schokolade, (h) (many sorts of) Bonbons und sogar
        (i) (two sorts of) Kekse besorgt.
Becky: Meiner Mutter kaufe ich auch (j) (two sorts of) Schokolade und (k) (some) Pralinen,
        weil sie so gern Süßes isst.
Anne: Für meinen Vater, der (l) (no) Süßigkeiten mag, kaufe ich (m) (a little) Emmentaler
        Käse und (n) (several) Ansichtskarten. Meinem Bruder, der Briefmarken sammelt,
        gebe ich einfach (o) (a few) Briefmarken aus der Schweiz und (p) (a few) Schweizer
        Münzen, denn er sammelt auch Münzen aus vielen Ländern.
Becky: (q) (Such a) Idee finde ich toll, das kostet nicht (r) (a lot)!

 **FREIE FAHRT!**

5 Über Geschmack lässt sich nicht streiten

Sie sind mit einer Freundin im Modegeschäft. Es scheint, Ihre Freundin hat einen ganz anderen Geschmack als Sie. Vergleichen Sie Kleidungsstücke.

zum Beispiel:
Dieses Kleid gefällt mir sehr.
    ⟶ *Ach nein, dieses hier ist viel schöner als jenes.*
Diese Jacke ist ganz schick.
    ⟶ *Aber diese ist doch viel schicker als jene.*

6 Der schwierige Gast

Sie bieten einem Gast verschiedene Gerichte und Getränke an, aber ihm/ihr schmeckt anscheinend nichts.

zum Beispiel:
Möchten Sie diesen Wein probieren?
    ⟶ *Danke, ich trinke keinen Wein.*
Essen Sie lieber Schweinefleisch oder Rindfleisch?
    ⟶ *Es tut mir Leid, ich esse kein Fleisch.*

7 Im Restaurant

Im Restaurant fragt Sie der Kellner, was Sie essen und trinken wollen, aber Sie wissen es nicht genau.

zum Beispiel:
Was für einen Rotwein trinken Sie?
    ⟶ *Ich weiß es nicht genau, irgendeinen.*
Welche Früchte möchten Sie im Salat haben?
    ⟶ *Das ist mir egal, irgendwelche.*

8 Kleine Wörter haben große Bedeutung

Schreiben Sie jeweils zwei Sätze, in denen die Wörter *viel, wenig, ein bisschen, wie viele, jeder, mancher* vorkommen. In einem der Sätze müssen Sie entweder den Nominativ oder den Akkusativ benutzen, in dem anderen Satz entweder den Dativ oder den Genitiv.

zum Beispiel:
Wir haben noch viel Zeit.
Ich war schon in vielen deutschen Städten.

6 Noun genders

6.1 Gender in German

German nouns belong to one of three genders, or categories, known as masculine, neuter and feminine. The definite article which comes before the noun, either **der**, **das** or **die** respectively (see Chapter 4), shows the gender of the noun. While you can predict some genders from meaning (for example, most nouns denoting males are masculine), a great many you cannot. **You are therefore best advised always to learn nouns with their definite articles.** There are, however, a number of broad guidelines which can help you to work out the gender of a noun.

6.2 Masculine nouns

- All nouns ending in **-ant**, **-ast**, **-ich**, **-ig**, **-ismus**, **-ist** and **-ling**:

der Honig	honey
der Sozialismus	socialism
der Pessimist	pessimist
der Lehrling	apprentice

- Most nouns ending in **-ent**, **-er**, **-ing**, **-or** and **-us**:

der Konkurrent	rival
der Schneider	tailor
der Fasching	carnival

- Male persons and animals:

der Onkel	uncle
der Schriftsteller	writer
der Hund	dog
der Tiger	tiger

- Days of the week, months, seasons:

der Donnerstag	Thursday
der März	March
der Herbst	autumn
BUT: das Frühjahr	(spring)

- Points of the compass and types of weather:

der Osten east
der Südwesten south-west
der Regen rain
der Schnee snow
BUT: *das Wetter* (weather), *das Eis* (ice)

- Makes of car:

der VW
der Mercedes
der Peugeot

- Alcoholic drinks:

der Alkohol alcohol
der Wein   wine
der Schnaps schnapps
BUT: *das Bier* (beer)

- Rocks and minerals:

der Stein stone
der Kies   gravel
BUT: *die Kohle* (coal), *das Erz* (ore)

6.3 Neuter nouns

- Most nouns ending in *-at*, *-chen*, *-ett*, *-icht*, *-il*, *-it*, *-ium*, *-lein*, *-ma*, *-ment*, *-sal*, *-tum*, *-um*:

das Mädchen girl
das Gewicht weight
das Gymnasium grammar school
das Experiment experiment

Note, in particular, the *-chen* and *-lein* endings which change the gender of original masculine and feminine nouns:

das Kätzchen kitten (from *die Katze*)
das Hündlein small dog (from *der Hund*)

- Almost all nouns with the prefix *Ge-* denoting a collection of things or people:

das Gepäck luggage
das Gemüse vegetables
das Gedränge crowd/crush

- Young persons and animals:

das Kind	child
das Lamm	lamb

- Names of continents, towns and most countries:

das heutige Asien	present-day Asia
das alte Trier	old Trier
das neue Südafrika	the new South Africa

- Cafés, restaurants and hotels:

das Adlon
das Kempinski
das Savoy

- Letters of the alphabet:

ein großes P	a capital 'p'

- Other parts of speech, such as adjectives, infinitives and pronouns, when they are used as nouns:

das Blau des Himmels	the blue of the sky
das Rauchen	smoking
das Du	the 'du' form

- Scientific units and measurements:

das Neutron	neutron
das Gramm	gram
das Pfund	pound

- Chemical elements and metals:

das Silber	silver
das Gold	gold
das Kupfer	copper

6.4 Feminine nouns

- Most nouns ending in *-anz*, *-ei*, *-enz*, *-schaft*, *-sis*, *-ung*, *-ur*:

die Meisterschaft	championship
die Übung	exercise
die Figur	figure

- Nouns ending in *-ie*, *-ik* and *-ion* are almost always of foreign origin:

die Chemie	chemistry
die Physik	physics
die Explosion	explosion

- Nouns with the less common endings *-age* and *-ette* are also mainly of foreign origin:

die Collage	collage
die Marionette	(string) puppet

- The ending *-in* usually denotes a female person:

die Lehrerin	teacher
die Reiseleiterin	courier

- Note the rhyming pair *-heit* and *-keit*:

die Gesundheit	health
die Schwierigkeit	difficulty

- And note that *-tät* is usually the equivalent of English '-ty':

die Qualität	quality
die Identität	identity

- Female persons and animals:

die Frau	woman
die Mutter	mother
die Kuh	cow
die Katze	cat

BUT: *das Mädchen* (girl), *das Fräulein* ('Miss', (young) woman)

- Most river names:

die Mosel	Moselle
die Donau	Danube
die Oder	Oder

BUT: *der Rhein* (Rhine), *der Main* (Main)

- Most flowers and trees:

die Hyazinthe	hyacinth
die Tulpe	tulip
die Eiche	oak
die Buche	beech

- Numbers used as nouns:

die Drei	three
die Hundert	hundred
die Million	million
die Milliarde	billion

- Ships, aeroplanes and motor-cycles:

die Titanic
die Concorde
die Suzuki

- Nouns formed from measurement or size adjectives:

die Länge	length
die Höhe	height
die Breite	width

6.5 Compound nouns

6.5.1 Combining two or more shorter nouns

Many nouns in German are formed by combining two or more shorter nouns. In such cases the second or last part of the compound decides the overall gender. For example, **der Autofahrer** 'car driver' is made up of **das Auto** and **der Fahrer**.

Note that you often need to link such nouns with **-e**, **-en**, **-es**, **-n** or **-s** (for example **der Küchentisch**). See Chapter 42 for further examples of this.

6.5.2 Abbreviations

Abbreviations take their gender from the main noun but this is not always the final element:

der DGB Federation of German Trade Unions: **der** *Deutsche Gewerkschafts**bund*** BUT: *die SPD* Social Democratic Party: **die** *Sozialdemokratische **Partei** Deutschlands*

6.6 Nouns with two genders

German has several nouns with different genders for different meanings. These nouns often have distinct plural forms. Among the most common are:

der Band (pl. *Bände*) volume/book	*das Band* (pl. *Bänder*) ribbon/tape
	das Band (pl. *Bande*) bond, fetter
	die Band (pl. *Bands*) band/pop group
der Gehalt (pl. *Gehalte*) content(s)	*das Gehalt* (pl. *Gehälter*) salary
der Leiter (pl. *Leiter*) leader	*die Leiter* (pl. *Leitern*) ladder
der Messer (pl. *Messer*) gauge, surveyor	*das Messer* (pl. *Messer*) knife

der Pony (no plural) fringe of hair
der Schild (pl. *Schilde*) shield
der See (pl. *Seen*) lake
die Steuer (pl. *Steuern*) tax

das Pony (pl. *Ponys*) pony
das Schild (pl. *Schilder*) (metal) sign
die See (no plural) sea
das Steuer (pl. *Steuer*) steering wheel

ÜBUNG MACHT DEN MEISTER!

1 Keine Regel ohne Ausnahme!

Finden Sie das Wort, dessen Artikel nicht in die Reihe passt.

zum Beispiel:
Geige, Gitarre, Flöte, Cello, Trompete ⟶ *'Cello' passt nicht, weil es sächlich ist und alle anderen weiblich sind.*

a Hund, Löwe, Vogel, Schwein, Fisch.
b Katze, Maus, Giraffe, Schlange, Affe.
c Regen, Wetter, Wind, Schnee, Hagel.
d Sekt, Bier, Wein, Likör, Schnaps.
e Deutschland, Österreich, Schweiz, Polen, Italien.
f Sechs, Dutzend, Zwanzig, Million, Milliarde.
g Mädchen, Frau, Schwester, Tante, Ärztin.
h Mosel, Elbe, Rhein, Donau, Ruhr.
i Audi, Volkswagen, Opel, Concorde, Mercedes.

2 Der, die, das?

Für einen Aufsatz über Umweltprobleme haben Sie hier eine Liste mit nützlichen Wörtern. Ordnen Sie sie in Gruppen je nach Geschlecht der Wörter. (Versuchen Sie die Übung zunächst einmal ohne Wörterbuch!)

Energie	Demonstrant	Versorgung
Wind	Regen	Gas
Atommeiler	Fabrik	Industrie
Fahrzeug	Verschmutzung	Luft
Wald	Pflanze	Auswirkung
Gift	Schadstoffe	Müll
Bedingung	Umweltsünder	Verkehr
Wiederverwertung	Maßnahmen	Erhaltung
Erde	Kohle	Erdöl
Wachstum	Problem	Gesundheit
Abwasser	Meer	Abgase
Demonstration	Waldsterben	Kraftwerk
Benzin	Protest	

3 'Umwelt'-Wörter

Für denselben Aufsatz suchen Sie zusammengesetzte Wörter, die zu einem Teil aus dem Wort *Umwelt* bestehen. Schreiben Sie diese neuen Wörter mit dem passenden Artikel.

zum Beispiel:
Belastung ——→ *die Umweltbelastung*

Politik	Steuer
Schutz	Konferenz
Gesetz	Maßnahmen
Schaden	Ministerium
Verschmutzung	Sünder
Katastrophe	Regelungen
Partei	Problem
Minister	

 **FREIE FAHRT!**

4 Kettenspiel

a Mit Hilfe eines Wörterbuches schreiben Sie für jeden Buchstaben fünf Nomen und ihre Bedeutungen (für die Buchstaben 'e' und 'n' finden Sie jeweils zehn).

zum Beispiel:
der Apfel (apple), *die Aula* (hall), *die Allergie* (allergy) usw.

b Nun arbeiten Sie zu zweit! 'A' nennt ein Nomen (inklusive *der/das/die*). 'B' muss ein anderes Nomen nennen, das mit dem letzten Buchstaben dieses Wortes beginnt. 'B' muss auch das Geschlecht des neuen Wortes angeben. Wörter dürfen nur einmal benutzt werden. Machen Sie weiter, bis Sie alle Nomen für einen Buchstaben benutzt haben.

zum Beispiel:
A: *der Mann* ——→ B: *der Name* ——→ A: *das Eis* ——→ B: *die Sprache*

5 Ein Wettspiel

Arbeiten Sie zu zweit! Student 'A' nennt ein Nomen (dessen Geschlecht sie kennt!) und Student 'B' muss das Geschlecht (*der*, *das* oder *die*) angeben. Tauschen Sie dann die Rollen. Jedes Paar soll 20 Fragen stellen. Für jede richtige Antwort bekommen Sie einen Punkt. Zusatzpunkte gibt es für eine Erklärung des Geschlechts (lesen Sie noch einmal die Seiten **43–48**). Wer mehr als 30 Punkte bekommt, ist Sieger!

6 Andere Länder, andere Wörter

Im Deutschen gibt es viele Fremdwörter (z. B. *der Computer*, *die Mode*). Suchen Sie in einer Zeitung oder Zeitschrift nach Wörtern, die ursprünglich aus anderen Sprachen kommen und stellen Sie (anhand eines Wörterbuches, wenn nötig) die Geschlechter (*der*, *das* oder *die*) fest! Aus welcher Sprache kommen die meisten Fremdwörter? Sind sie meistens männlich, sächlich oder weiblich?

7 Noun plurals

 SO WIRD'S GEMACHT

Unlike in English, where the plural ending is almost always '-s', in German you can form noun plurals in several different ways. As with genders, you need to learn the plural form when you first meet a noun.

There are six main plural endings. Some of these are typical of certain genders or singular endings. The main patterns are:

7.1 Plural in *-n* or *-en*

A large number of nouns take this ending, including:

- Feminine nouns ending in *-e*, *-ei*, *-heit*, *-in* (in job titles a second *n* is inserted before the *-en* ending), *-keit*, *-schaft*, *-ung*:

die Lampe, die Lampen	lamps
die Lehrerin, die Lehrerinnen	teachers
die Schwierigkeit, die Schwierigkeiten	difficulties
die Lösung, die Lösungen	solutions

- All nouns ending in *-ant*, *-ent*, *-enz*, *-ie*, *-ik*, *-ion*, *-ist*, *-oge*, *-tät*:

der Präsident, die Präsidenten	presidents
die Theorie, die Theorien	theories
die Information, die Informationen	information

7.2 Plural in *-e* or ¨ + *-e*

- The *-e* ending is taken by a large number of masculine and neuter nouns with one syllable:

das Bein, die Beine	legs
das Jahr, die Jahre	years
der Ort, die Orte	places
der Tag, die Tage	days

- An umlaut is often placed on the stressed vowel in such nouns:

der Ball, die Bälle	balls
der Stuhl, die Stühle	chairs

✑ Note that the ¨ + **-e** ending is found in a number of feminine nouns too:

die Stadt, die Städte	towns/cities
die Wand, die Wände	walls

• Nouns ending in **-är** and **-eur**:

der Pensionär, die Pensionäre	pensioners
der Jongleur, die Jongleure	jugglers

7.3 No change in the plural

• Most masculine nouns in **-el**, **-en**, **-er**:

der Gürtel, die Gürtel	belts
der Reifen, die Reifen	tyres
der Helfer, die Helfer	helpers

• Diminutives in **-chen**, **-lein**:

das Mäuschen, die Mäuschen	little mice
das Entlein, die Entlein	ducklings

7.4 Plural in ¨ only

Here the only change is to add an umlaut to the stressed vowel:

der Bruder, die Brüder	brothers
der Mantel, die Mäntel	coats
die Tochter, die Töchter	daughters

7.5 Plural in **-er** or ¨ + **-er**

• The **-er** ending appears mainly in neuter nouns of one syllable and a few masculine nouns of one syllable:

das Ei, die Eier	eggs
das Kleid, die Kleider	dresses
das Lied, die Lieder	songs

• With the **-er** plural ending an umlaut is placed on the preceding vowel or vowel combination whenever it can take one:

das Haus, die Häuser	houses
das Land, die Länder	countries
der Wald, die Wälder	forests

7.6 Plural in -s

You find this ending:

- On nouns which have recently entered German from other languages, especially English:

das Handy, die Handys	mobile phones
das Appartement, die Appartements	
das Hotel, die Hotels	
der Park, die Parks	
der Scheck, die Schecks	cheques

- On abbreviations and shortened words:

der Lkw, die Lkws	lorries
der Kuli, die Kulis	pens

7.7 Other plurals

- A small number of nouns can have two meanings, with each meaning taking a distinct plural. For example:

die Bank, die Bänke	benches	**and** *die Banken*	banks
der Rat, die Räte	councils	**and** *die Ratschläge*	pieces of advice
der Stock, die Stöcke	sticks	**and** *die Stockwerke*	storeys, floors in a building
das Wort, die Wörter	individual words	**and** *die Worte*	connected words

See also Chapter 6 for nouns with two genders.

- Nouns ending in **-ma** have plural in **-men**:

die Firma, die Firmen	firms
das Thema, die Themen	topics

- Words from Greek and Latin ending in **-os**, **-us**, or **-um** usually take **-en** in the plural:

der Mythos, die Mythen	myths
das Visum, die Visen (but also: *Visa*)	visas

 # ÜBUNG MACHT DEN MEISTER!

1 Alles doppelt!

Familie Müller hat einen kleinen Sohn, der nächste Woche eingeschult wird. Die neue Ausrüstung für die Schule liegt bereit. Die Brauns, ihre Nachbarn, haben Zwillinge. Sie brauchen alles doppelt.

Im Haus der Müllers liegt bereit: *Im Haus der Brauns liegen bereit:*

eine Schuluniform	⟶ zwei Schuluniform**en**
ein Mantel	⟶ zwei . . . .
ein Blazer	⟶
eine Jacke	⟶
eine graue Hose	⟶
eine gestreifte Krawatte	⟶
ein Hemd	⟶
ein Trainingsanzug	⟶
ein Paar Schuhe	⟶
eine Badehose	⟶
ein Tennisschläger	⟶
eine Schultasche	⟶
ein Geldbeutel	⟶
ein Fahrrad (für den Schulweg)	⟶

2 Auch im Kinderzimmer findet man alles doppelt vor

Was steht bzw. liegt im Kinderzimmer der Brauns?

zum Beispiel:
Dort steht nicht ein Bett, sondern zwei Betten.

nicht ein Stuhl, ...
nicht eine Kommode, ...
nicht ein Schreibtisch, ...
nicht eine Schreibtischlampe, ...
nicht ein Spiegel, ...
nicht ein Bücherregal, ...
nicht ein Spielcomputer, ...
nicht ein CD-Spieler, ...
nicht ein Fußball, ...
nicht eine Eisenbahn, ...
nicht ein Paar Rollschuhe, ...
nicht ein Baukasten, ...
nicht eine Spielpistole, ...
nicht eine Trompete, ...

3 Auf einem Familientreffen

Die folgenden Personen erscheinen zum 65. Geburtstag des Lehrers Franz-Josef Apel.

Wie heißen sie im Plural und in welche Gruppen gehören sie?

Enkel (m.)	Vater (m.)	Lehrer (m.)	Dame (f.)
Cousine (f.)	Tante (f.)	Herr (m.)	Enkelin (f.)
Tochter (f.)	Neffe (m.)	Onkel (m.)	Kollege (m.)
Mutter (f.)	Nichte (f.)	Schüler (m.)	Pfarrer (m.)
Bruder (m.)	Vetter (m.)	Freundin (f.)	Student (m.)
Sekretärin (f.)	Schwager (m.)	Schwester (f.)	Frau (f.)

zum Beispiel:

Keine Endung	*-n*-Endung	Umlaut	*-en*-Endung	*-nen*-Endung
die Enkel	die Dame**n**	die T**ö**chter	die Frau**en**	die Freundin**nen**

FREIE FAHRT!

4 Für alle Fälle

Arbeiten Sie in Gruppen von vier oder fünf! Die Großmutter eines deutschen Freundes kauft alles doppelt – für alle Fälle! Jede(r) muss die Einkaufsliste der Großmutter erweitern, indem er (sie) eine neue Ware (im Plural, versteht sich!) hinzufügt. Dabei dürfen Sie nichts aufschreiben!

zum Beispiel:
A: *Meine Großmutter ist zum Supermarkt gegangen und hat zwei Äpfel gekauft.*
B: *Meine Großmutter ist zum Supermarkt gegangen und hat zwei Äpfel und zwei Flaschen Bier gekauft.*
C: *Meine Großmutter ist zum Supermarkt gegangen und hat zwei Äpfel, zwei Flaschen Bier und zwei Pullis gekauft.*

Wie viele Waren können Sie im Kopf behalten?

5 Rate mal!

Arbeiten Sie zu zweit! Mit Hilfe eines Wörterbuches macht jede(r) für sich eine Liste von 30 Nomen im Plural: jeweils zwei für die folgenden Endungen:

-e, -ei, -heit, -in, -keit, -schaft, -ung, -ie, -ik, -ist, -oge, -tät, -el, -en, -er

zum Beispiel:
-e: *die Schlangen, die Zigarren*
-ei: *die Metzgereien, die Büchereien*

(Vorsicht! Nicht alle Nomen können im Plural benutzt werden!)

Fragen Sie dann Ihren (Ihre) Partner(in), ob er (sie) weiß, was (zum Beispiel) 'snakes' oder 'bookshops' auf Deutsch heißt. Für jede richtige Antwort bekommen Sie zwei Punkte. Wenn Sie den (die) Partner(in) um den Anfangsbuchstaben bitten (z. B. 'S' oder 'B'), können Sie höchstens einen Punkt erzielen. Wer hat am Ende die meisten Punkte?

6 Testen Sie sich!

Suchen Sie zehn Minuten lang im Wörterbuch nach zwei Beispielen von jeder der sieben Kategorien von Nomen im Plural auf den Seiten **50–52**! Arbeiten Sie zu zweit und prüfen Sie, ob Ihr(e) Partner(in) die Pluralform von jedem Ihrer Nomen kennt und ob Sie seine (ihre) kennen. Wie viele haben Sie gekannt?

8 Noun declensions

 SO WIRD'S GEMACHT

The ways in which nouns change their forms in different cases are called **declensions**. German has three principal ones.

8.1 Standard (or strong) declension

This is by far the most common pattern.

Singular	Masculine	Neuter	Feminine
Nominative	der Hund	das Ding	die Mutter
Accusative	den Hund	das Ding	die Mutter
Dative	dem Hund	dem Ding	der Mutter
Genitive	des Hund(e)s	des Dings	der Mutter
Plural			
Nominative	die Hunde	die Dinge	die Mütter
Accusative	die Hunde	die Dinge	die Mütter
Dative	den Hunden	den Dingen	den Müttern
Genitive	der Hunde	der Dinge	der Mütter

→ Exercises 1, 2

You need to note the following points about this declension:

• Feminine nouns never change their ending in the singular.

• You can form feminine plurals either with an umlaut, like **Mütter**, or by adding -**n/-en**, like **Frauen** (see mixed declension below).

• You add -**(e)s** to masculine and neuter nouns in the genitive singular. This ending is normally only used in nouns of one syllable where pronunciation might otherwise prove difficult (for example, **des Jahres**), but you **must** use it with nouns or syllables ending in sibilants, i.e. -**s**, -**sch**, -**ß**, -**ss**, -**st**, -**x** or -**z**:

des Fisches	of the fish
des Flusses	of the river
des Schmerzes	of the pain

- The dative singular ending **-e** on some masculine and neuter nouns is old-fashioned and is usually found only in certain set phrases:

nach Hause	home(wards)
zu Hause	at home

- You must add **-n** to almost all nouns in the dative plural (the only exceptions are nouns of foreign origin which retain the nominative plural **-s**):

mit seinen Freunden	with his friends
aus diesen Gründen	for these reasons

but

in den Restaurants	in the restaurants

- The genitive singular of neuter nouns ending in **-nis** is always **-nisses**:

des Verhältnisses	relationship
des Ergebnisses	result

Feminine nouns ending in **-nis**, however, do not change in the genitive singular:

trotz der Finsternis	in spite of the dark

➡ Exercise 5

- You can give the infinitive of almost any verb an initial capital letter and turn it into a neuter noun:

das Rauchen	smoking
das Schwimmen	swimming
das Singen	singing

8.2 Weak declension

Masculine nouns which add **-n** or **-en** to the nominative singular form when they are in the accusative, dative and genitive form in both singular and plural are usually referred to as weak nouns. (Some grammar books also refer to feminine noun plurals in **-n** or **-en** as weak.) There are relatively few weak nouns:

Singular		Plural	
Nominative	*der Junge*	**Nominative**	*die Jungen*
Accusative	*den Jungen*	**Accusative**	*die Jungen*
Dative	*dem Jungen*	**Dative**	*den Jungen*
Genitive	*des Jungen*	**Genitive**	*der Jungen*

You should note the following points about weak nouns:

• They usually denote living beings:

der Affe	monkey
der Franzose	Frenchman
der Held	hero
der Kunde	customer
der Mensch	person
der Neffe	nephew
der Spatz	sparrow

• They include most nouns of foreign origin ending in **-and**, **-ant**, **-arch**, **-at**, **-ent**, **-ist**, **-krat**, **-nom**:

der Automat	slot machine
der Dirigent	(musical) conductor
der Demokrat	democrat

• A small number have an **-ns** ending in the genitive singular. The most common are:

der Buchstabe	letter (of alphabet)
der Friede	peace
der Gedanke	thought
der Glaube	faith
das Herz	heart (but note the accusative singular das Herz)
der Name	name
der Wille	will

• Weak nouns ending in **-ar** and **-er** add **-n** rather than **-en**. **Herr** adds **-n** in the singular and **-en** in the plural:

den Nachbarn	neighbour
des Bauern	farmer
dem Herrn	Mr/gentleman
die Herren	gentlemen

 **Exercises 3, 4**

8.3 Adjectival declension

You can use many adjectives as nouns. These 'adjectival nouns' have an initial capital letter and take the appropriate adjective endings (see Chapter 13 for the various ways in which adjectives change their endings).

Compare the following:

der Alte	ein Alter	die Alte	eine Alte	Alte	die Alten
the old man	an old man	the old woman	an old woman	old people	the old people
der Angestellte	ein Angestellter	die Angestellte	eine Angestellte	Angestellte	die Angestellten
the male employee	a male employee	the female employee	a female employee	employees	the employees
der Deutsche	ein Deutscher	die Deutsche	eine Deutsche	Deutsche	die Deutschen
the German (man)	a German (man)	the German (woman)	a German (woman)	Germans	the Germans

Ein Neuer ist erschienen. Es sprach mit einem Deutschen. Kennst du die Arbeitslose?
Es gibt hier viele Arbeitslose. Die Arbeitslosen hier haben keine guten Aussichten.
A (male) newcomer/new arrival has appeared. He was talking to a (male) German. Do you know the unemployed woman? There are lots of unemployed here. The unemployed here have poor prospects.

8.4 Mixed declension

A small number of nouns have the standard masculine/neuter genitive singular *-(e)s* but the weak plural *-n*. For example:

das Bett (bed), *des Bett(e)s, die Betten*
der See (lake), *des Sees, die Seen*
der Staat (state), *des Staat(e)s, die Staaten*

You need to learn such irregularities in noun declension when you first meet the noun, since there is no way of knowing just by looking at the noun whether it is a standard or weak declension. The three key elements to learn are:

- a noun's nominative singular
- its genitive singular
- its nominative plural.

These, along with the gender, will usually be given in any good dictionary: *Tisch, m., -es, -e* indicates that the noun is masculine, that the genitive form is *des Tisches* and that the plural is *die Tische*.

ÜBUNG MACHT DEN MEISTER!

1 Was ist wichtig beim Neukauf eines Autos?

Die Autofirmen wollen wissen, was für die Kunden beim Autokauf wichtig ist und machen eine Meinungsumfrage. Schreiben Sie bitte diese wichtigen Punkte auf. Die Nomen in Klammern folgen der starken Deklination.

◀ **Section 8.1**

zum Beispiel:
das Prestige (Marke, f.) ⟶ *das Prestige **der** Marke*

die Vorzüge (Modell, n.)
der Preis (Fahrzeug, n.)
das Topmodell (Reihe, f.)
das Grundmodell (Serie, f.)
die Farbe (Wagen, m.)
der Benzinverbrauch (Maschine, f.)
die Leistung (Motor, m.)
das Material (Sitze, m. pl.)
der Mechanismus (Schiebedach, n.)
die Ausstattung (Innenraum, m.)
die Stärke (Batterie, f.)
die Zentralverriegelung (Türen, f. pl.)
die Automatik (Fensterheber, m. pl.)
der Vorteil (Klimaanlage, f.)

2 Vorsicht beim Kauf eines neuen Wagens!

In den ersten Monaten treten vielleicht noch Probleme auf. Schreiben Sie Sätze über die Angaben im Kasten.

◀ **Section 8.1**

zum Beispiel:
das Fenster keine Probleme (dat. pl.)
⟶ *Dieses Modell hat keine Probleme* **mit den Fenstern**.

	keine Probleme	Probleme
das Schiebedach (sing.)		✓
das Steuerrad (sing.)		✓
die Bremse (pl.)	✓	
das Gaspedal (sing.)	✓	
der Kofferraum (sing.)	✓	
das Türschloss (pl.)		✓
der Sitz (pl.)	✓	
die Antenne (sing.)		✓
die Kupplung (sing.)	✓	
das Stereogerät (sing.)	✓	
der Scheibenwischer (pl.)		✓
das Fernlicht (sing.)	✓	

3 Was sie am liebsten fahren

Die Kunden eines Autohauses haben bestimmte Vorlieben. Ein Autoverkäufer spricht über die Lieblingswagen seiner Kunden. Schreiben Sie zehn Sätze.

◀ **Section 8.2**

zum Beispiel:
Der Lieblingswagen **des** *Franzos***en** *ist ein Peugeot.*

	der Kunde	Automarke
Das Lieblingsauto	der Franzose	Traktor (m.)
Der Lieblingswagen	dieser Kunde	Sportwagen (m.)
Die Lieblingsmarke	mein Neffe	Peugeot (m.)
	der berühmte Dirigent	Rolls Royce (m.)
	der Bauer	Audi (m.)
	mein Nachbar	BMW (m.)
	der Filmheld	Geländewagen (m.)
	der Prinz	Motorrad (n.)
	der Bayer	Kabriolet (n.)

4 Ein erfolgreicher Tag!

Abends beschreibt der Autoverkäufer, was er während des Tages gemacht hat. Setzen Sie bitte die passenden Akkusativ- oder Dativformen der obigen Kunden in die folgenden Sätze ein.

◀ **Section 8.2**

zum Beispiel:
Ich habe mich mit dem . . . . über den Sportwagen unterhalten.
—▶ *Ich habe mich mit dem Prinzen über den Sportwagen unterhalten.*

a Ich habe dem . . . . den Traktor verkauft.
b Für den . . . . habe ich den Rolls Royce reserviert.
c Meinem . . . . habe ich einen BMW gezeigt.
d Den Geländewagen habe ich dem . . . . vorgeführt.
e Den Audi habe ich an diesen . . . . verkauft.
f Das Motorrad habe ich für meinen . . . . reserviert.
g Dem . . . . habe ich dieses Mal einen Peugeot empfohlen.
h Dem . . . . habe ich das Kabriolet verkauft.

5 Das Geheimnis der '-nis'!

Bilden Sie die Genitive folgender starker Nomen. Bitte Geschlecht und Bedeutung im Wörterbuch nachschlagen.

◀ **Section 8.1**

zum Beispiel:
die Finsternis – der Finsternis
das Gefängnis – des Gefängnisses

Erkenntnis	Verhältnis	Bekenntnis
Hindernis	Erlaubnis	Geständnis
Besorgnis	Begräbnis	Kenntnis
Geheimnis		

FREIE FAHRT!

6 Europa und die Europäer

a Schauen Sie sich eine Landkarte von Europa an und machen Sie mit Hilfe eines Wörterbuches eine Liste von Ländern und den dazugehörigen Nationalitäten. Schreiben Sie das Geschlecht ('m.' oder 'f.' oder 'n.') hinter jedes Land.

zum Beispiel:

Land	männlich	weiblich
Deutschland (n.)	der Deutsche	die Deutsche
Schweiz (f.)	der Schweizer	die Schweizerin
Frankreich (n.)	der Franzose	die Französin

b Schreiben Sie nun Sätze nach dem folgenden Muster:

*Als ich **in Deutschland** war, habe ich **eine Schweizerin** und **einen Franzosen** kennen gelernt.*

Benutzen Sie in jedem Satz ein anderes Land und verschiedene Nationalitäten.

c Schreiben Sie die Sätze in (b) um.

zum Beispiel:

Mit **der Schweizerin** habe ich gearbeitet und mit **dem Franzosen** habe ich mich im Zug unterhalten.

Weitere Möglichkeiten: *am Computer spielen*; *einkaufen gehen*; *Karten spielen*; *in den Bergen wandern*; *ins Fitness-Studio gehen*.

7 Nomen est Omen!

Arbeiten Sie in Gruppen von vier Personen. Mit Hilfe eines Wörterbuches finden Sie möglichst viele 'schwache' Nomen. Ihr(e) Lehrer(in) wird prüfen, ob Ihre Nomen tatsächlich dieser Kategorie angehören. Welche Gruppe hat die meisten gefunden?

9 Pronouns

SO WIRD'S GEMACHT

A pronoun is a word which stands in place of a person or thing. For example, in English instead of 'the house' you could say 'it', or instead of 'a woman' you might use 'she' or 'her'. These are examples of personal pronouns.

9.1 Personal pronouns

The personal pronouns in German are:

	Singular		**Plural**	
1st person	*ich*	I	*wir*	we
2nd person (familiar)	*du*	you	*ihr*	you
2nd person (formal)	*Sie*	you	*Sie*	you
3rd person	*er, sie, es*	he, she, it	*sie*	they

9.1.1 Use of *du, ihr* and *Sie*

You will see from the table above that you can address people in either a familiar or a formal way. Note that the plural of the familiar *du* is *ihr*, but the formal or polite *Sie* is the same in singular and plural. Since we do not have this distinction in English, you need to pay particular attention to when these two forms are used in German. If you fail to use them correctly you could cause offence. A useful rule of thumb is that except in obvious circumstances, such as addressing an old friend, familiar forms should not be used until the native speaker you are talking/writing to uses them to address you.

The use of the various forms can be summarised as follows.

* ***Du/ihr*** is used when addressing:
    - relatives and close friends
    - children up to about the age of 14 or 15
    - fellow students
    - colleagues in manual or blue-collar jobs
    - animals

* ***Sie*** is used in all other circumstances, in particular:
    - with adults who are strangers
    - with colleagues in non-blue-collar jobs
    - by teachers when addressing students in the senior classes of secondary school.

It is often difficult to know when to start using *du*. The best advice is to follow the lead of the Germans you are speaking to. **If you are ever in any doubt, use *Sie*.** Note that *du/ihr* and the related possessive adjectives, that is, *dein*, etc. and *euer*, etc., are written with small letters. The various forms of *Sie* and the possessive adjective *Ihr* ('your') are written with a capital letter.

➡ **Exercise 1**

9.1.2 Pronouns and case

German pronouns change their form according to their case (see Chapters 10, 11 and 12). One of the few remaining examples of case change in English is the pronoun system: 'I-me', 'she-her', 'he-him', etc.

The full personal pronoun system is:

Singular				Plural			
Nom	**Acc**	**Da**	**Gen**	**Nom**	**Acc**	**Dat**	**Gen**
ich	mich	mir	meiner	wir	uns	uns	unser
du	dich	dir	deiner	ihr	euch	euch	euer
Sie	Sie	Ihnen	Ihrer	Sie	Sie	Ihnen	Ihrer
er	ihn	ihm	seiner	sie	sie	ihnen	ihrer
sie	sie	ihr	ihrer				ihrer
es	es	ihm	seiner				ihrer

The following illustrates how these personal pronouns are used:

*Mein Vater ist fast immer verreist. **Er** (= nominative) ist zurzeit in Paris.*
My father is almost always away on business. He is currently in Paris.

*Der Film soll gut sein. Wollen wir **ihn** (= accusative) sehen?*
The film is supposed to be good. Shall we go and see it?

*Wo ist deine Schwester? Ich bin doch mit **ihr** (= dative) verabredet.*
Where is your sister? I arranged to meet her.

✏ Note that the genitive forms are very rare and are nowadays only found with verbs taking the genitive case:

*Viele unserer Kameraden sind im Krieg gefallen. Dieses Jahr möchten wir **ihrer** gedenken.*
Many of our comrades died in the war. We would like to commemorate them this year.

The forms *meinetwegen, deinetwegen, Ihretwegen, seinetwegen, ihretwegen, seinetwegen; unsertwegen, euretwegen, Ihretwegen, ihretwegen*, mean 'because of me (etc.)/for my (etc.) sake'.

*Ich bin doch **seinetwegen** extra in die Stadt gegangen.*
I went to town specially for him/because of him.

➡ **Exercises 2, 3**

9.1.3 Alternative personal pronouns

- **dieser**, **dieses**, **diese** is used for emphasis, especially in spoken German, in place of **er**, **es**, **sie**:

    *Dann ist sein Bruder angekommen. **Dieser** wollte nichts damit zu tun haben.*
    Then his brother arrived. He wanted nothing to do with it.

Note that **dieser** and **jener** are also used for 'the latter' and 'the former' respectively (see Chapter 5, section 5.2.2).

- the definite article **der**, **das**, **die** is frequently used in place of personal pronouns in conversation:

    ***Die** arbeiten schon lange hier.*
    They've been working here a long time.

    ***Von dem** kriegst du ja gar nichts.*
    You'll get absolutely nothing out of him.

For the reflexive pronoun forms, see Chapter 30.

9.2 Possessive adjectives and pronouns

The endings of the possessive adjectives **mein**, **dein usw**. ('my', 'your', etc.) are the same as those for **ein** (see Chapter 4):

	Masculine	**Neuter**	**Feminine**	**Plural**
Nominative	mein	mein	meine	meine
Accusative	meinen	mein	meine	meine
Dative	meinem	meinem	meiner	meinen
Genitive	meines	meines	meiner	meiner

Possessive adjectives usually come before the noun to which they refer. However, when they **follow** the verb (often **sein**) they are known as possessive pronouns (like 'mine', 'yours', etc.). Possessive pronouns have two forms not shared by the possessive adjectives:

- The masculine nominative singular (for example, referring to **der Wagen**)

meiner	mine (i.e. my car)	*uns(e)rer*	ours
deiner	yours	*eurer*	yours
Ihrer	yours	*Ihrer*	yours
seiner	his	*ihrer*	theirs
ihrer	hers		
seiner	its		

- The neuter nominative and accusative singular (for example, referring to **das Problem**)

meins	mine (i.e. my problem)	*uns(e)res*	ours
deins	yours	*eures*	yours
Ihres	yours	*Ihres*	yours
seines	his	*ihres*	theirs
ihres	hers		
seines	its		

> *Ist das sein PC? – Nein, es ist **meiner**.*   Is that his computer? – No, it's mine.

> *Wem gehört das Haus? Ist es **deins**?*   Who does the house belong to? Is it yours?

In all other forms they decline like the possessive adjective:

> *Fahren wir mit deinem Wagen?*   Shall we go in your car?

> *Ja, mit **meinem**.*   Yes, in mine.

➥ **Exercise 4**

9.3 Relative pronouns

These are virtually identical in form with the definite article **der**, **das**, **die** (see Chapter 4). You should note the following four key points about relative pronouns:

- A relative pronoun introduces a so-called relative clause (see Chapter 19).

- It sends the finite verb (i.e. the one verb which changes to agree with the subject) to the end of the clause.

- It must agree in number and gender with the noun or phrase to which it refers. (In the plural, of course, it only needs to agree in number.)

- The grammatical case of the relative pronoun is decided by its role in the relative clause:

*der Freund, **der** mich eingeladen hat, . . .*   the friend who invited me . . .
(here the nominative **der** is the subject of the relative clause)

*der Freund, **den** ich einladen möchte, . . .*   the friend (whom) I would like to invite . . .
(here the accusative **den** is the object of the clause)

*die Beamtin, **der** er den Brief gab, . . .*   the official (to whom) he gave the letter . . .
(here **der** is in the dative as it is the indirect object of the verb *geben*)

Note that in formal style Germans sometimes use **welcher** (see Interrogative pronouns below) instead of **der**, especially when they wish to avoid repetition of **der**:

> *Der Wirtschaftsminister, **welcher** den Gesetzesvorschlag unterstützt hatte, musste zurücktreten.*
> The economics minister, who had supported the draft bill, was forced to resign.

For further information on relative pronouns see Chapter 19.

9.4 Interrogative pronouns

You use these to introduce questions. There are three interrogative pronouns: *wer* ('who'),
was ('what') and *welcher* ('which').

- *wer* declines as follows:

Nominative	*wer*
Accusative	*wen*
Dative	*wem*
Genitive	*wessen*

Wen haben Sie gefragt?	Whom did you ask?
Mit *wem* hat sie getanzt?	Who did she dance with?

The genitive form *wessen* is rather formal and is usually avoided:

Wem gehört das Auto?	To whom does the car belong?

rather than:

Wessen Auto ist das?	Whose car is it?

- *was* is only used to refer to things, and has one other form, the literary-sounding genitive
  wessen. The word *was* cannot normally be used with a preposition and is replaced by *wo-*
  or *wor-* + preposition (see Chapter 14):

Wogegen hat man gestreikt?	What was the strike about?
Worüber haben sie gestritten?	What did they argue about?

- *welcher* is declined like *dieser* and is normally used either as a determiner (see Chapter 5)
  or as an interrogative pronoun:

Ich habe zwei Autos. *Welches* gefällt dir besser? I have two cars. Which do you prefer?

Welcher is hardly ever used in the genitive.

➡ **Exercise 5**

9.5 Indefinite pronouns

- *einer*, *eins*, *eine* ('one') declines like *meiner*, *meins*, *meine* (see section 9.2 above):

Ich habe kein Buch. Hast du *eins?*   I haven't got a book. Have you (got one)?

- *man*, meaning 'one', 'people in general' and 'they', is used a great deal in German:

Man kann ja nicht alles wissen.   You can't know everything.

The accusative of *man* is *einen* and the dative of *man* is *einem*:

*Man muss ihnen helfen, auch wenn es **einen** manchmal viel Zeit kostet.*
One has to help them even if it does occasionally take up a lot of time.

- *jemand* (meaning 'someone') and *niemand* (meaning 'no one') decline as follows:

Nominative	*jemand*	*niemand*
Accusative	*jemanden*	*niemanden*
Dative	*jemandem*	*niemandem*
Genitive	*jemandes*	*niemandes*

In **spoken** German the accusative and dative often have no ending, that is, the forms *jemand* and *niemand* are used:

*Wir kennen hier **niemanden** OR: **niemand**.*
We don't know anyone here.

Exercise 5

 # ÜBUNG MACHT DEN MEISTER!

1 Wann duzt man sich, wann sagt man Sie?

Die Lehrer an einem Gymnasium nennt man Studienräte/Studienrätinnen. Sie duzen die Schüler der Unter- und der Mittelstufe. In der Oberstufe werden die Schüler mit 'Sie' angeredet. Setzen Sie die passenden Pronomen (*du, ihr, Sie*) ein.

 Section 9.1.1

a Ein Studienrat sagt zu seinen Schülern in Klasse 5/6 (Unterstufe):
   Habt . . . . eure Hausaufgaben gemacht?
   Wollt . . . . lieber im Klassenzimmer bleiben oder auf den Schulhof gehen?
   Seid . . . . alle vollzählig hier?
   . . . . müsst für nächste Woche einen Aufsatz schreiben.
   . . . . sollt die neue Lektion sorgfältig durchlesen.
   . . . . könnt die Aufgaben für die nächste Stunde machen.
b Die Schüler sprechen untereinander auf dem Schulhof:
   Gibst . . . . mir einen Kaugummi?
   Kannst . . . . mir das nochmal erklären?
   Hilfst . . . . mir bei den Hausaufgaben?
   . . . . hörst mir ja gar nicht zu.
   . . . . weißt doch, dass ich keine Zeit habe.
   . . . . sollst mich nicht immer stören.
c Die Schüler wenden sich an die Lehrer:
   Könnten . . . . mir das noch einmal erklären, Herr Klug?
   Würden . . . . das bitte wiederholen?
   Helfen . . . . mir bitte bei dieser Mathematikaufgabe?
   Ich kann . . . . nicht verstehen, Frau Berg.
   Machen . . . . mit uns eine Klassenfahrt?
   Was für eine Note geben . . . . mir für den Aufsatz?

2 Meine Schule

Ein deutscher Schüler beschreibt seinem englischen Brieffreund seine Schule. Setzen Sie die Pronomen *er*, *sie*, *es* ein.

◀ **Section 9.1**

Ich gehe auf ein Gymnasium. . . **(a)** . . liegt in der Stadtmitte und . . **(b)** . . heißt Goethe-Gymnasium. . . **(c)** . . ist ein gemischtes Gymnasium, das heißt, . . **(d)** . . wird von Jungen und Mädchen besucht.

Die Schule ist ziemlich alt. . . **(e)** . . wurde 1920 erbaut. Heute besteht . . **(f)** . . aus mehreren Gebäuden. . . **(g)** . . liegen um einen Schulhof herum. . . **(h)** . . dient uns als Pausenhof und teilweise als Sportplatz. Es gibt eine Turnhalle, . . **(i)** . . liegt neben dem Hauptgebäude, daneben befindet sich der Kunstraum, der ziemlich neu ist. . . **(j)** . . wurde erst vor zwei Jahren fertig gestellt. Auf der anderen Seite liegen die Chemie- und Physiklaboratorien. . . **(k)** . . sind ein bisschen altmodisch und sollen demnächst modernisiert werden. Das neue Schwimmbad liegt gegenüber. . . **(l)** . . wurde erst letztes Jahr eingeweiht.

Die Schüler an unserer Schule sind etwa 10–19 Jahre alt. . . **(m)** . . kommen im Alter von zehn Jahren in diese Schule und treten in die sogenannte Unterstufe ein. Nachdem . . **(n)** . . die sogenannte Mittelstufe durchlaufen haben, kommen . . **(o)** . . im Alter von 16–17 Jahren in die Oberstufe. . . **(p)** . . dauert drei Jahre. Die Schüler der Oberstufe haben alle vor, das Abitur zu machen, weil . . **(q)** . . zum Zugang zur Universität berechtigt. . . **(r)** . . ist eine schwierige Prüfung. Viele der Schüler bestehen . . **(s)** . . nicht.

3 Sie haben ihre Herzen in Heidelberg verloren

Ersetzen Sie die unterstrichenen Namen mit den passenden Pronomen.

◀ **Section 9.1**

a   Barbara wohnt in Hamburg. Horst kommt aus München. Barbara und Horst studieren in Heidelberg. Barbara und Horst kennen sich nicht.
b   Barbara sieht Horst in der Universität. Barbara findet Horst ganz toll, sie wirft Horst interessierte Blicke zu, aber Horst bemerkt Barbara nicht.
c   Ein paar Tage später gehen Barbara und Ulla in die Disco. Dort treffen sie Horst. Barbara tanzt mit Horst, sie gefällt Horst. Am nächsten Tag schenkt er Barbara Blumen! Er trifft Barbara jetzt täglich.
d   Bald kauft Horst einen Ring für Barbara. Barbara und Horst verloben sich und Barbara heiratet Horst ein Jahr später. Barbara und Horst leben glücklich und zufrieden bis an ihr Lebensende!

4 Partygespräche

Folgende Sätze sind auf vielen Partys zu hören. Setzen Sie die richtigen Pronomen ein.

◀ **Section 9.2**

a Darf ich vorstellen, das ist (my) Mann und das ist (his) Schwägerin.
b Möchten Sie bitte (your, *polite*) Mäntel ablegen.
c Guten Abend, wie geht es (your, *polite*) Eltern?
d Wir sind heute Abend mit (his) Wagen gekommen. Ich habe (mine) zu Hause gelassen.
e Können Sie mir (my) Glas nachfüllen?
f Entschuldigung, sitze ich auf (your, *polite*) Platz?
g Wir haben heute Abend einen Babysitter für (our) Kinder gefunden. Wer versorgt (yours, *familiar plural*)?
h Ist das (your, *familiar*) Teller? – Nein, es ist der Teller (of my) Frau.
i Ist die junge Dame (his) Schwester? – Nein, sie ist (his) Freundin.
j Wir schreiben Ihnen (our) Adresse und (our) Telefonnummer auf.
k Er kann (his) Mantel und ich kann (my) Schirm nicht finden.
l Vielen Dank für (your, *polite*) Einladung.

5 Niemand kennt sich aus

Auf der Party treffen viele Leute zusammen, die sich alle fremd sind und auch den Gastgeber nicht besonders gut kennen. Man hört diese Aussagen und Fragen. Setzen Sie die richtigen Pronomen ein.

 **Sections 9.4, 9.5**

a (Who) ist der Gastgeber?
b Wo legt (one) die Mäntel ab?
c Sitzt hier schon (anybody)?
d Nein, hier sitzt (nobody).
e Ich kenne (nobody) unter den Gästen.
f (Who) ist der Herr dort drüben?
g (Whom) haben Sie mitgebracht?
h (Which) Wein schmeckt besser, der weiße oder der rote?
i (Which) Kuchen möchten Sie probieren?
j Könnte (somebody) bitte ein Taxi rufen?
k (Nobody) weiß, wo sich das Telefon befindet.

FREIE FAHRT!

6 Können Sie mir helfen?

Arbeiten Sie zu zweit! Machen Sie eine Liste von 20 Sehenswürdigkeiten, Straßen oder Gebäuden, die man in einer typischen deutschen Stadt finden würde (*das Denkmal, die Hauptstraße, der Stadtpark, der Zoo usw.*). 'A' fragt 'B', wo sich die verschiedenen Sehenswürdigkeiten usw. befinden. 'B' weiß es nicht genau und kann nur sagen, wie weit entfernt sie sind. Tauschen Sie nach zehn Fragen die Rollen.

zum Beispiel:
Wo ist hier der Zoo?
→ **Er** *ist nur 100 Meter/zwei Kilometer von hier.*
Wo befindet sich die Hauptstraße?
→ **Sie** *ist nicht weit von hier, etwa 300 Meter.*
Wo finde ich das Kriegerdenkmal?
→ **Es** *steht hier (irgendwo) in der Nähe.*

7 Wer kauft was?

Am Samstagmorgen sitzen Herr und Frau Richter am Frühstückstisch. Sie gehen heute in verschiedene Läden und Frau Richter will wissen, wer was kaufen wird. Stellen Sie sich ihren Dialog vor.

zum Beispiel:

Wer kauft denn heute das Fleisch?
  ⟶ *Ich kaufe* **es**.
Wer kauft die Milch?
  ⟶ *Ich kaufe* **sie**.

Machen Sie zu zweit weiter! 'A' stellt die Frage, 'B' bietet an, das Produkt zu kaufen. Tauschen Sie nach jeder Frage die Rollen.

8 Die neue Wohnung hat Probleme

Arbeiten Sie zu zweit! Person 'A' ist gerade in eine neue Wohnung eingezogen und muss vieles reparieren lassen. 'A' fragt die Person 'B' ob er (sie) jemanden kennt, der helfen kann.

zum Beispiel:

A: *Kennen Sie einen Handwerker, der das Fenster reparieren könnte?*
B: *Nein, ich kenne niemand(en). Aber Herr Arnold war sehr zufrieden mit dem Mann, der seins repariert hat.*

Die anderen Probleme in der Wohnung sind:
die Wasserleitung
das Waschbecken
der Ofen
die Steckdose
der Türgriff
das Bad
die Dusche
das Schlafzimmer
der Schrank

9 Lauter Fragen

Schreiben Sie 15 Fragen, die mit *wo* + Präposition anfangen.

zum Beispiel:

Wozu hat er dich angerufen?
Worin besteht das Problem?
Worüber ärgert er sich?

10 Nominative case and accusative case

 SO WIRD'S GEMACHT

10.1 General information on cases

The forms of German articles, determiners, nouns, pronouns and adjectives vary according to what job they do in the sentence. These variations are the result of the German case system.

Whereas English relies on word order to show what part a word plays in the sentence, the use of cases means German can be a lot more flexible in its word order. For example, in the sentence 'My brother saw the thief', swapping the positions of 'my brother' and 'the thief' changes the meaning completely. In German, however, it is possible to say both *Mein Bruder hat den Dieb gesehen* and *Den Dieb hat mein Bruder gesehen*, without changing the essential meaning of the sentence. This is because the case endings of the definite article *den* and the possessive adjective *mein* indicate clearly which is the subject and which the object, that is, who is doing what to whom.

As the above example shows, it is usually the words qualifying a noun (articles, determiners and adjectives) rather than the noun itself that indicate case.

There are four cases in German, the nominative, the accusative, the dative and the genitive. This chapter and Chapters 11 and 12 deal with their use.

10.2 The nominative

The nominative case is the basic form in which nouns appear in textbooks and dictionaries. It is the form which is used to 'nominate' or 'name' the person or thing. You use it for the following purposes:

- To show the subject of the sentence or clause:

  Meine Schwester wohnt in Innsbruck.
  My sister lives in Innsbruck.

  Das hat der neue deutsche Student auch gesagt.
  The new German student said that too.

- After the verbs *bleiben*, *heißen*, *scheinen*, *sein* and *werden*:

  Der Direktor heißt Herr Bauer.
  The director is called Mr Bauer.

  Sein Bruder ist ein bekannter Schauspieler.
  His brother is a famous actor.

*Das scheint **ein guter Plan** zu sein.*
That seems to be a good plan.

- To express oaths and exclamations or to address people when no verb is used:

du lieber Gott!   good heavens!
du blöder Mann! (rude)   you stupid man!
du unartiger Junge!   you naughty boy!

10.3 The accusative

The accusative is used:

- To show the direct object:

    *Er hat **einen schweren Fehler** gemacht.*
    He has made a serious error.

    *Ich habe **keinen Mantel**.*
    I don't have a coat.

- After the prepositions **bis**, **durch**, **für**, **gegen**, **ohne**, **um** and **wider**:

    *Bis nächsten **Mittwoch!***
    See you next Wednesday!

    *Fahren Sie durch **den Tunnel**.*
    Go through the tunnel.

    *Ich arbeite für **meinen Vater**.*
    I'm working for my father.

    *Das macht ihr ohne **mich!***
    You can count me out of that. (literally: 'you do that without me')

Exercise 2

- After the prepositions **an**, **auf**, **hinter**, **in**, **neben**, **über**, **unter**, **vor** and **zwischen** when you wish to imply motion **towards** the following noun or pronoun.

    Note that when used with the dative these prepositions indicate position – see Chapter 11 and also Chapter 16 on prepositions.

POSITION:

    *Das Kind saß **auf dem Stuhl**.*
    The child sat on the chair.

MOTION:

    *Das Kind kletterte **auf den Stuhl**.*
    The child climbed onto the chair.

*Wir kletterten auf **das Dach**.*
We climbed onto the roof.

*Der Junge lief hinter **den Wagen**.*
The boy ran behind the car.

*Gehen wir in **die Kneipe**.*
Let's go to the pub.

*Ich setzte mich neben **die neue Schülerin**.*
I sat down next to the new girl (pupil).

Note that **entlang** follows the noun in the accusative case:

*Sie fuhren **die Bismarckstraße** entlang.*
They drove along Bismarck Street.

Exercise 3

- To indicate a particular point in time or a length of time in phrases without a preposition (see also Chapter 39):

Einen Moment, *bitte!*
Just one moment, please.

letzten *Montag*
last Monday

*Er blieb **die ganze Woche**.*
He stayed the whole week.

*Ich war **einen Monat** lang in Bonn.*
I was in Bonn for a month.

- For expressions of measurement, distance, space or value:

*Der Koffer muss fast **einen halben Zentner** wiegen.*
The case must weigh almost half a hundredweight.

*Sie wohnt kaum **einen Kilometer** vom Büro entfernt.*
She lives barely a kilometre from the office.

*Der Teppich ist **einen Meter** breit.*
The carpet is a metre wide.

*Das ist ja **keinen Pfennig** wert.*
That's not worth a penny.

- In wishes and greetings:

*Gut**en** Abend!*
Good evening.

*Herzlich**en** Glückwunsch!*
Many congratulations!

- With the verbs *lehren* and *nennen* which require two accusative objects, and with *kosten* which can occasionally have two objects:

*Der Lehrer nannte **sie ein Wunderkind**.*
The teacher called her a child prodigy.

*Die Wohnung hat **meinen Vater eine Menge Geld** gekostet.*
The flat cost my father a lot of money.

 # ÜBUNG MACHT DEN MEISTER!

1 An der Universität heißt alles anders

Heidi hat ihr Abitur bestanden und will in Tübingen an der Universität studieren. Ihre Freundin, die schon zwei Semester dort ist, erklärt ihr das neue 'Uni'-Vokabular.

So war es an der Schule	So heißt es an der Universität
die Schule	die Hochschule
das Gebäude	das Kollegiengebäude
die Bücherei	die Bibliothek
die Kantine	die Mensa
das Klassenzimmer	der Hörsaal
das Unterrichtszimmer	der Seminarraum
der Lehrer/die Lehrerin	der Dozent/die Dozentin
der Studienrat/die Studienrätin	der Professor/die Professorin
die Unterrichtsstunde	die Vorlesung/das Seminar/die Übung
der Mitschüler/die Mitschülerin	der Kommilitone/die Kommilitonin
die Klassenarbeit	die Klausur
die Prüfung	das Examen
die Abschlussprüfung	das Staatsexamen
der Festsaal	die Aula
das Schulhalbjahr	das Sommersemester/Wintersemester
die Schulferien	die Semesterferien
das Fachgebiet	die Fakultät

Setzen Sie das richtige Uni-Vokabular in den Text ein.

a . . . . werden auch vorlesungsfreie Zeit genannt.
b In deutschen Universitäten sind . . . . oft überfüllt, weil die Studentenzahlen nicht beschränkt sind.
c . . . . serviert billiges Essen.
d . . . . dauert von Mitte Oktober bis Mitte Februar, ... dauert von Mitte April bis Ende Juli.
e . . . . ist eine staatliche Prüfung am Ende der Studienzeit.
f . . . . ist der größte Raum der Universität, wo oft Feiern abgehalten werden.
g . . . . dauern im Allgemeinen 45 bis 50 Minuten.
h . . . . ist eine schriftliche Prüfungsarbeit.
i Herr Doktor Esch ist ein berühmter . . . . .

2 Alles dreht sich um die Studenten

Mit dem Wort 'Student/en' lassen sich viele neue Wörter bilden. Schauen Sie sich die Graphik an, schreiben Sie alle diese neuen Wörter auf.

zum Beispiel:

die Wirtschaft + der Student ⟶ *der Wirtschaftsstudent*
der Student + die Ermäßigung ⟶ *die Studentenermäßigung*

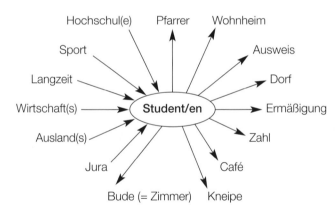

Setzen Sie jetzt die passenden Wörter in den Text ein.

a In Zukunft müssen . . . . Studiengebühren bezahlen.
b Viele Studenten gehen in die . . . ., weil sie für ihr billiges Bier bekannt ist.
c Um verbilligte Eintrittskarten zu bekommen, zeigt man den . . . . .
d Man hat das . . . . nur für Studenten gebaut.
e Ich mag meine . . . ., weil sie zwar klein, aber preiswert ist.
f In der Nähe der Universität gibt es ein . . . ., das von 8 Uhr morgens bis 22 Uhr geöffnet hat.
g Studenten, die länger als 12–14 Semester studieren, nennt man . . . . .
h Diesen . . . . treffe ich jeden Mittwoch beim Training im Stadion.
i Wenn Studenten in Not sind oder religiöse Fragen besprechen wollen, sehen sie den . . . . .
j Die . . . . wächst von Jahr zu Jahr.
k Die . . . . werden vom akademischen Auslandsamt betreut.

3 Wohin gehen die Studenten?

Bilden Sie zwölf Sätze mit dem Akkusativ!

◀ **Section 10.3**

Sie gehen	in	der Hörsaal	zum Trainieren.
		die Kneipe	zum Lernen.
		die Mensa	zum Feiern.
		die Bibliothek	zum Trinken.
		der Betrieb	zum Lesen.
		das Stadion	zum Tennisspielen.
		das Laboratorium	zum Experimentieren.
	auf	die Universität	zum Studieren.
		das Universitätsfest	zum Essen.
		der Maiball	zum Tanzen.
		der Tennisplatz	zum Betriebspraktikum.
		das Amt	zum Einschreiben.

4 Was Studenten sich erzählen

Was passt zusammen?

◀ **Section 10.3**

a Herzlichen Glückwunsch	**1** wie geht es dir?
b Letzten Sommer	**2** einen halben Kilometer von der Uni entfernt.
c Bis morgen Abend.	**3** mache ich einen Deutschkurs in der Schweiz.
d Diesen August	**4** ist seinen Preis wert.
e Für die kommende Prüfung	**5** Ich sehe dich dann in der Kneipe.
f Meine Bude ist	**6** wünsche ich einen guten Flug.
g Für die Auslandsreise	**7** zum bestandenen Examen!
h Guten Morgen,	**8** werde ich mein Staatsexamen machen.
i Das Übungsbuch	**9** machte ich ein Praktikum in Österreich.
j Nächsten Sommer	**10** wünsche ich dir alles Gute!

 **FREIE FAHRT!**

5 Alte Erinnerungen

Sie sind zu einem Klassentreffen in Ihrer alten Schule eingeladen. Dort unterhalten Sie sich mit früheren Kameraden über nicht Anwesende. Was ist aus ihnen geworden?

zum Beispiel:

Weißt du, was Renate jetzt macht?

→ Sie ist eine bekannte Tänzerin geworden.

Was ist aus Horst geworden?

→ Er scheint ein wichtiger Beamter geworden zu sein.

Kennst du noch die Sonja Krämer?

→ Ja, sie heißt aber jetzt Frau Professor Krämer!

Arbeiten Sie zu zweit! Machen Sie ähnliche Dialoge. Benutzen Sie die Verben *sein*, *werden*, *heißen*, *scheinen* und *bleiben*.

6 Hier braucht man kein Geld

In Ihrer Stadt haben Studenten ein Tauschgeschäft aufgemacht. Sie gehen ins Geschäft und erzählen dem Assistenten, was Sie gern tauschen möchten.

zum Beispiel:

Ich tausche diesen Mantel gegen eine Lederjacke.

Kann ich einen Roman von Tolstoi gegen ein englisches Wörterbuch tauschen?

Schreiben Sie zehn weitere Sätze.

7 Wie komme ich am besten zum Stadion?

Sie befinden sich in der Stadtmitte und ein Wagen hält an. Der Fremde am Steuer fragt nach dem Weg zum Fußballstadion. Leider ist die Fahrt ganz kompliziert. Erklären Sie ihm den Weg, indem Sie jede der folgenden Präpositionen mindestens einmal benutzen: *durch*, *um*, *in*, *an*, *auf*, *hinter*, *neben*, *unter*, *über*, *vor*, *zwischen*, *entlang*.

zum Beispiel:

Fahren Sie diese Straße entlang. Dann fahren Sie durch den Tunnel, über den Theaterplatz usw. . . .

8 Erinnern Sie sich noch?

Was haben Sie letztes Jahr gemacht? Schreiben Sie Sätze für alle zwölf Monate. Dann vergleichen Sie mit diesem Jahr. Stellen Sie auch Fragen an Ihre Kameraden.

zum Beispiel:

Was hast du letzten Januar gemacht?

→ Letzten Januar hatte ich Prüfung – diesen Januar mache ich ein Praktikum.

Was hast du letzten März gemacht?

→ Letzten März machte ich den Führerschein – diesen März fahre ich nach Schottland.

11 Dative case

SO WIRD'S GEMACHT

The dative case has a wide range of uses.

11.1 Indirect object

The dative expresses the indirect object of a verb, especially after verbs such as **geben**, **erzählen**, **zeigen**, **schenken**, **schicken**. The indirect object is the person who is given, told, shown, sent, etc. the thing in question.

*Sie gab **ihrem Freund** das Buch.*
She gave her friend the book.

*Sie erzählten **uns** eine lange Geschichte.*
They told us some long story.

*Peter zeigte es **mir**.*
Peter showed me it/it to me.

Note that English, since it lacks case endings, must either use 'to' or rely on the word order 'indirect object, direct object' to make the meaning clear.

 Exercise 1

11.2 Prepositions (general)

You always use the dative after the following prepositions:

aus	out of
außer	apart from
bei	at someone's house/near/on the occasion of
gemäß	in accordance with
laut	according to
mit	with/by (transport)
nach	after
seit	since
von	from/of
zu	to

aus dem Zimmer	out of the room
bei meiner Schwester	at my sister's
mit dem Zug	by train
nach dem Mittagessen	after lunch
seit den Wahlen	since the elections
vom Bahnhof	from the station
ein Freund von mir	a friend of mine

entgegen 'against/contrary to' and **gegenüber** 'opposite' usually follow the noun:

dem Park gegenüber   opposite the park

See also Chapter 16 on prepositions.

 Exercise 2

11.3 Prepositions (location)

You use the dative after the following prepositions to mean being 'in' a place or 'on' (etc.) something, as opposed to arriving 'into' a place or 'onto' (etc.) something (see Chapter 10):

an	on/at/by
auf	on (a horizontal surface)
hinter	behind
in	in
neben	near/next to
über	over/above
unter	under/among
vor	in front of
zwischen	between

an der Wand	on the wall
auf dem neuen Tisch	on the new table
in dieser schmutzigen Wohnung	in this dirty flat
unter den Kollegen	amongst one's colleagues

Compare:

*Er ging **in die** Bibliothek.*
He went **into** the library.

and:

*Sie traf ihn **in der** Bibliothek.*
She met him **in** the library.

 Note that the dative is also used for movement **at** the place or **on** the object without actually leaving it:

*Sie tanzten **auf dem** Ball.*
They danced **at** the ball.

See also Chapter 16 on prepositions.

➡️ **Exercise 2**

11.4 Verbs with dative

Certain verbs can **only** take a dative object. The most common are:

antworten	to answer
begegnen	to meet
danken	to thank
folgen	to follow
gehören	to belong to
geschehen	to happen to
glauben	to believe
gratulieren	to congratulate
helfen	to help
nutzen/nützen	to be of use
passen	to fit/to suit
passieren	to happen to
schaden	to harm
vorkommen	to seem to

*Wir danken **Ihnen** für Ihre Hilfe.*
(We) thank you for your help.

*Er gratuliert **seinem Freund**.*
He congratulates his friend.

*Das ist **mir** noch nie passiert.*
That has never happened to me before.

➡️ **Exercise 3**

11.5 Impersonal verbs

The dative is needed with a number of verbs which either have **es** as their subject (see Chapter 31) or whose subject in English is the indirect object in German (and therefore in the dative). Some of the most common are:

auffallen	to strike/occur to
einfallen	to occur to
fehlen	to be missing
gefallen	to like
gelingen	to succeed
Leid tun	to be sorry
schmecken	to taste (good)
wehtun	to hurt

*Es tut **mir** Leid.*
I'm sorry.

*Das ist **uns** noch nicht gelungen.*
We haven't managed that yet.

***Ihm** tut der Rücken weh.*
He has a sore back/His back is hurting.

*Das Essen hat **meinem Freund** gar nicht geschmeckt.*
My friend didn't like the food at all.

See also Chapter 31 on impersonal verbs.

➡ **Exercise 3**

11.6 Verbs with certain prefixes

You use the dative with verbs beginning in **bei-**, **ent-**, **entgegen-**, **nach-**, **wider-** or **zu-**:

*Ein junger Mann kam **dem Auto** entgegen.*
A young man was coming towards the car.

*Wir sind **ihr** sofort nachgelaufen.*
We ran after her at once.

*Hören Sie **der Musik** gut zu.*
Listen carefully to the music.

11.7 Adjectives (sensation)

The dative is used with certain adjectives to express sensations, usually alongside the verbs *sein* or *werden*:

heiß	hot
kalt	cold
schlecht	bad or ill
schwind(e)lig	dizzy
süß	sweet
übel	ill/sick
unwohl	unwell
warm	warm

*Ist **dir** zu kalt?*
Is it too cold for you?

***Mir** wurde plötzlich schwindlig.*
I suddenly started to feel dizzy.

 Exercise 4

11.8 Adjectives (general)

You use the dative with a wide range of other adjectives, again mostly with *sein* or *werden*. Here the adjective usually follows the noun to which it refers:

dankbar	grateful
egal/gleich	equal or indifferent
fremd	strange
klar	obvious/clear
möglich	possible
nützlich	useful
peinlich	embarrassing
schädlich	harmful
wichtig	important

*Wir waren **dem Chef** sehr dankbar.*
We were very grateful to the boss.

*Das war **meinem Mann** doch ganz klar.*
It was, of course, quite clear to my husband.

*So etwas könnte **euch** ja ganz nützlich sein.*
Something like that could be quite useful to you.

11.9 Advantage/disadvantage

The dative serves to indicate the person for whom or to whom the action of the verb is done. This is sometimes called the 'ethical dative' and suggests either advantage or disadvantage for someone:

*Kannst du **mir** bitte eine Zeitung kaufen?*
Can you buy me a paper, please?

*Der Hausmeister hat **dem Alten** die Tür aufgemacht.*
The caretaker opened the door for the old man.

*Jemand hat **meiner Freundin** die Handtasche gestohlen.*
Someone stole my girlfriend's handbag (from her).

11.10 Parts of the body, clothes

You use the dative to indicate possession, in particular with parts of the body or with clothes:

*Habt ihr **euch** die Hände gewaschen?*
Have you washed your hands?

*Du solltest **dir** heute etwas Warmes anziehen.*
You ought to put something warm on today.

 # ÜBUNG MACHT DEN MEISTER!

1 Großzügige Weihnachtsgeschenke!

Rudi Reich hat viel Geld. Er wird Weihnachtsgeschenke für seine Familie kaufen. Unten ist seine Einkaufsliste. Abends in der Kneipe prahlt er bei seinen Freunden. Schreiben Sie auf, was er sagt.

zum Beispiel:
Ehefrau – Goldkette (f.), Goldarmband (n.)
　　→ *Der Ehefrau* (= dative) *schenke ich eine Goldkette* (= accusative) *und ein Goldarmband* (= accusative).

a　Eltern – Kreuzfahrt (f.)
b　Schwester – Pelzmantel (m.)
c　Bruder – Motorrad (n.)
d　Zwillingsschwester – Kleinwagen (m.)
e　Schwiegereltern – Kiste (f.) Sekt
f　Schwägerin – Seidenbluse (f.)
g　Schwager – Golfausrüstung (f.)
h　Neffe – Spielcomputer (m.)
i　Nichte – Handy (n.)

2 Das war noch nie passiert!

Setzen Sie bitte die Wörter in den Klammern in den Dativ.

◀ **Sections 11.2, 11.3**

Hans Jung wohnt in (eine) Kleinstadt in Süddeutschland. Er arbeitet in (die) Firma seines Vaters. Unter (die) Arbeitskollegen ist er nicht sehr beliebt, weil sie wissen, dass ihm nur schnelle Autos und Frauen wichtig sind.

Letzte Woche wollte er nach (die) Arbeit mit (eine junge) Sekretärin der Firma zu (das) Autorennen nach Monaco fahren. Er wollte nicht mit (der) Zug, sondern mit (der neue) Sportwagen in den Süden reisen. Er traf sich also mit (seine neue) Freundin in (das teuerste) Restaurant der Stadt. Nach (ein vorzügliches) Abendessen begann die Reise.

Schon als sie aus (die) Stadt fuhren, machte der Motor seltsame Geräusche. Die Geräusche unter (die) Motorhaube wurden immer lauter, aber Hans trat nur stärker auf das Gaspedal. Sie waren schon in (die) Schweiz und irgendwo zwischen (die Schweiz) Grenze und (der) Gotthardpass geschah es dann. Die Geschwindigkeit wurde immer langsamer und kurz darauf kam der Wagen zum Stillstand.

Da Hans sich mit (das neue) Modell nicht auskannte, blieb nichts anderes übrig, als zu Fuß zu (das nächste) Telefon zu laufen und Hilfe herbeizurufen. Schließlich kam ein Mechaniker aus (das nahe gelegene) Dorf, der versuchte ihnen zu helfen.

Hans und seine Freundin mussten in (das einzige) Gasthaus des nahe gelegenen Dorfs übernachten. Zu allem Unglück stellte Hans dort fest, dass er seine Kreditkarte in (das teure) Restaurant hatte liegen lassen. Das war sehr peinlich. Auch das war ihm noch nie passiert!

3 Einer hilft dem anderen

Hier verlangen die Verben den Dativ.

◀ **Sections 11.4, 11.5**

Im Dorf fiel (der junge Mann) auf, dass ein großer deutscher Reisebus neben dem Gasthaus parkte. Der Busfahrer half gerade (eine alte Dame) beim Aussteigen. Hans und seine Freundin folgten (sie) und (einige alte Herren) in das Restaurant. Dort begegneten sie noch (weitere Leute) der Reisegruppe. Sie erfuhren, dass der Bus (eine Firma) aus Süddeutschland gehörte.

Das Mittagessen schmeckte (sie) nicht besonders gut. Sie erzählten (der Fahrer) von ihrer Panne. Es tat (er) Leid, dass es (der Mechaniker) nicht gelungen war, den Motor zu reparieren und dass er (sie) nicht hatte helfen können. Da fiel (der Busfahrer) plötzlich ein, wie er (die jungen Leute) helfen könnte. Er sagte: „Ich gratuliere (Sie), es passt (ich) Sie mitzunehmen, da ich auf der Heimfahrt durch Ihre Stadt fahre." Hans und seine Freundin dankten (er) für dieses tolle Angebot und es gelang (sie) ohne Probleme nach Hause zu kommen.

4 Auf der Fähre fühlt man sich nicht so wohl

Eine Schülergruppe befindet sich auf der Überfahrt von Dover nach Calais. Auf der Fähre reden alle durcheinander. Was passt zusammen?

Section 11.7

a Walter und Hans haben zu viel Schokolade gegessen.	**1** Mir ist übel.
b Sabine hat mir Geld geliehen.	**2** Das war ihm peinlich.
c Gisela sitzt in einer Ecke und stöhnt.	**3** Uns ist kalt.
d Die Suppe schmeckt mir gar nicht.	**4** Ihnen ist übel.
e Er sieht blass aus.	**5** Ich bin ihr dankbar.
f Wir waren eine halbe Stunde an der frischen Luft auf dem Deck.	**6** Mir ist schlecht.
g Frau Schmidt hat den Kapitän ganz oben auf der Brücke besucht.	**7** Ihm ist schlecht.
h Rudi hat beim Bezahlen einen Fehler gemacht.	**8** Uns ist es hier zu heiß.
i Ich habe zu viel Sahnetorte gegessen.	**9** Sie ist mir zu salzig.
j Wir finden es sehr warm hier im Restaurant.	**10** Dabei wurde ihr schwindlig.
k Ich bin seekrank.	**11** Ihr ist unwohl.

 **FREIE FAHRT!**

5 Mitbringsel aus England

Ein deutscher Freund ist bei Ihnen zu Besuch. Er kauft viele Geschenke für seine Familie und Sie möchten wissen, wer welches Geschenk bekommen wird. Stellen Sie ihm Fragen. Verwenden Sie die Wörter: *geben, kaufen, mitbringen, schenken*.

zum Beispiel:
Wem (= dative) *kaufst du den Tee* (= accusative)?
— ► *Den Tee* (= accusative) *kaufe ich meinem Vater* (= dative).

Arbeiten Sie zu zweit und machen Sie weitere Dialoge – der Freund hat auch Geschenke für Mutter, Schwester, Bruder, Kusine, Vetter, Onkel, Tante, Großvater, Großmutter, Schwager und Schwägerin gekauft.

6 Wer hat das schönste Wohnzimmer?

Zeichnen Sie ein einfaches Bild eines Wohnzimmers mit Fenster, Tür und folgenden Gegenständen:

Tisch	Stuhl	Sofa	Sessel
Flasche	Buch	Heft	Tasse
Glas	Ball	Tennisschläger	Schuhe
PC	Bild an der Wand	Fernsehapparat	

Arbeiten Sie zu zweit! Ihr(e) Partner(in) darf Ihr Bild auf keinen Fall sehen. Versuchen Sie durch Fragen herauszufinden, wo sich die Gegenstände auf dem Bild Ihres Partners/Ihrer Partnerin befinden.

zum Beispiel:

Wo steht der Tisch/liegt das Buch/hängt das Bild?
Neben der Tür/hinter dem Sofa/auf dem Tisch.

Sie können folgende Präpositionen benutzen: *an*, *auf*, *hinter*, *neben*, *über*, *unter*, *vor*, *zwischen*, *rechts von*, *links von*.

Versuchen Sie das Bild Ihres Partners/Ihrer Partnerin zu zeichnen. Wenn Sie alle Gegenstände in das neue Bild gesetzt haben, vergleichen Sie Ihre Bilder.

7 Vorsicht vor Hoteldieben!

Sie sind Leiter(in) einer Gruppe von britischen Touristen in Zürich. Eines Tages gibt es einen Einbruch im Hotel und Sie müssen aufschreiben, was der Dieb gestohlen hat. Schreiben Sie einen Bericht für die Polizei.

zum Beispiel:

Der Dieb hat dem jungen Mann im Zimmer 104 den Pass gestohlen.
Der alten Dame im Zimmer 17 hat er die Handtasche gestohlen.
Mir hat er den Fotoapparat genommen.

Schreiben Sie, was die anderen zehn Mitglieder der Gruppe verloren haben.

8 Das hatten wir nicht erwartet!

Die Familie Wiechert ist aus einem Urlaub in Spanien nach Salzburg zurückgekommen. Leider ist im Urlaub alles Mögliche schief gegangen. Frau Wiechert erzählt ihrer Freundin über die Probleme, die sie, ihr Mann und ihre drei Kinder gehabt haben. Übernehmen Sie die Rolle von Frau Wiechert. Benutzen Sie die Verben *gefallen*, *schmecken*, *gelingen* oder die Adjektive *süß*, *heiß*, *kalt*, *warm*, *schlecht*.

zum Beispiel:

Meinem Mann hat das Essen nicht geschmeckt.
Madrid hat uns gar nicht gefallen.
Mir war es zu heiß.

12 Genitive case

SO WIRD'S GEMACHT

In modern German the genitive case is not used very often in conversation, frequently being replaced by the preposition **von**. In the written language, however, the genitive is still very common.

12.1 Possession

You use the genitive to indicate possession, corresponding to English apostrophe 's' or 'of':

*die Familie **meines Freundes***	my friend's family
*der frühere Direktor **unserer Schule***	the former headteacher of our school
*die Geschichte **dieser Häuser***	the history of these houses

- Note that instead of the genitive you can use **von** with the dative: **von meinem Freund, von unserer Schule, von diesen Häusern**. (See also Chapters 11 and 16.)

- Note that in German you only use the so-called Saxon Genitive (for example, 'that car**'s** bumper', 'Sarah**'s** friend') with the names of people, nationalities and towns/cities and that there is no apostrophe before the 's':

***Helmuts** Auto*	Helmut's car
***Herrn Wegeners** Wohnung*	Mr Wegener's flat
***Frau Arnolds** Kinder*	Mrs Arnold's children
***Deutschlands** Weine*	Germany's wines
*die Stadtmitte **Frankfurts***	Frankfurt's city centre

 **Exercises 1, 2**

12.2 Verbs

The following verbs require the genitive:

anklagen	to accuse of
bedürfen	to be in need of
gedenken	to remember/commemorate
sich bedienen	to make use of
sich entsinnen	to remember
sich erfreuen	to enjoy
sich rühmen	to boast of

sich schämen	to be ashamed of
sich vergewissern	to make sure of
sich versichern	to assure oneself of

*Wir gedenken **unserer Toten**.*
We remember our dead.

*Er schämte sich **seiner Taten**.*
He was ashamed of his actions.

*Sie rühmten sich **ihrer Qualifikationen**.*
They boasted about their qualifications.

➡ **Exercise 3**

12.3 Prepositions

You use the genitive after a number of prepositions, of which the most common are:

(an)statt	instead of
außerhalb	outside of
beiderseits	on both sides of
diesseits	on this side of
infolge	as a consequence of
inmitten	in the middle of
innerhalb	within
jenseits	on the other/far side of
oberhalb	above
trotz	in spite of
unweit	not far from
während	during
wegen	because of

infolge der Demonstrationen	as a result of the demonstrations
trotz seiner schlechten Noten	in spite of his bad marks
wegen des schlechten Wetters	because of the bad weather

In spoken German, in particular, you can also use *(an)statt*, *trotz*, *während* and *wegen* with the dative.

See also Chapter 16 on prepositions.

➡ **Exercise 3**

12.4 Adjectives

The genitive is used with some adjectives. These include:

bewusst	aware of
fähig	capable of
gewiss	certain/assured of
schuldig	guilty of
sicher	sure of
voll	full of

*Sie ist sich **ihrer Schwächen** bewusst.*
She is aware of her weaknesses.

*Er ist **des Verbrechens** schuldig.*
He is guilty of the crime.

12.5 Expressions with *sein*

The genitive appears in a number of set expressions involving the verb **sein**:

*Ich bin **der Meinung**/der Auffassung/der Ansicht . . .*
I am of the opinion . . .

*Früh morgens ist er immer **schlechter Laune**.*
He's always in a bad mood in the morning.

*zweimal **zweiter Klasse** nach Bonn*   two second-class tickets to Bonn

12.6 Time expressions

The genitive sometimes expresses indefinite time, the equivalent of 'one day' rather than 'last Tuesday', etc. (see also Chapter 39):

eines Tages   one day
eines warmen Sommerabends   one warm summer evening

12.7 Set expressions

You also use the genitive in a number of set expressions such as:

allen Ernstes	in all seriousness
letzten Endes	after all
meines Wissens	to my knowledge
meines Erachtens	in my judgement/opinion

ÜBUNG MACHT DEN MEISTER!

1 Kennen Sie Deutschland?

Setzen Sie die passenden Städte in den Text ein. Vergessen Sie nicht den passenden Artikel zu benutzen!

◄ **Section 12.1**

zum Beispiel:

. . . . Weinfest ist das schönste in ganz Baden-Württemberg.

→ *Freiburgs Weinfest ist das schönste in ganz Baden-Württemberg.*

a   Auf . . . . Reeperbahn kann man sich gut amüsieren.
b   . . . . Oktoberfest ist das größte Bierfest Bayerns.
c   In . . . . Stadtmitte findet man das Goethehaus.
d   Der Dom ist . . . . Wahrzeichen.
e   Viele Geschäftsleute aus aller Welt besuchen . . . . Frühahrs- und Herbstmesse.
f   . . . . Stadtkern wurde im Zweiten Weltkrieg total zerstört.
g   . . . . Museen und Theater rechtfertigen seinen Ruf als Weltstadt.

Berlin   Köln   Hamburg   Dresden   Leipzig   München   Frankfurt

---

2 Europas Hauptstädte

Was für Hauptstädte haben die folgenden Länder?

zum Beispiel:

Deutschlands Hauptstadt ist Berlin.

a	Frankreich	1	Wien
b	Italien	2	Paris
c	Spanien	3	Madrid
d	Österreich	4	Stockholm
e	Schweden	5	Rom
f	Irland	6	Amsterdam
g	Holland	7	Dublin

3 Besuchen Sie Heidelberg!

Heidelberg ist eine alte Universitätsstadt am Neckar. Sie wird von vielen Touristen besucht. Hier ist ein Auszug aus einer Reisebeschreibung. Bitte setzen Sie die Wörter in Klammern in den Genitiv.

◀ **Sections 12.2, 12.3**

Heidelberg erfreut sich (eine herrliche) Lage und kann sich unter Deutschlands Städten (große) Beliebtheit rühmen. Die Stadt erstreckt sich beiderseits (die Ufer) des Neckars. Diesseits (der Fluss) liegen die Altstadt, die Universität und das Geschäftszentrum, jenseits (der Neckar) sind die neueren Stadtteile und außerhalb (die Stadt) befinden sich kleinere Industrieansiedlungen. Oberhalb (die Altstadt) steht das berühmte Heidelberger Schloss. Während (die Sommermonate) finden vor der Kulisse (das Schloss) Theater- und Konzertaufführungen statt. Unweit (die Schlossruine) gibt es herrliche Spazierwege inmitten (der Wald) und (die Weinberge). Angesichts (die zahlreichen internationalen Touristen), die wegen (die günstige Lage) zum Flughafen Frankfurt anreisen, hat Heidelberg ein gutes Hotelangebot.

FREIE FAHRT!

4 Auf der Hochzeit

Zur Hochzeit von Peter und Claudia sind alle möglichen Verwandten eingeladen. Sie fragen den Bruder von Peter, wer die Leute sind.

zum Beispiel:
Wer ist das denn da drüben?
   ⟶ *Das ist Peters Onkel.*
   ⟶ *Ich glaube, das ist Claudias Schwester.*

Machen Sie zu zweit weitere kurze Dialoge.

5 Ein Blick ins Familienalbum

Zu Hause schauen Sie sich alte Familienfotos an. Sie erklären einem Freund, wer oder was auf den Bildern zu sehen ist.

zum Beispiel:
Hier ist der Bruder unseres Großvaters.
Das ist das Haus meiner Tante.
Links siehst du den Bauernhof meines Onkels.

6 Wie gut sind Sie in Geographie?

Arbeiten Sie zu zweit! Testen Sie Ihren Partner/Ihre Partnerin über Hauptstädte, höchste Berge, die Einwohner, die Sprache von europäischen Ländern.

zum Beispiel:
*Wie heißt die Hauptstadt **der** Türkei?*
Wie nennt man die Einwohner Frankreichs?
*Was ist der höchste Berg **der** Alpen?*
Was ist die Landessprache Belgiens?

7 Verkehrshinweise

Sie sind Angestellte(r) des Südwestfunks, Baden-Baden, und müssen jeden Tag über Verkehrsprobleme berichten. Fertigen Sie einen Bericht über Probleme in Stuttgart, Karlsruhe, Baden-Baden und Freiburg an, indem Sie folgende Präpositionen benutzen: *wegen, infolge, außerhalb, beiderseits, diesseits, jenseits, inmitten, oberhalb*. Folgende Ausdrücke könnten Ihnen helfen:

der Stau	traffic jam
die Bauarbeiten	roadworks
die Umleitung	diversion
Straße gesperrt	road closed
der Schnee	snow
die Ampel funktioniert nicht	traffic lights out of action
der Unfall	accident
zäh fließender Verkehr	slow-moving traffic
mit Verspätung rechnen	be prepared for delays
das Glatteis	black ice
der Nebel	fog

zum Beispiel:
In Stuttgart gibt es jenseits/beiderseits der Eisenbahnbrücke einen Stau von zwei Kilometern.
In Freiburg muss man wegen Nebels/eines Unfalls mit Staus rechnen.

13 Adjectives

13.1 Adjective endings

- Adjectives which follow the finite verb (the one verb in a sentence which changes to agree with the subject) do not take any endings. With adjectives the finite verb is very often some form of **sein** or **werden**:

*Der Film war **ausgezeichnet**.*
The film was excellent.

*Die Schule ist ja **langweilig** geworden.*
School has become boring.

- However, if adjectives precede the noun they describe, they change their endings:

Das renovierte Haus sieht gut aus.
The renovated house looks good.

Hast du den neuen Lehrer gesehen?
Have you seen the new teacher?

- There are three types of adjective declension, involving no more than minor variations in endings. The particular declension you use depends on which article or determiner (if any) comes before the adjective (see Chapters 4 and 5 on articles and determiners).

13.2 *der* declension

13.2.1 Singular and plural declension

Singular	Masculine	Neuter	Feminine
Nominative	*der große Stuhl*	*das kleine Haus*	*die schöne Wohnung*
Accusative	*den großen Stuhl*	*das kleine Haus*	*die schöne Wohnung*
Dative	*dem großen Stuhl*	*dem kleinen Haus*	*der schönen Wohnung*
Genitive	*des großen Stuhls*	*des kleinen Hauses*	*der schönen Wohnung*

Plural (all genders)	
Nominative	*die netten Leute*
Accusative	*die netten Leute*
Dative	*den netten Leuten*
Genitive	*der netten Leute*

13.2.2 After the definite article

You use these adjective endings after the definite article *der*, *das*, *die* and after so-called '*der* words' such as *dieser*, *jener*, *jeder*, etc. (see Chapter 5):

Das groß**e** Auto drüben gehört mir.
The big car over there belongs to me.

Ich kaufe *diesen* schön**en** Tisch.
I'm going to buy this lovely table.

Sie arbeitet in *der* neu**en** Fabrik.
She works in the new factory.

In *jedem* alt**en** Haus haben wir ähnliche Probleme gefunden.
We found similar problems in every old house.

13.2.3 After *beide, irgendwelche, solche*

Following *beide*, *irgendwelche* and *solche*, *der*-declension endings are usual, but you may also find the zero declension endings (see 'zero declension' below):

beide blau**en** (or blau**e**) Stifte   both blue pens
solche blöd**en** (or blöd**e**) Fragen   such stupid questions

13.2.4 After *alle*

The plural *alle* ('all') is also followed by *der*-declension adjective endings, but note that any following demonstrative adjectives (for example, *dieser*, *jener*) or possessive adjectives (for example, *mein*, *dein*, *sein*, etc.) must have the same endings as *alle*:

Nominative	all**e** dies**e** alt**en** Leute	all these old people
	all**e** mein**e** gut**en** Freunde	all my good friends
Accusative	all**e** dies**e** alt**en** Leute	
	all**e** mein**e** gut**en** Freunde	
Dative	all**en** dies**en** alt**en** Leuten	
	all**en** mein**en** gut**en** Freunden	
Genitive	all**er** dies**er** alt**en** Leute	
	all**er** mein**er** gut**en** Freunde	

13.2.5 After *alles*

After *alles* ('everything'), the adjective has the following endings and an initial capital letter:

Nominative	alles Gut**e**	all the best
Accusative	alles Gut**e**	
Dative	allem Gut**en**	
Genitive	alles Gut**en**	

13.2.6 After personal pronouns

Note the **der**-declension ending after personal pronouns:

Wir Angestellte**n** (Angestellte) streiken für bessere Arbeitsbedingungen.
We employees are striking for better working conditions.

➡ **Exercises 1–4**

13.3 *ein* declension

13.3.1 Singular and plural declension

Note the highlighted adjectives are the only ones which differ from the equivalent **der**-declension endings:

Singular	Masculine	Neuter	Feminine
Nominative	ein **roter** Tisch	ein **neues** Auto	eine alt**e** Frau
Accusative	einen roten Tisch	ein **neues** Auto	eine alt**e** Frau
Dative	einem roten Tisch	einem neuen Auto	einer alten Frau
Genitive	eines roten Tisches	eines neuen Autos	einer alten Frau
Plural (all genders)			
Nominative	keine leeren Gebäude		
Accusative	keine leeren Gebäude		
Dative	keinen leeren Gebäuden		
Genitive	keiner leeren Gebäude		

13.3.2 After *ein, kein, mein, dein, sein, ihr, unser, Ihr, euer*

You use the **ein**-declension endings after **ein**, **kein** and the possessive adjectives **mein** ('my'), **dein** ('your'), **sein** ('his/its'), **ihr** ('her/their'), **unser** ('our'), **Ihr** ('your' singular and plural polite form) and **euer** ('your' plural familiar form):

Hast du **ein** neues Kleid?
Do you have a new dress?

Sie ist **meine** beste Freundin.
She is my best friend.

Unsere persönlich**en** Probleme gehen Sie nichts an.
Our personal problems do not concern you.

➡ **Exercises 2–4**

13.4 Zero declension

13.4.1 Singular and plural declension

Singular	Masculine	Neuter	Feminine
Nominative	*guter Wein*	*deutsches Bier*	*frische Sahne*
Accusative	*guten Wein*	*deutsches Bier*	*frische Sahne*
Dative	*gutem Wein*	*deutschem Bier*	*frischer Sahne*
Genitive	*guten Weins*	*deutschen Biers*	*frischer Sahne*
Plural (all genders)			
Nominative	*reiche Leute*		
Accusative	*reiche Leute*		
Dative	*reichen Leuten*		
Genitive	*reicher Leute*		

13.4.2 No article or determiner

You use the zero declension endings when there is no article or determiner before the adjective:

französischer Rotwein	French red wine
der Geschmack frisch gebackenen Brotes	the taste of freshly baked bread
bei schönem Wetter	in nice weather

13.4.3 Following *ein paar* and any number other than one

Zero declension endings are also used after **ein paar** ('a few') and any number other than one:

ein paar wertvolle Münzen	a few valuable coins
sechs alte Flaschen	six old bottles

13.4.4 Following *allerlei, etwas, nichts, viel, wenig*

Following **allerlei** ('all kinds of'), **etwas** ('something'), **nichts** ('nothing'), **viel** ('much'), and **wenig** ('little'), the adjective declines like a zero declension neuter adjective and begins with a capital letter:

Nominative	*nichts Interessantes*	nothing of interest
Accusative	*nichts Interessantes*	
Dative	*nichts Interessantem*	
Genitive	*nichts Interessanten*	

You very rarely see the genitive form.

13.4.5 Following *einige, etliche, folgende, manche, mehrere, viele, wenige*

After the indefinites *einige* ('some/a few'), *etliche* ('several'), *folgende* ('following'), *manche* ('some'), *mehrere* ('several'), *viele* ('many') and *wenige* ('few'), the adjective also takes zero declension endings:

wenige warme Tage	few warm days
einige arme Leute	some poor pensioners
dank vieler guter Ratschläge	thanks to much good advice

13.4.6 Preceding 'uncountable' nouns or when used as adverbs

When *viel* and *wenig* come before singular, so-called 'uncountable' nouns, or when they are used as adverbs, you do not decline them. Adjectives that follow *viel* and *wenig* take zero declension endings:

viel guter Wein	a lot of good wine
aus wenig haltbarem Stoff gemacht	made of not very hardwearing material

13.4.7 A string of adjectives all have the same ending

Note that when there is a string of adjectives before a noun, each adjective has the same ending, whether it takes *der-*, zero or *ein*-declension endings.

wir sahen einen interessanten, neuen Film	we saw an interesting new film
eine schöne, alte, romanische Kirche	a beautiful, old, romanesque church

In the masculine or neuter dative singular, however, the second element *may* take the *der*-declension ending *-n* rather than the zero declension *-m*:

aus teurem italienischen Stoff	made of expensive Italian material

13.5 Other adjective types

13.5.1 Past participles

You can also use past participles as adjectives (see Chapter 24 for the formation of the past participle):

*das hart **gekochte** Ei* (from ***kochen*** 'to cook, boil')	the hard-boiled egg
*ein **gelungenes** Experiment* (from ***gelingen*** 'to succeed')	a successful experiment

A few such adjectives have taken on meanings distinct from the original verb, for example:

ausgezeichnet (from ***auszeichnen*** 'to award, decorate')	excellent
bekannt (from ***bekennen*** 'to confess, admit')	well known, famous

13.5.2 Present participles

Present participles too can be used as adjectives. These participles are formed by adding *-d* to the infinitive:

die **steigenden** Preise	the rising prices
fließendes Wasser	running water

Present participles are the equivalent of the English verb ending '-ing', but you must **not** use them to translate the continuous present tense in English, for example, 'I am playing', which in German can only be *ich spiele*.

Like the past participles, some present participles have acquired a meaning independent of the original verb. For example:

dringend	urgent
umfassend	comprehensive, all-embracing

13.5.3 Extended adjective phrases

In German you can use past and present participles to create extended adjective phrases in a way you cannot in English:

> die schon vor Monaten **geprüften** Dokumente
> the documents that were examined months ago

> die gegen die hohe Arbeitslosigkeit **streikenden** Arbeitnehmer
> the workers who are demonstrating against the high level of unemployment

> die sich erst sehr langsam **entwickelnde** Windenergie
> wind power which is only developing very slowly

The article and noun in such phrases can often be a long way apart, separated by other noun phrases, adjectives, adverbs and reflexive pronouns. You will rarely meet this construction outside formal written contexts but it is quite common there. As shown above, to translate it into English you normally use the main noun followed by a subordinate clause beginning 'who', 'that' or 'which'.

13.5.4 Adding *-er* to the place name

You can form adjectives from the names of cities and towns by adding **-er** to the place name. These adjectives have an initial capital letter and never change their ending:

im Kölner Dom	in Cologne Cathedral
wegen der Basler Fastnacht	because of the Basle Carnival

13.5.5 Adjectives formed from numbers

Adjectives formed from numbers also end in **-er** and do not change:

in den siebziger Jahren	in the (nineteen) seventies

13.6 Non-declinable adjectives

Certain adjectives do not take case endings. There are three main groups here:

- Adjectives which you use only in spoken German, such as **klasse**, **prima**, **super**, all of which have similar meanings:

ein **prima** Typ	a really nice person
eine **super** Zeit	a great time

- The colour adjectives **beige**, **lila**, **orange** and **rosa**:

mit einem **lila** Kleid	in a purple dress
meine **rosa** Hose	my pink trousers
ein **orange** Hemd	an orange shirt
(but ein orangefarben**es** Hemd)	

- **ganz** and **halb** when used before place names without a preceding article or determiner:

Ganz Deutschland war in Trümmern.
The whole of Germany was in ruins.

Durch **halb** Europa sind wir gereist.
We've travelled half-way round Europe.

13.7 Spelling of certain adjectives

- The adjective **hoch** loses its **c** when you add an ending:

Die Kosten sind zu hoch.
The costs are too high.

In den **hohen** Bergen gibt's auch im Sommer viel Schnee.
There's plenty of snow in the (high) mountains even in summer.

- The **e** before the adjective endings, **-l**, **-n** and **-r** is lost before an ending:

Das Spiel war **miserabel**.	The game was awful.
⟶ Es war ein misera**bles** Spiel.	It was an awful game.
Die Jacke ist **dunkel**.	The jacket is dark (-coloured).
⟶ die dun**kle** Jacke	the dark jacket
Der Regen war **sauer**.	The rain was acid.
⟶ infolge des sau**ren** Regens	as a result of acid rain

13.8 Adjectives with prepositions

Adjectives are very often used with specific prepositions. You need to learn these along with the adjective. Here are a few examples:

bereit zu (+ dat.)	ready for
dankbar für (+ acc.)	grateful for
eifersüchtig auf (+ acc.)	jealous of
einverstanden mit (+ dat.)	in agreement with
fertig mit (+ dat.)	finished with
gleichgültig gegenüber (+ dat.)	indifferent towards
interessiert an (+ dat.)	interested in
reich an (+ dat.)	rich in
stolz auf (+ acc.)	proud of
typisch für (+ acc.)	typical of
verwandt mit (+ dat.)	related to
zuständig für (+ acc.)	responsible for

You often have to put this adjective at the end of the clause or sentence:

*Ich bin **mit** diesem Plan nicht **einverstanden**.*
I don't agree with this plan.

 Exercise 5

 # ÜBUNG MACHT DEN MEISTER!

1 Welches findest du besser?

Sie sind in ein Restaurant eingeladen, aber Sie wissen nicht, was Sie tragen sollen. Bitten Sie Ihren deutschen Freund um Rat.

◀ **Section 13.2**

zum Beispiel:
Anzug: braun, schwarz
Welchen Anzug findest du besser, den braunen oder den schwarzen?

a   Jacke: lang, kurz
b   Hut: grün, rot
c   Hemd: weiß, gelb
d   Handschuhe: schwarz, blau
e   Mantel: braun, grün

2 Ein Blick ins Familienalbum

Ergänzen Sie die folgenden Sätze.

◀ **Sections 13.2, 13.3**

a Die klein. . . . Frau auf diesem Bild ist meine älter. . . . Schwester Claudia.
b Sie trägt hier eine schwarz. . . . Jacke, ein weiß. . . . Hemd, einen rot. . . . Hut und
   modisch. . . . rot. . . . Schuhe.
c Neben ihr steht meine ander. . . . Schwester Birgit. Was meinst du, passt die gelb. . . .
   Bluse zum grün. . . . Kleid?! Und passen die dunkl. . . . Strümpfe zu den grau. . . .
   Schuhen?
d Und hier ist mein klein. . . . Bruder Fritz. Gefallen dir der braun. . . . Anzug und die weiß. .
   . . Schuhe?! Weiß. . . . Schuhe trägt er immer so gern!
e Kennen Sie diesen alt. . . . Mann mit der braun. . . . Mütze, der vor dem teur. . . . blau. . .
   . Mercedes steht? Das ist mein Vater.
f Wie du siehst, habe ich die lang. . . . Nase von der Mutter, aber meinen kurz. . . . Hals
   und meine blond. . . . Haare habe ich vom Vater.

3 In deutschen Städten

Herr Reitz, Vertreter einer großen Firma, fährt geschäftlich in verschiedene deutsche Städte.
Er erzählt seiner Frau, was er diese Woche erlebt hat.

Ergänzen Sie die Sätze mit den Adjektiven in Klammern. Achten Sie auf die Endungen!

◀ **Sections 13.2, 13.3**

a Im . . . . Bahnhof bin ich meinem . . . . Lehrer begegnet. Erinnerst du dich noch an den .
   . . ., ... Meyer?
   (Düsseldorf; früher; groß; dick)
b In Bonn hat mich der . . . . Taxifahrer mit der . . . . Hose und dem . . . . Hemd an deinen .
   . . Bruder erinnert.
   (jung; blau; weiß; älter)
c Zwei meiner . . . . Kollegen in Essen werden bald pensioniert. Ich habe ihnen alles
   . . . . gewünscht. In Essen hatte ich ja früher viele . . . . Kollegen. (alt; gut; nett)
d Am Freitag war ich in Meschede, im Sauerland. Ich glaube, in . . . . Deutschland gibt es
   keinen . . . . Standort.
   (ganz; besser)
e Da findet man alles, was das Herz begehrt: . . . . Leute, ein . . . . Klima und vor allem
   eine . . . . Landschaft.
   (freundlich; gut; wunderschön)
f Gestern war ich in einer Kleinstadt im Schwarzwald. Außer . . . . Fachwerkhäusern und
   einer . . . ., ... Kirche gab es dort nichts . . . . .
   (malerisch; restauriert; mittelalterlich; sehenswert)

4 Beschreibungen

Anhand der Wörter in den untenstehenden Kästen beschreiben Sie ein Familienmitglied.
Sagen Sie etwas über (a) Aussehen und (b) Kleidung.

zum Beispiel:
*Er/sie hat ein schmales Gesicht, eine kurze Nase, blaue Augen, lange blonde Haare
und einen kleinen Mund.*
*Er/sie trägt meistens eine weiße Bluse, ein graues Hemd, einen schwarzen Rock/eine
braune Hose mit braunen Schuhen.*

◀ **Sections 13.2–13.4**

a   Aussehen:

Haare	Gesicht	Wangen
Lippen	Ohren	Hals
Nase	Mund	Haut
Brille	Beine	Füße
lang	kurz	interessant
hübsch	schön	attraktiv
hässlich	schlank	dick
groß	klein	hell
schmal	blond	dunkel
blau	grün	usw.

b   Kleidung:

Bluse	Hose	Rock
Kleid	Pullover	Jacke
Mantel	Krawatte	Strümpfe
Socken	Schuhe	

modisch	teuer	modern
elegant	sportlich	rot
blau	weiß	braun
schwarz	gelb	grün
usw.		

5 Kein Problemkind mehr

Jahrelang haben sich die Krämers Sorgen um ihren Sohn Bernd gemacht. Jetzt freuen sie sich, dass er so gut vorankommt. Vervollständigen Sie diesen kleinen Text, indem Sie das jeweils richtige Adjektiv mit der dazugehörigen Präposition einfügen. Vergessen Sie nicht, dass das Adjektiv oft am Ende des Satzes steht!

◀ **Section 13.8**

Wir sind sehr . . **(a)** . . unseren Sohn Bernd. Als er noch zur Schule ging, waren wir allerdings . . **(b)** . . seiner Leistung sehr . . **(c)** . ., aber seitdem er bei meinem Bruder in der Firma arbeitet, sind wir . . **(d)** . . der Richtigkeit seines Entschlusses . . **(e)** . . Wir hatten ja nicht geahnt, dass er . . **(f)** . . der Computertechnik so . . **(g)** . . sein würde. Er ist schon . . **(h)** . . eine ganze Abteilung . . **(i)** . . Ich bin meinem Bruder . . **(j)** . ., dass er Bernd die Chance gegeben hat zu zeigen, dass er solcher Arbeit . . **(k)** . . ist.

an . . . interessiert   stolz auf   dankbar   von . . . überzeugt

fähig   von . . . enttäuscht   für . . . verantwortlich

 **FREIE FAHRT!**

6 Das war aber interessant!

a Mit Hilfe eines Wörterbuches finden Sie Adjektive, die die unterstehenden Wörter im Kasten beschreiben. Machen Sie eine Liste für sich.

ein (= n.) Buch
eine Fernsehsendung
eine Landschaft
eine Party
ein (= m.) Urlaub
ein (= n.) Abenteuer
ein (= n.) Erlebnis
eine Schauspielerin
ein (= n.) Fußballspiel

zum Beispiel:
ein interessantes Buch, eine schöne Landschaft

b Vervollständigen Sie Ihre Liste, indem Sie Ihre Wörter mit denen eines anderen Kameraden vergleichen.

c In Gruppen von vier Personen versuchen Sie nun so viele dieser Adjektive wie möglich in einem Erinnerungsspiel zu benutzen. Jedes Gruppenmitglied muss jedes Mal ein neues Adjektiv hinzufügen.

zum Beispiel:
Wir hatten einen schönen Urlaub.
      ⟶ *Wir hatten einen schönen, erholsamen Urlaub.*
      ⟶ *Wir hatten einen schönen, erholsamen, ruhigen Urlaub.*
      ⟶ *Wir hatten einen schönen, erholsamen, ruhigen, (aber) langweiligen Urlaub.*

7 Wer ist das denn?

Arbeiten Sie in Gruppen! Eine(r) von Ihnen beschreibt jemanden in der Klasse und die anderen Gruppenmitglieder müssen raten, wer das ist. Beschreiben Sie in höchstens fünf Sätzen zunächst einmal Aussehen und dann Kleidung.

zum Beispiel:
Er/sie hat lange, braune Haare, er/sie trägt einen weißen Pulli.

Wenn keiner bis zum fünften Satz richtig geraten hat, haben Sie gewonnen.

8 Wie sieht es bei dir aus?

Arbeiten Sie zu zweit! Zeichnen Sie eine Gestalt (Gesicht und Körper), aber zeigen Sie es nicht Ihrem (Ihrer) Partner(in). Diese(r) muss *Was für*-Fragen stellen, um Ihr Bild auf seinem (ihrem) Blatt zu zeichnen. Vergleichen Sie am Ende Ihre Bilder!

zum Beispiel:
Was für einen Hals hat er/sie?

14 Adverbs

SO WIRD'S GEMACHT

14.1 Adverb types

You can easily remember what an adverb does by telling yourself that it **adds** information to a **verb**. It can also qualify the meaning of an adjective or another adverb. An adverb can be one of the following:

- Of manner (telling us how something occurred):

hoffentlich	hopefully
nur	only
leider	unfortunately

- Of degree (to what extent something occurred):

etwas	rather
sehr	very
ziemlich	quite

- Of place (where something happened):

hier	here
oben	upstairs
unten	downstairs

- Of time (when something happened):

endlich	finally
noch einmal	once again
wieder	again

14.2 Forming adverbs

German adverbs usually have the same forms as simple adjectives. For example, *gut* means either 'good' or 'well', *schnell* means either 'quick' or 'quickly'.

There are, however, a few typical adverbial endings which are added to simple adjectives, nouns or verbs. These are: *-erweise*, *-lang*, *-lich*, *-maßen*, *-s*, *-wärts*, *-weise*:

*einiger**maßen***	to a certain extent
*glücklicher**weise***	fortunately
*meisten**s***	usually
*stück**weise***	bit by bit
*vor**wärts***	forwards
*wahrschein**lich***	probably
*wochen**lang***	for weeks on end

See also Chapter 42 for forming adverbs.

➡ **Exercises 1, 2**

14.3 Adverbs of direction

You can add ***hin*** and ***her*** to the beginning of several prepositions (for example, ***hinauf***, ***herum***, ***hinaus***) and to the end of a small number of adverbs of place (for example, ***dorthin***, ***hierher***). They indicate motion towards (***her***) or motion away from (***hin***) the speaker:

*Kom doch **herunter**.*
Do come down.

*Sie lief die Treppe **hinauf**.*
She ran up the stairs.

*Wir sind **dorthin** gelaufen.*
We ran there.

Hin and ***her*** sometimes repeat the meaning of a preposition:

*Er kam **aus** der Wohnung **heraus**.*
He came out of the flat.

*Sie fuhr **in** den elften Stock **hinauf**.*
She travelled up to the 11th floor.

➡ **Exercise 4**

14.4 Question words

14.4.1 Main question words

Another form of adverb is the question word, or interrogative. The main question words are:

wann?	when?
warum?	why?
wie?	how?
wie lange?	how long?
wie oft?	how often?
wo?	where?

woher?	where from?
wohin?	where to?
von wo?	where from?

Two other words for 'why?' are the colloquial *wieso?* and the rather formal *weshalb?*.

⟋ Note also the interrogative pronouns *was?* ('what?') and *wer?* ('who?'), and the interrogative pronoun/determiner *welcher?* ('which?') (see Chapter 9).

➡ **Exercise 3**

14.4.2 *Wo* + preposition

Several question words consist of *wo* + preposition. The following is a selection. Note that if the preposition begins in a vowel, you have to insert *r*:

woran?	what on/at?
woraus?	out of what?
wofür?	what for?
wogegen?	against what?
worin?	what in?
womit?	with what?
worüber?	what about?
wovon?	about what?
wozu?	what for?

Worüber klagen sie?
What are they complaining about?

Wovon hat er erzählt?
What did he talk about?

Wogegen demonstrieren sie?
What are they demonstrating against?

14.4.3 Adverbs beginning *da-*

For each of these question words there is an equivalent adverb beginning *da-*. Note again the insertion of the letter *r*:

daraus	out of it/that
dadurch	through it/that
dafür	for/in favour of it
dagegen	against it
damit	with it/that
danach	after it/that
davor	before/in front of it
dazu	to it/that

Danach *gingen sie ins Kino.*
After that they went to the cinema.

Dahinter *liegt die Kirche.*
Behind it is the church.

Darin *liegt ja auch das Problem.*
That's where the problem lies, of course. (compare: 'therein lies the problem')

ÜBUNG MACHT DEN MEISTER!

1 Zeit ist relativ!

Aus folgenden Wörtern können neue Zeitadverbien durch die Jahrtausende Anhängen der
Nachsilbe *-lang* gebildet werden:

die Jahrhunderte	die Jahrzehnte	die Jahre
die Monate	die Wochen	die Tage
die Stunden	die Minuten	die Sekunden

zum Beispiel:
die Jahrtausende ⟶ jahrtausendelang

Setzen Sie nun passende Zeitadverbien in die untentstehenden Sätze anstelle der
Ausdrücke in Klammern ein.

◀ **Section 14.2**

a   Die Dinosaurier sind schon (seit vielen tausend Jahren) ausgestorben.
b   Ich musste gestern im Krankenhaus (von neun Uhr morgens bis drei Uhr nachmittags)
    warten.
c   (Seit dem Ende der 80er Jahre) versuchen die Forscher schon ein Mittel gegen das Aids-
    Virus zu finden.
d   Die Ehefrau des Unfallopfers saß (jeden Tag) an seinem Bett im Krankenhaus.
e   Der Banküberfall dauerte nur (wenige Minuten), bevor die Täter in einem schwarzen
    Lieferwagen flohen.
f   Diese Firma befindet sich schon (seit mehreren Jahrzehnten) im Familienbesitz.
g   Der Pistolenschuss war nur (für einige Sekunden) zu hören.
h   Der Arbeitslose ist schon (seit Wochen) auf Arbeitssuche, hat aber bisher noch nichts
    gefunden.

2 Wie kann man das mit einem Wort sagen?

Neue Adverbien lassen sich mit der Silbe *-lich* bilden. Ersetzen Sie die Ausdrücke in Klammern mit einem Adverb, das auf *-lich* endet.

Section 14.2

a   Ich muss diese Tabletten (jede Stunde) einnehmen.
b   Einmal (jede Woche) gehe ich zum Training.
c   (Jeden Tag) macht er mit seinem Hund einen Spaziergang.
d   Es wurde (von Wissenschaftlern) nachgewiesen, dass das Rauchen gesundheitsschädigend ist.
e   Die Firma macht einmal (pro Jahr) einen Betriebsausflug.
f   Ich bezahle meine Zimmermiete (regelmäßig jeden Monat).
g   Meine Abschlussprüfung als Krankenpfleger wird (vom Staat) anerkannt.
h   (Aller Wahrscheinlichkeit nach) werde ich nach Australien auswandern.

3 Fragen an einer Unfallstelle

Welche Teile passen zusammen? (Bei einigen Beispielen gibt es mehrere Möglichkeiten.)

Section 14.4

a   Wann   1   hat die Polizei festgestellt?
b   Wer   2   hat der Zeuge ausgesagt?
c   Was   3   ist es zum Unfall gekommen?
d   Wo genau   4   war in den Unfall verwickelt?
e   Wie   5   bremste der Motorradfahrer nicht?
f   Woher   6   Personen wurden verletzt?
g   Wohin   7   ist der Unfall passiert?
h   Warum   8   fuhr der Lastwagenfahrer?
i   Wie viele   9   kam der Motorradfahrer?

4 Hin und her!

Bilden Sie so viele Adverbien wie möglich!

Section 14.3

a   zum Beispiel: b   zum Beispiel:

vor + hin ⟶ **vorhin**   *wo + her* ⟶ **woher**
hin + unter ⟶ **hinunter**   *her + auf* ⟶ **herauf**

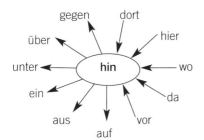
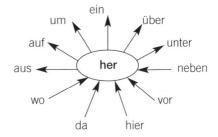

 **FREIE FAHRT!**

5 Wir suchen um die Wette!

Wer findet die meisten Adverbien in einer bestimmten Zeit (etwa fünf Minuten)? Eine der Nachsilben (-*maßen*, -*weise*, -*lang*, -*wärts*, -*lich*) wird vorgeschlagen. Alle suchen die entsprechenden Adverbien. Danach liest jeder seine Adverbien vor. Wer dieselben Wörter hat, streicht sie durch.

Sieger ist, wer zum Schluss die meisten Wörter übrig hat! Der Sieger schlägt dann eine neue Nachsilbe vor.

6 Hin und her und her und hin

Arbeiten Sie in kleinen Gruppen! Erfinden Sie eine Geschichte, in der jeder Satz ein Adverb mit entweder der Vorsilbe oder. Nachsilbe *hin* oder *her* enthält. Jede(r) sagt einen Satz, dann kommt der (die) Nächste an die Reihe. Benutzen Sie die Adverbien aus Übung 4.

 Exercise 4

zum Beispiel:
Vorhin fuhr ein Auto die Straße entlang.
Woher kam es wohl?

7 Fragen, Fragen und nichts als Fragen

Schreiben Sie einen Fragebogen (etwa zehn Fragen pro Thema).

a Sie sind ein Reporter, der über einen Hotelbrand berichtet. Sie fragen einen Zeugen aus.

zum Beispiel:
Wann haben Sie den Brand gesehen?

b Sie sind ein Polizist, der nach einem Einbruch den Hausbesitzer nach Details fragt.

zum Beispiel:
In welchem Zimmer war die Aktentasche?

c Sie sind eine besorgte Mutter, die ihren Sohn nach dem Grund seines späten Heimkommens fragt.

zum Beispiel:
Wieso kommst du so spät nach Hause?

15 Comparison of adjectives and adverbs

 SO WIRD'S GEMACHT

In English we frequently use the adjective ending '-er' to compare people or things. For example: 'taller than', 'nicer than', 'larger than'. This form of the adjective is known as the comparative. Similarly, we use the adjective ending '-est/-st' (for example, 'the kindest', 'the prettiest') to express the so-called superlative.

German comparatives and superlatives use these same endings. However, whereas English has to employ 'more' with adjectives longer than two syllables, German uses the **-er** and **-est/-st** endings for all adjectives.

15.1 Comparative and superlative adjectives

15.1.1 Placed after the verb

You can place the comparative adjective, as with any adjective, after the verb. Where this occurs it does not require any additional ending:

*Deine Noten waren diesmal **besser**.*
Your marks were better this time.

*Das Wetter wird morgen **schlechter**.*
The weather will be worse tomorrow.

For a superlative adjective in this position, **am** comes before the superlative adjective which has the ending -**sten**. For example: **am schönsten** the nicest, **am besten** the best:

*Diese CD ist **am billigsten**.*
This CD is the cheapest.

*Diese Leute sind **am freundlichsten**.*
These people are the friendliest.

15.1.2 Placed before the noun

If you place comparatives and superlatives before the noun they describe, you have to give them the same endings as any other adjective:

*die besse**re** Lösung*	the better solution
*einen kleine**ren** Garten*	a smaller garden
*mit der neust**en** Technologie*	with the latest technology
*aus billige**rem** Stoff*	made of cheaper material

Comparative adjectives used in this way can have the meaning 'fairly' or 'quite':

*eine **längere** Reise*	quite a long journey
*ein **älterer** Mann*	quite an old/an elderly man

111

Note that you normally use the superlative ending **-est** with adjectives whose simple or basic form ends in **-d**, **-s**, **-sch**, **-ß**, **-t**, **-tz**, **-x** or **-z**:

*die laut**este** Musik*	the loudest music
*der süß**este** Kuchen*	the sweetest cake

➥ **Exercise 2**

15.1.3 Add an umlaut

With many adjectives of one syllable you must add an umlaut to **a**, **o** or **u** in the comparative or superlative forms. For example: **alt – älter – am ältesten** (old, older, oldest). Similar adjectives are:

dumm	stupid	*dümmer*	*am dümmsten*
grob	coarse/rough	*gröber*	*am gröbsten*
groß	big	*größer*	*am größten*
hart	hard/harsh	*härter*	*am härtesten*
jung	young	*jünger*	*am jüngsten*
kalt	cold	*kälter*	*am kältesten*
klug	clever	*klüger*	*am klügsten*
kurz	short	*kürzer*	*am kürzesten*
lang	long	*länger*	*am längsten*
scharf	sharp	*schärfer*	*am schärfsten*
schwach	weak	*schwächer*	*am schwächsten*
schwarz	black	*schwärzer*	*am schwärzesten*
stark	strong	*stärker*	*am stärksten*
warm	warm	*wärmer*	*am wärmsten*

*die viel **größere** Wohnung*	the much bigger flat
*eine **härtere** Strafe*	a harsher punishment
*er ist am **schwächsten***	he is the weakest
*der **jüngste** Sohn*	the youngest son

15.1.4 Irregular forms

There are some common irregular comparative and superlative forms, including:

gut	good	*besser*	better	*das beste*	the best	*am besten*	best
hoch	high	*höher*	higher	*das höchste*	the highest	*am höchsten*	highest
nah	near	*näher*	nearer	*das nächste*	the nearest	*am nächsten*	nearest
viel	much	*mehr*	more	*das meiste*	the most	*am meisten*	most
wenig	little	*weniger*	less/fewer	*das wenigste*	the least	*am wenigsten*	least/fewest

 Note that **weniger** does not change:

*Ich habe **weniger** Freizeit als er.*
I have less free time than he does.

Very occasionally you will find the forms *minder* and *mindeste*, as alternatives to *weniger* and *wenigste* respectively.

 Exercise 3

15.2 Comparative and superlative adverbs

- The comparative forms of adverbs are essentially the same as those of adjectives:

schnell	quickly/fast	*schneller*	more quickly/faster
gut	well	*besser*	better

- The superlative adverb has the same form as the superlative adjective following a verb:

    *Er schwimmt **am besten**.*
    He swims best/is the best swimmer.

    *Der letzte Zug fährt **am schnellsten***
    The last train is the fastest.

You can also say **aufs Beste**, **aufs Schnellste**, etc., which essentially means 'could not be better/faster'.

- One other way in which you can form the superlative of adverbs is to place **äußerst**, **höchst** or **möglichst** before the basic adverb or adjective:

äußerst *vorsichtig*	extremely carefully
höchst *notwendig*	most necessary
möglichst *bald*	as soon as possible

- You should pay particular attention to the following irregular comparative and superlative adverbial forms:

bald	soon	**eher/früher**	sooner	**am ehesten/ am frühesten**	soonest
gern	gladly/keenly	**lieber**	more gladly/rather	**am liebsten**	most gladly/most of all
oft	often	**öfter**	more often	**am häufigsten**	most often
viel	much	**mehr**	more	**am meisten**	most

- There are a number of superlative adverbs ending in **-ens**, the most common of which are:

bestens	very well	*schnellstens*	as quickly as possible
höchstens	at the most	*strengstens*	most/very strictly
meistens	mostly	*wärmstens*	most warmly
mindestens	at least	*wenigstens*	at least
nächstens	shortly		

    *Das Stück hat **mindestens** drei Stunden gedauert.*
    The play lasted at least three hours.

*Wir sind in **höchstens** einer Stunde da.*
We'll be there in an hour at most.

*Das Rauchen ist **strengstens** verboten.*
Smoking is strictly forbidden.

Exercise 4

15.3 Adjectives and adverbs: miscellaneous points

Note the following points which apply to both adjectives and adverbs:

* In comparisons, German uses ***als*** where English uses 'than':

*Das ist **weniger, als** ich dachte.*
That is less than I thought.

*Peter arbeitete hier **länger als** Antje.*
Peter worked here longer than Antje.

while ***so . . . wie*** is used where English uses 'as/so . . . as'

*Du bist nicht **so klug wie** sie.*
You're not as clever as she is.

* You must use the same case for the persons or things you are comparing:

*Ich fand **ihn** nicht so schön wie **unseren** Garten.*
I didn't find it as nice as our garden.

* You can reinforce a comparison with ***genauso*** or ***ebenso***:

*Unsere Aufgabe war **genauso schwierig** wie eure.*
Our task was just as difficult as yours.

*Der Film war **ebenso langweilig wie** das Buch.*
The film was just as boring as the book.

* You can also reinforce comparatives by using ***noch*** or ***viel*** before the adjective/adverb. Similarly you can emphasise superlatives by using ***aller-*** or ***bei weitem***:

*Ihr Auto ist **noch/viel schöner**.*
Her car is even/much nicer.

*der **allerbeste** Wein der Welt*
the (very) best wine in the world

*Russland ist **bei weitem** das interessanteste Land Europas.*
Russia is by far the most interesting country in Europe.

- 'More and more' in a comparative phrase is **immer** + the simple comparative adjective or adverb:

*Es wird hier **immer kälter**.*
It's getting colder and colder here.

*Wegen des Nebels mussten wir **immer langsamer** fahren.*
We had to drive more and more slowly because of the fog.

- For English 'the more . . . the more' German uses either **je + -er . . .** , **desto -er** or **je + -er . . . , umso -er**:

Je länger du arbeitest, **desto mehr** verdienst du.
The longer you work, the more you (will) earn.

Je schneller du fährst, **umso besser** musst du aufpassen.
The faster you drive, the more careful you must be.

Exercise 1

ÜBUNG MACHT DEN MEISTER!

1 Vergleichen Sie Fakten über Deutschland!
Schreiben Sie zwei Sätze.

Sections 15.1, 15.3

zum Beispiel:
der Rhein, der Neckar (breit)
⟶ Der Rhein ist **breiter als** der Neckar.
⟶ Der Neckar ist **nicht so** breit **wie** der Rhein.

Köln, Dresden (westlich)
⟶ Köln liegt **westlicher als** Dresden.
⟶ Dresden liegt **nicht so** weit westlich **wie** Köln.

a Berlin, Bonn (groß)
b Hamburg, Hannover (nördlich)
c München, Frankfurt (südlich)
d die Zugspitze, der Feldberg (hoch)
e die bayrischen Alpen, der Schwarzwald (bergig)
f das süddeutsche Klima, das norddeutsche Klima (mild)
g Schleswig-Holstein, Bayern (flach)
h der Bodensee, der Titisee (tief)
i das Ruhrgebiet, die friesischen Inseln (industriell)

2 Welche Verbesserung!
Frau Baumann, eine fleißige Mitarbeiterin in einer Großfirma, wurde befördert. Sie zieht in die Chefetage um, wo sich ihr neues Büro jetzt befindet.

Hier oben ist alles besser:

Das alte Büro war schön.
Die Einrichtung war luxuriös.
Der Schreibtisch war groß.
Der Chefsessel war bequem.
Der Teppich war weich und teuer.
Der Computer war modern.
Das Telefon war neu.
Die Sekretärin war fleißig und intelligent.
Ihr Gehalt war hoch.
Bisher hatte sie viel Arbeit und wenig Freizeit.

a   Schreiben Sie bitte auf, wie jetzt alles ist.

zum Beispiel:
Das neue Büro ist noch schöner.

b   Wie würde Frau Baumann selbst über die neue Situation berichten? (Vorsicht bei den Endungen!)

zum Beispiel:
Ich habe jetzt ein schöneres Büro.

◀ **Section 15.1.2**

3 Es war super!

Zwei verwöhnte Teenager kommen aus den Ferien zurück und erzählen ihre Erlebnisse. Ihrem Bericht nach hatten sie von allem das Beste. Finden Sie die Superlative zu den Adjektiven.

◀ **Section 15.1**

zum Beispiel:
Wir flogen mit dem (modern) Flugzeug.
⟶ *Wir flogen mit dem modernsten Flugzeug.*

Wir wohnten im (groß) Hotel des Ortes. Es lag an der (malerisch) Küste. Wir hatten das (luxuriös) Zimmer mit der (schön) Aussicht. Wir speisten im (elegant) Restaurant und aßen die (fein) Speisen. Die Hotelbar hatte die (toll) Musik. Dort wurden die (heiß) Rhythmen gespielt. Dort tanzten auch die (gut) Tänzer. Die Kellner servierten die (einfallsreich) Cocktails, aber leider hatte das Hotel die (teuer) Preise!

4 Welcher Ausdruck passt hier?

Setzen Sie einen passenden Ausdruck aus dem untenstehenden Kasten ein. (Bei einigen Beispielen gibt es mehrere Möglichkeiten.)

◀ **Section 15.2**

a   Das Theaterstück kann ich Ihnen . . . . empfehlen.
b   Das Betreten des Atommeilers ist . . . . verboten.
c   Die Wanderung wird . . . . drei Stunden dauern.
d   Das Essen im Restaurant hat mir . . . . geschmeckt.
e   Für die geplante Reise kann ich . . . . 500 Euro sparen.
f   Das Geschäft soll . . . . eine Zweigstelle in Birmingham eröffnen.
g   Ich trainiere . . . . am Dienstagabend im Sportklub.
h   Die Opernkarte kostet . . . . 100 Euro.
i   Mit 40° Fieber sollte er . . . . zum Arzt gehen.

| nächstens | wärmstens | strengstens | bestens | |
| mindestens | wenigstens | schnellstens | höchstens | meistens |

 **FREIE FAHRT!**

5 Vergleiche anstellen!

Wählen Sie zwei Räume der Schule/Universität/Ihres Hauses und vergleichen Sie beide (Größe, Zahl der Fenster, Einrichtung, Lage, Helligkeit, usw.).

zum Beispiel:
Dieser Raum ist viel heller (als jener).

6 Personen vergleichen

Wählen Sie zwei bekannte Politiker(innen)/Stars/Sportler(innen) und vergleichen Sie beide.

zum Beispiel:
'x' ist viel schöner/interessanter als 'y'.

7 Vorlieben

Machen Sie eine Umfrage unter Ihren Freunden/Kollegen nach deren persönlichen Vorlieben. Schreiben Sie einen Fragebogen mit zehn Fragen. Verwenden Sie Superlative (zum Beispiel: *am liebsten, am besten, am häufigsten, am meisten, am schönsten, am schwersten, am nettesten, am strengsten . . .*).

zum Beispiel:
Was machst du am liebsten in den Ferien?
Was meinst du, welcher Lehrer ist hier am strengsten?

8 Nie wieder!

Beschreiben Sie einen Urlaub, wo alles total negativ war.

zum Beispiel:
Wir buchten die billigste Reise und flogen mit dem ältesten Flugzeug einer kleinen Fluglinie . . .

16 Prepositions

SO WIRD'S GEMACHT

16.1 Prepositions and their use

A preposition is a word which connects a noun or pronoun to other elements of the sentence. Most prepositions form part of phrases of time, manner or place, that is 'when', 'how' or 'where': '**after** three o'clock', '**at** great pace', '**in** town'.

The meaning of several German prepositions is similar to their English equivalents, but there are also a large number of differences between the two languages, and indeed the same German preposition can have a number of different uses. The noun or pronoun to which a preposition refers has to go into either the accusative, dative or genitive case, and knowing which preposition to use with which case is an important part of learning how to speak and write accurate German.

16.2 Prepositions with the accusative

These include: *bis*, *durch*, *für*, *gegen*, *ohne*, *pro*, *um*, *wider*.

- *bis* until a certain time or by a certain deadline:

bis nächsten Samstag   by/until next Saturday
bis 2008   by/until 2008

In spoken German the first example also has the meaning 'see you next Saturday'.

- *durch* physically through an object or place; by means of; owing to:

Wir fuhren durch die Stadt.
We drove through the town.

Berlin wurde 1961 durch die Mauer geteilt.
Berlin was divided by the wall in 1961.

durch einen Unfall   as the result of an accident

- *für* on behalf of; for a total of (in time phrases):

ein Geschenk für die Mutter   a present for (my) mother

Ich fahre für nur zwei Tage nach Bremen.
I'm only going to Bremen for two days.

- **gegen** against something physical. With time and numbers it suggests approximation. Occasionally it can also mean 'in exchange for':

gegen die Tür	against the door
gegen Abend	towards evening
gegen Entgelt	in return for pay

- **ohne** indicates the absence of something or someone and is almost always the equivalent of the English 'without':

ohne sie	without her

- **pro** means 'per' or 'each':

  Es kostet 5 Euro pro Person.
  It costs five euros each.

- **um** around; at (when telling the time). With the verb **gehen** it also means 'concerning':

um den Sportplatz	around the sportsground
um sechs Uhr	at six o'clock
es geht um das Geld	it's a question of the money

- **wider** against (in the context of emotions or feelings):

wider seinen Willen	against his wishes

➡ **Exercise 1**

16.3 Prepositions with the dative

These include: **aus**, **außer**, **bei**, **entgegen**, **gegenüber**, **gemäß**, **laut**, **mit**, **nach**, **seit**, **von** and **zu**.

- **aus** out of a place; made out of. Can also convey a motive or cause:

aus dem Gebäude	out of the building
aus Glas	made of glass
aus Mitleid	out of pity

- **außer** apart from/except. Can also occasionally have the meaning 'out of':

außer meiner Frau	apart from my wife
außer Kontrolle/Betrieb	out of control/out of order

- **bei** at the house of; near to; in particular circumstances/at certain opportunities. With a verb infinitive it is the equivalent of 'while . . . ing':

bei meinem Freund/beim Bäcker	at my friend's/at the baker's
bei Wien	near Vienna
bei kaltem Wetter	in cold weather
beim Schwimmen	while swimming

- **entgegen** against in the sense of 'contrary to'. Can come before or after the noun/pronoun:

seinem Befehl entgegen	against his orders
entgegen meinen Wünschen	contrary to my wishes

- **gegenüber** opposite; in relation to (someone); towards. Tends to be placed before a noun but it must be placed **after** a pronoun and is often placed after people too:

gegenüber dem Stadion	opposite the stadium
ihr gegenüber	opposite/towards her
seinen Kollegen gegenüber	towards his colleagues

- **gemäß** in accordance with. More typical of written German; usually follows noun:

Ihrem Vorschlag gemäß	in accordance with your suggestion

- **laut** according to:

laut Fahrplan	according to the timetable
laut ärztlichem Attest	according to the medical certificate

- **mit** together with something or someone; by means of (with reference to transport or parts of the body); at (a particular age):

mit meiner Schwester	(together) with my sister
mit dem Zug/mit der Hand	by train/by hand
mit sechs Jahren	at the age of six

- **nach** after (in time phrases); past (when telling the time); to a place; according to. In this last sense it often follows the noun it refers to:

nach der Arbeit	after work
zehn nach eins	ten past one
nach Genf/nach Hause	to Geneva/home
nach meiner Berechnung	according to my calculations
meiner Meinung nach	in my opinion

- **seit** since or for a period of time. It conveys how long something has or had been occurring. If the thing you are describing is still going on, you should use the present tense; if it is over and done with, use the simple past:

seit dem Fall der Berliner Mauer	since the Berlin wall came down

Ich wohne hier **seit zwei Jahren**.
I have been living here for two years.

Er arbeitete schon **seit fünf Monaten** in Zürich.
He had already been working in Zurich for five months.

- **von** from; of. In the second meaning it often replaces the genitive, especially in conversation, but also in written German:
  - before personal pronouns
  - after numbers, after **viel**, **wenig**, **etwas** and other indefinite expressions
  - before nouns standing on their own

ein Brief von einer Freundin	a letter from a friend
die Sekretärin von Frau Schneider	Mrs Schneider's secretary
ein Vetter von uns	a cousin of ours
vier von den Abgeordneten	four of the MPs
die Folge von Schadstoffemissionen	the consequence of harmful emissions

A third meaning of **von** with the passive (see Chapter 33) is 'by':

Das Auto wurde von dem Mechaniker abgeholt.
The car was picked up by the mechanic.

- **zu** to a place or person; for a purpose. It also has a wide range of other uses:

Ich komme zu dir/zum Flughafen.
I'll come to see you/to the airport.

zum Frühstück	for breakfast
zu unserem Bedauern	to our regret
zu Hause/zu Fuß	at home/on foot
zu jener Zeit	at that time
zwei Koteletts zu 3 Euro	two chops at 3 euros each

 Exercise 1

16.4 Prepositions with the accusative or dative

Several prepositions can take either the accusative or dative, depending on their meaning in the particular context. These include: **an**, **auf**, **entlang**, **hinter**, **in**, **neben**, **über**, **unter**, **vor** and **zwischen**.

You use the accusative case to express motion in relation to the following noun or pronoun; usually this is motion **towards** the thing or person. The dative after these prepositions conveys rest or movement **at** a place. (See Chapters 10 and 11 for further explanation of this point.) In what follows, examples with the accusative are given in bold:

- **an** to; at; on a vertical surface:

*Sie schreibt **an ihren Bruder**.*
She's writing to her brother.

Hans stand an der Tür.
Hans was standing by the door.

*Wir hängten das Bild **an die Wand**.*
We hung the picture on the wall.

Das Bild hängt jetzt an der Wand.
The picture is now (hanging) on the wall.

- **auf** on a horizontal surface. It also corresponds to English 'in', 'at' or 'to' in a number of different contexts:

Die Flasche steht auf dem Tisch.
The bottle is on the table.

*Stell die Flasche **auf den Tisch**.*
Put the bottle on the table.

Wir wohnen auf dem Lande.
We live in the country.

*Wir fahren **aufs Land**.*
We're going to the country(side).

*auf dem Platz/**auf den Platz***	in the square/onto the square
*auf der Straße/**auf die Straße***	in the street/into the street
*auf der Fete/**auf die Fete***	at the party/to the party

- **entlang** along. It takes the accusative and follows the noun when it means movement alongside something. It takes the dative and comes before the noun when it denotes position next to or alongside something:

*Wir gingen **den Fluss entlang**.*
We walked alongside the river.

Entlang der Mauer gab es wenig zu sehen.
There was little to see alongside/next to the wall.

- **hinter** behind:

Hinter dem Haus steht die Garage.
The garage is behind the house.

*Wir fuhren **hinter das Haus**.*
We drove behind/round the back of the house.

- **in** in; in a certain period of time from now (only with dative). Also has a number of other idiomatic uses:

Wir wohnen in einem Reihenhaus.
We live in a terraced house.

*Er ging **in das Haus**.*
He went into the house.

in sechs Tagen	in six days' time
im Radio/im zweiten Stock	on the radio/on the second floor
in der Berliner Straße	on Berliner Straße

(Compare the last example with the use of **auf** when no street name is given: **Die Kinder spielen auf der Straße** 'The children are playing in the street'.)

* **neben** next to; apart from (with dative only):

neben der Schule   next to the school

> Stell dich **neben die Tür**.
> Go and stand next to the door.

> Neben Sportsendungen sehe ich auch die Tagesschau gern.
> Apart from sports programmes I also like to watch the news.

* **über** above; over. When followed by the accusative it can also mean 'more than' (with numbers of dimensions) or 'concerning':

> Über der Stadt hängt eine dichte Rauchwolke.
> There is a thick cloud of smoke hanging over the town.

> Wir flogen **über die Stadt**.
> We flew over the town.

> Sie ist **über zwei Meter groß**.
> She is over two metres tall.

> Wir sprachen **über die Politik**.
> We were talking about politics.

* **unter** under (both physically and in the sense 'less than'); among (with dative only):

> Sie schwimmen unter der Brücke.
> They are swimming beneath the bridge.

> Sie sind **unter die Brücke geschwommen**.
> They have swum under the bridge.

> Sie war **unter 1,50 Meter groß**.
> She was less than 1.5 metres tall.

> Du bist hier ja unter Freunden.
> You're amongst friends here.

* **vor** in front of; ago (with time phrases and in the dative only):

> Er stand direkt vor mir.
> He stood right in front of me.

> Er musste **vor das Gericht** kommen.
> He had to appear before the court.

vor zehn Jahren   ten years ago

* **zwischen** between:

> Er saß zwischen mir und meiner Frau.
> He sat between me and my wife.

> Er setzte sich **zwischen mich** und **meine Frau**.
> He sat down between me and my wife.

➡ **Exercises 1, 2**

16.5 Prepositions with the genitive

Several prepositions take the genitive but many of them you will see only in formal written language. Of the others, the following are the most common:

- ***anstatt/statt*** instead of. The form ***anstatt*** is more typical of formal usage:

statt einer Gefängnisstrafe   instead of a prison sentence

- ***trotz*** despite or in spite of:

trotz seiner Klagen   in spite of his complaints

- ***während*** during:

während der Schulferien   during the school holidays

- ***wegen*** because of:

wegen der hohen Kosten   because of the high costs

 **Exercise 4**

Of the other prepositions that take the genitive, you should at least be able to recognise and understand the following in written German:

angesichts	in view of
anstelle	in place of
auf Grund	on the strength of
außerhalb	outside of
beiderseits	on both sides of
diesseits	this side of
infolge	as a consequence of
inmitten	in the middle of
innerhalb	within
jenseits	on the far side of
oberhalb	above
um . . . willen	for the sake of
unterhalb	beneath
unweit	not far from

You should note the following:

- You can also use ***(an)statt***, ***trotz***, ***während*** and ***wegen*** with the dative, especially in spoken German.

- In spoken German, particularly, you would very often replace ***außerhalb***, ***innerhalb***, ***oberhalb***, ***unterhalb*** and ***unweit*** by another preposition or use them with ***von*** + dative.

- In preference to ***jenseits*** you would nowadays normally use ***hinter*** + dative.

Finally, a number of the prepositions listed above can be run together with the definite article. For example:

an dem —▸ *am*
an das —▸ *ans*
auf das —▸ *aufs*
bei dem —▸ *beim*
in dem —▸ *im*
in das —▸ *ins*
um das —▸ *ums*
von dem —▸ *vom*
zu dem —▸ *zum*
zu der —▸ *zur*

Other examples, usually to be found only in spoken German, include: ***durchs***, ***fürs***, ***gegens***, ***hinters***, ***nebens***, ***übers***, ***unters*** and ***vors***.

ÜBUNG MACHT DEN MEISTER!

1 Wie sagt man das richtig?

Jürgen Voss, ein Student aus Düsseldorf, studiert im 1. Semester an der Universität in Tübingen. Er hat sich noch nicht gut eingelebt und schreibt an eine alte Freundin, die in der Nähe arbeitet. Setzen Sie die Wörter in Klammern in den passenden Kasus.

◂ **Sections 16.2, 16.3, 16.4**

Liebe Anni,

durch (ein Zufall) habe ich von (meine Mutter) erfahren, dass du hier in (die Nähe) bei (eine große Firma) als Personalchefin angestellt bist. Ich habe mich riesig über (diese Nachricht) gefreut, weil ich selbst erst seit (ein Monat) hier in (diese Gegend) wohne.

Entgegen (meine Wünsche) habe ich nämlich keinen Studienplatz an (die Universität Köln) bekommen, sondern ich musste wider (mein Wille) Norddeutschland verlassen, weil die zentrale Vergabestelle mich an (die Universität Tübingen) verwiesen hat. Innerhalb (ein Monat) musste ich eine Entscheidung treffen, ob ich das Angebot hier in (der Süden) annehmen wollte.

So bin ich also jetzt seit (vier Wochen) hier. In (die Umgebung) kenne ich mich noch nicht gut aus, aber ich habe schon viele Spaziergänge durch (die Stadt) gemacht. Leider bin ich ohne (mein Wagen) hier, er musste kurz vor Semesterbeginn verschrottet werden, weil ich gegen (ein Baum) gefahren war und die Kosten für (die Reparatur) zu hoch waren. Kurz gesagt, ich habe noch wenig Kontakt unter (die Studenten), da ich seit (die Ankunft) sehr beschäftigt war.

Deshalb würde ich dich also gern nach (die Arbeit) einmal abends
in (die Stadt) treffen. Wir könnten in (das Kino) gehen oder bei (gutes
Wetter) zu (ein netter Biergarten) außerhalb (die Stadt) fahren. Wie
wär's mit (ein Abend) in (die nächste Woche)? Treffen wir uns
vielleicht an (die Bushaltestelle) vor (das Rathaus), oder wäre es
besser für (du) an (die Bushaltestelle) bei (die Sparkasse) zu kommen?

Bitte hinterlasse für (ich) eine Nachricht auf (der Anrufbeantworter)
oder schicke mir eine E-Mail, falls du mich telefonisch nicht erreichen
kannst. Ich freue mich auf (die nächste Woche) und (der Ausflug)
in (die Stadt oder der Biergarten).

Liebe Grüße

dein Jürgen

2 Wohin kommen die Sachen?

Als Jürgen in seine leere Studentenbude in einer WG (Wohngemeinschaft) einzieht, helfen
ihm einige Mitbewohner beim Einräumen. Er sagt ihnen, wohin sie die Sachen stellen, legen
oder hängen sollen.

Schreiben Sie zwölf Sätze.

◀ Section 16.4

zum Beispiel:
Die Bücher werden in das Bücherregal gestellt.

Die Bücher	wird	in	die Ecke	gelegt.
Das Geschirr	werden	hinter	der Boden	
Der Teppich		auf	die Tür	
Das Bett		neben	das Fenster	
Der Schrank		an	der Kleiderschrank	
Das Bücherregal		unter	der Computertisch	gestellt.
Der Schreibtisch			die Decke	
Die Tischlampe			der Küchenschrank	
Der PC			das Bücherregal	
Die Deckenlampe			die Wand	
Der Spiegel			der Boden	gehängt.
Die Kleider			der DVD-Spieler	

3 Wo befinden sich die Sachen?

Jürgen gibt eine Beschreibung seines Zimmers. Wo liegen/stehen/hängen nun die Sachen? Schreiben Sie zwölf Sätze.

◀ **Section 16.4.**

zum Beispiel:
Der Teppich liegt auf dem Boden.

Die Bücher	liegt	hinter	die Ecke.
Das Geschirr	liegen	auf	der Boden.
Der Teppich	steht	neben	die Tür.
Das Bett	stehen	an	das Fenster.
Der Schrank	hängt	unter	der Kleiderschrank.
Das Bücherregal	hängen		der Computertisch.
Der Schreibtisch			die Decke.
Die Tischlampe			der Küchenschrank.
Der PC			das Bücherregal.
Die Deckenlampe			die Wand.
Der Spiegel			der Boden.
Die Kleider			der DVD-Spieler.

4 Das unberechenbare Wetter

Das Wetter macht oft den Touristen/Bergsteigern/Seglern/Autofahrern große Schwierigkeiten. Schreiben Sie die untenstehenden Sätze im Genitiv auf.

◀ **Section 16.5**

zum Beispiel:
Wegen des Regens machten wir keinen Spaziergang.

Wegen	der Regen	machten wir keinen Spaziergang.
	die Hitze	blieben wir meistens im Schatten.
	das schlechte Wetter	fand der Ausflug nicht statt.
	der Sturm	konnten wir nicht segeln.
	das Gewitter	hatten wir Verspätung.
	die Kälte	blieben wir lieber zu Hause.
	der Hagel	wurde die Ernte zerstört.
	das Unwetter	gab es allerorts Überschwemmungen.
	das Glatteis	hatten wir auf der Heimfahrt einen Unfall.
	der Nebel	mussten wir ganz langsam fahren.

 **FREIE FAHRT!**

5 Wer macht was?

Arbeiten Sie in Gruppen. Bilden Sie neue Sätze, indem Sie das Akkusativobjekt und die Person jeweils verändern. Jede(r) sagt einen neuen Satz. Wer keinen weiß, muss ausscheiden.

zum Beispiel:
durch   **Ich** gehe durch **einen Park**.
         Du gehst durch **ein Kaufhaus**.
         Er . . .
für   Ich kaufe ein Geschenk für **den Onkel**.
ohne   Ich gehe nie ohne **den Hund** spazieren.
gegen   Ich bin mit dem Auto gegen **eine Ampel** gefahren.
bis   Ich warte bis **nächsten Monat**.
um   Ich fahre um **den Park**.

6 Wenig Platz für die Gäste

Ein Student gibt eine Party und es kommen mehr Leute als erwartet. Deshalb sitzen/stehen die Gäste überall in der Wohnung. Schreiben Sie auf, wo sich noch 15 andere Gäste befinden.

zum Beispiel:
Ein Gast sitzt unter **dem Tisch**.
Ein Gast steht hinter **der Tür**.

7 So eine Unordnung!

Nach der Party ist die Wohnung in einem schlimmen Zustand. Beschreiben Sie die Unordnung in 20 Sätzen.

Wo befinden sich/liegen/stehen die Flaschen/Gläser/Teller usw.?

8 Wohin mit all den Sachen?

Eine gute Freundin hilft am nächsten Morgen beim Aufräumen. Leider kennt sie sich nicht gut in der Wohnung aus. Sie muss ständig fragen, wohin die Sachen gehören/kommen. Mit einem (einer) Partner(in) machen Sie Dialoge:

zum Beispiel:
Wohin kommt dieser Stuhl?
    ⟶ Er kommt **ins** Wohnzimmer.
Wohin gehören die Gläser?
    ⟶ Sie gehören **in das/ins** Regal.

9 Ein eigenes Zimmer

Beschreiben Sie Ihr eigenes Zimmer in 10–15 Sätzen. Sagen Sie, wo sich Ihre Möbel/Kleider/Bücher befinden/liegen/stehen.

17 Word order: main clauses

17.1 Word order and the finite verb

The most important feature of word order in German is that the so-called finite verb is always the second idea. The finite verb is the one verb in a clause which changes to agree with the subject. It can therefore be either singular or plural, and it can also be in the present tense or past tense:

Normalerweise **ist** das kein Problem.   Usually that is not a problem.

Meine Brüder **wohnten** in Hamburg.   My brothers lived in Hamburg.

The finite verbs in these sentences are **ist** and **wohnten**.

Infinitives, past participles and separable prefixes, which almost always go to the end of the clause, are not part of the finite verb:

Ich **kann** dir nicht helfen.   I cannot help you.

Sie **werden** in fünf Minuten da sein.   They'll be here in five minutes.

Gestern **hat** sie das Auto verkauft.   She sold the car yesterday.

Endlich **kamen** sie in Rostock an.   Finally they arrived in Rostock.

Here the finite verbs are **kann**, **werden**, **hat** and **kamen**.

➤ **Exercises 1, 4**

17.2 Simple sentences

17.2.1 What is a simple sentence?

A simple sentence is one with a single clause containing a statement, that is, not a command or a question. (A clause is a part of a sentence that has its own finite verb.) In such sentences the finite verb is always in second position and is usually easy to identify. However, as the examples above show, it is not always the subject which is in the first position. Furthermore, the first idea may consist of more than one word.

Other elements that you may find before the finite verb are: the object of the sentence, the indirect object, adverbs, infinitives or infinitive phrases, and past participles:

Den alten Mann hat der Fahrer gar nicht gesehen.
The driver did not see the old man at all. (= direct object)

Seinem Chef wollte er nichts davon erzählen.
He didn't want to tell his boss anything about it. (= indirect object)

Am Freitag in Aachen gab es einen schrecklichen Autounfall.
There was a terrible car accident in Aachen on Friday. (= adverbs)

Nach Hause fahren will er erst nach den Prüfungen.
He doesn't want to go home until after the exams. (= infinitive phrase)

Gekündigt hat sie immer noch nicht.
She still has not handed in her notice. (= past participle)

Other very common 'first ideas' in German sentences are subordinate clauses (see Chapter 18).

17.2.2 Important points

- A number of introductory words do not count as first ideas:

ach	oh
also	therefore
das heißt	that is to say/i.e.
ja	yes
na	well
nein	no
nun	well
sehen Sie/siehst du	you see
so	well then
verstehen Sie/verstehst du	you understand
wie gesagt	as I say/said
wissen Sie/weißt du	you know

So, **wir kommen** um acht vorbei.	Right then, we'll call round at eight.
Wie gesagt, **ich weiß** es nicht.	As I say, I don't know.

The subjects **wir** and **ich** are therefore considered to be the first ideas here.

- If you have an infinitive and a past participle at the end of a simple sentence, you must place the infinitive first. This often happens with modal verbs (for example, **müssen**, **können**, **sollen**, etc.) whose infinitive form acts as the past participle when another verb is involved (see Chapter 29 on modal verbs):

Petra hat die Arbeit selbst **machen** müssen.	Petra had to do the work herself.
Er hat den Film nicht **sehen** wollen.	He didn't want to see the film.

- In passive constructions (see Chapter 33) you must place the past participle before **werden/worden**:

Das Kind ist noch nicht **gefunden** worden.	The child has not yet been found.

➥ **Exercises 1, 2, 4**

17.3 Two main clauses

You can join two simple sentences together with the co-ordinating conjunctions (= linking words) *aber*, *denn*, *oder*, *sondern* and *und*. The resulting sentence has two main clauses and the finite verb is always the second element in each clause:

*Die Kinder **wollten** weiter spielen, aber die Mutter **sagte** ,nein'.*
The children wanted to go on playing but their mother said no.

*Wir **könnten** heute nach Basel fahren oder wir **könnten** schwimmen gehen.*
We could go to Basle today or we could go swimming.

Note the following points about this usage:

- You can **omit** the subject of the second clause if it is the same as that of the first:

  Bernd kaufte eine Zeitung und (er) setzte sich auf eine Bank im Park.
  Bernd bought a newspaper and sat on a bench in the park.

- You must **include** the subject when the second clause has some element other than the subject in first position:

  *Sie hatten sehr wenig Geld übrig, und **deshalb** mussten **sie** zu Fuß gehen.*
  They had very little money left and therefore had to walk.

- **Be careful** not to confuse *denn* ('for/because') which is followed by the subject as first idea and *dann* ('then') which is itself the first idea and is always followed by the finite verb:

  *Ich komme nicht mit, denn **ich habe** kein Geld.*
  I'm not coming since/because I don't have any money.

  *Er war zuerst im Hotel, aber dann **ging er** ins Restaurant.*
  He was at the hotel first, but then he went to the restaurant.

- For the use of commas in two main clauses, see Chapter 3.

Exercise 3

17.4 Direct questions and commands

- The verb also goes in second position after question words such as *wer*, *wann*, *warum*, *was*, *wie*, *wo*, *woher*, *wohin*, *womit*, *wovon*, *woraus*, etc.:

*Wann **kommt** der Zug an?*	When does the train arrive?
*Wen **wirst** du zur Party einladen?*	Whom will you invite to the party?
*Wo **ist** denn dein Freund geblieben?*	Where has your friend got to?

- However, you must put the finite verb in **first** position in straightforward 'yes/no' questions:

***Willst** du nicht mitspielen?*	Don't you want to play with us?
***Waren** Sie denn noch nie im Ausland?*	Have you never been abroad then?

131

- You also put the finite verb first in commands (see Chapter 26 for the formation of the imperative):

Kommen Sie doch rein!
Do come in!

Bleib sitzen!
Stay there!

Mach das sofort!
Do it at once!

➡ **Exercises 5, 6, 7**

 **ÜBUNG MACHT DEN MEISTER!**

1 Im Falle des Umtausches ist die Garantie wichtig

a Bitte schreiben Sie die untenstehende Geschichte so um, dass die Ausdrücke in Klammern zur ersten Idee im Satz werden. (Die Verben verändern ihre Stellung nicht, das heißt, sie erscheinen immer als zweite Idee!)

◀ **Sections 17.1, 17.2**

zum Beispiel:
Horst steht (morgens) zu spät auf.

⟶ *Morgens steht Horst zu spät auf.*

> Der Student Horst kaufte (vor drei Monaten) einen Reisewecker. Er besorgte (gleichzeitig) zwei Batterien. Der Wecker hat (zunächst) gut funktioniert und Horst ist (immer) pünktlich in der Universität angekommen. Der Wecker wurde (nach einigen Wochen) unzuverlässig. Er ging (schon bald) einige Minuten nach. Horst konnte sich (von dieser Zeit an) nicht mehr auf das Gerät verlassen. Er brachte den Wecker (schließlich) in das Geschäft zurück. Er verlangte einen sofortigen Umtausch (auf Grund der einjährigen Garantie). Die Verkäuferin tauschte das fehlerhafte Gerät (gegen Vorlage der Garantiekarte) um. Er hatte den Wecker (glücklicherweise) in einem guten Fachgeschäft zu Semesterbeginn für nur 50 Euro gekauft.

b Schreiben Sie den letzten Satz auf mehrere Arten um. (*hatte* bleibt immer an zweiter Stelle.)

zum Beispiel:
Den Wecker hatte er glücklicherweise in einem guten Fachgeschäft zu Semesterbeginn für nur 50 Euro gekauft.

Was wird jeweils betont?

2 Ein Ereignis – viele Versionen

Schreiben Sie den folgenden Satz auf verschiedene Arten um:

Ein schreckliches Gewitter ereignete sich an einem Freitag im Frühling in der Nähe der Stadt Kiel in Schleswig-Holstein.

◀ **Sections 17.1, 17.2**

3 Im Restaurant

Was passt zusammen? Verbinden Sie die folgenden Sätze mit *aber, denn, oder, sondern, und.*

◀ **Section 17.3**

a Die Speisekarte war nicht ausgedruckt	1 sie schenkte den Wein ein.
b Die junge Dame hatte es offenbar eilig	2 sie war in Kreide an der Wand zu lesen.
c Die beiden Gäste am runden Tisch bestellten kein Essen	3 die Bedienung und Mehrwertsteuer waren inbegriffen.
d Das Ehepaar am Fenster beschwerte sich über die laute Musik	4 sie bestellte ein Schnellgericht.
e Der alte Herr rauchte eine Zigarre	5 es gäbe auch ofenfrische Pizza.
f Der Kellner sagte, er könne heute Fisch empfehlen	6 er trank einen Weinbrand dazu.
g Meine Rechnung war hoch	7 sie wollten nur etwas trinken.
h Die Bedienung brachte das Essen	8 die Musikbox spielte weiter.

4 Schlagzeilen aus der Presse

a Setzen Sie die passenden Verben in die folgenden Schlagzeilen aus deutschen Zeitungen ein:

1 Erdbeben . . . . Superhotel in Japan.
2 Blitz . . . . Gärtner im Stadtpark.
3 Wirbelsturm . . . . Millionenschäden in der Karibik . . . . .
4 Fluten . . . . Damm in den Schweizer Alpen . . . . .
5 Orkan . . . . Waldgebiet in Florida.
6 Dauerregen . . . . zu Überschwemmungen in der Rheinebene.
7 Explosion . . . . 110 Arbeiter in der Türkei.
8 Gewitter . . . . schwere Ernteschäden in Südengland.

> tötete
> führte
> tötete
> rissen . . . ein
> zerstörte
> richtete . . . an
> verwüstete
> verursachte

b Schreiben Sie nun vollständige Sätze mit den Ortsbestimmungen (*in Japan, in der Karibik usw.*) am Anfang des Satzes. Vergessen Sie nicht: das Verb ist immer die zweite Idee! Fügen Sie auch (im Singular) den indirekten Artikel (*ein, eine usw.*) ein.

zum Beispiel:

In Japan zerstörte **ein** Erdbeben ein Hotel.

◀ **Sections 17.1, 17.2**

5 Vorschriften und Ermahnungen

Bei Flugreisen gibt es viel zu beachten. Die meisten Passagiere kennen sich aus, aber die Stewardessen erinnern alle immer höflich daran, was sie zu tun haben. Was sagen sie zu den Fluggästen?

◀ **Section 17.4**

Die Fluggäste	Die Stewardessen
zum Beispiel:	
Sie zeigen die Einsteigekarte.	*Bitte, zeigen Sie die Einsteigekarte.*

a Sie steigen ein.   Bitte . . .
b Sie setzen sich.
c Sie schnallen sich an.
d Sie schalten das Handy ab.
e Sie stellen ihren Sitz aufrecht.
f Sie lesen die Sicherheitsvorschriften.
g Sie hören der Sicherheitsanweisung zu.
h Sie genießen den Flug.

6 Gute Reise!

Ein Austauschschüler fährt nach einem Österreichaufenthalt nach England zurück. Die Gasteltern geben ihm gute Ratschläge für die Reise. Schreiben Sie die Ermahnungen auf.

◀ **Section 17.4**

zum Beispiel:
Bitte die Eltern grüßen.

    ⟶ *Grüße bitte die Eltern!*

a Bald einen Brief schreiben.
b Beim Umsteigen vorsichtig sein.
c Den Pass nicht verlieren.
d Den Anschlusszug nicht verpassen.
e Die Butterbrote unterwegs essen.
f Das Handgepäck nicht im Zug vergessen.
g Den Eltern ein Geschenk von uns geben.

7 Die Eltern machen sich Sorgen

Im folgenden Jahr verbringt der österreichische Schüler zwei Wochen in England. Seine Eltern erwarten ihn nach der Englandreise am Wiener Hauptbahnhof. Der Zug hat aber Verspätung. Wie alle besorgten Eltern stellen sie ihm sofort Fragen über die Reise. Schreiben Sie bitte diese Fragen auf.

◀ **Section 17.4**

zum Beispiel:
der Zug Verspätung (warum?)

⟶ *Warum hatte der Zug Verspätung?*

a   abgefahren (wann?)
b   umgestiegen (wo?)
c   die Reise (wie?)
d   unterwegs gemacht (was?)
e   zum Bahnhof gebracht (wer?)
f   in England gefahren (wohin?)
g   nicht über Harwich gefahren (warum?)
h   den Kanal überquert (womit?)
i   unterwegs kennen gelernt (wen?)
j   die Zeit verbracht (womit?)

 # FREIE FAHRT!

8 Unfälle und Verbrechen

a   Schreiben Sie zehn sensationelle Schlagzeilen für die Presse.

zum Beispiel:
Autofahrer tötet Schülerin!
Verbrecher überfielen Geldtransport!

b   Erweitern Sie diese Sätze mit Zeit- und Ortsangaben.

zum Beispiel:
Autofahrer tötet Schülerin **auf dem Zebrastreifen vor der Schule**.
Autofahrer tötet Schülerin **in der Mittagspause**.

c   Machen Sie nun die Zeit- und Ortsangaben zur ersten Idee im Satz.

zum Beispiel:
Am Spätnachmittag *überfielen Verbrecher einen Geldtransport.*
ODER: **In der Stadtmitte** *überfielen Verbrecher einen Geldtransport.*

Beachten Sie: Das Verb ist immer die zweite Idee im Satz!

9 Was fällt Ihnen dazu ein?

Wir verbinden einen gegebenen Satz mit Hilfe einer der Konjunktionen (*aber*, *denn*, *oder*, *sondern*, *und*) mit einem anderen Satz. Arbeiten Sie zu viert! Wie viele passende Sätze können Sie finden?

zum Beispiel:
Eine Frau geht auf den Markt

> *und sie kauft dort Gemüse.*
ODER: *aber sie hat ihren Geldbeutel vergessen.*
ODER: *denn sie möchte Obst kaufen.*

Wenn niemand mehr einen Satz findet, sagt der (die) Nächste einen neuen Satz, der ergänzt wird.

zum Beispiel:
Ich fahre in den Ferien vielleicht nach Spanien,
> *aber ich muss noch viel Geld sparen.*
ODER: *denn ich war noch nie da.*

Machen Sie weiter!

10 Das hört man im Restaurant

Schreiben Sie Fragen, die in einem Restaurant gestellt werden, und ordnen Sie sie in zwei Gruppen ein.

a Direkte Fragen:

zum Beispiel:
Gibt es heute eine Spezialität?
Haben Sie einen guten Rotwein?

b Fragen, die mit einem Fragewort beginnen:

zum Beispiel:
Was möchten Sie trinken?
Wie teuer ist ein Eiskaffee?

11 Befehle!

Finden Sie 10–15 Befehle, die eine strenge Mutter einem kleinen Kind gibt.

zum Beispiel:
Wasche deine Hände vor dem Essen!
Sprich nicht mit vollem Mund!

18 Word order: subordinate clauses

 SO WIRD'S GEMACHT

18.1 Main and subordinate clauses

18.1.1 Subordinate clauses

Besides main clauses, German also has subordinate clauses. Unlike a main clause, a subordinate clause cannot stand on its own:

*Wir sind nicht gekommen, **weil wir keine Lust hatten**.*
We didn't come because we didn't want to.

English is similar to German here: in order to make sense, the subordinate clause ***weil wir keine Lust hatten*** needs the main clause ***Wir sind nicht gekommen***.

The key points to remember about subordinate clauses are:

* Main and subordinate clauses are linked by a conjunction such as ***dass*** or ***weil***.

* You must put the finite verb (that is, the one verb in a clause which changes to agree with the subject) in final position, **after** any infinitive or past participle.

* Main and subordinate clauses are separated by a comma:

*Es war ja ganz klar, **dass** er die Arbeit nicht gern **machte**.*
It was quite clear that he did not like doing the work.

*Er ist erst später gekommen, **weil** er den Bus verpasst **hat**.*
He didn't come until later because he missed the bus.

*Ich weiß nicht, **ob** sie es schaffen **könnte**.*
I don't know if she could manage it.

18.1.2 Subordinate clauses before a main clause

You can also place subordinate clauses before a main clause. The subordinate clause is then considered the first idea and the verb in the main clause retains second position overall:

***Wenn ich ihn erreiche**, sage ich ihm Bescheid.*
If I manage to get hold of him, I'll let him know.

***Obwohl er schon 70 Jahre alt ist**, fährt er noch jeden Tag Rad.*
Although he is 70, he still goes cycling every day.

***Da sie wenig Freizeit hat**, treibt sie keinen Sport.*
Since she has little free time, she doesn't play any sport.

18.1.3 *als* or *wie*

A common exception to the 'verb final' rule for subordinate clauses is found in sentences expressing a comparison using *als* or *wie*. In this case *als* and *wie* are usually placed after the finite verb:

*Woher weißt du, dass er mehr verdient **als du**?*
How do you know he earns more than you?

*Es scheint, dass ihre Geldprobleme genauso groß sind **wie unsere**.*
It seems that their money problems are just as big as ours.

18.2 Subordinating conjunctions

18.2.1 Conjunctions which send the verb to the end of a subordinate clause

There are a number of different conjunctions which send the verb to the end of a subordinate clause. These include:

als	when
als ob	as if
bevor	before
bis	until
da	since, because
damit	so that
dass	that
nachdem	after
ob	whether
obgleich	although
obwohl	although
ohne dass	without
ohne . . . zu	without
sobald	as soon as
so dass	so that/as a result
seit/seitdem	since (of time)
solange	as long as
um . . . zu	in order to
während	while
weil	because
wenn	if, whenever
wie	how

*Wir bleiben hier, **bis** Heinrich **zurückkommt**.*
We'll wait here until Heinrich returns.

*Sie war schon gegangen, **als** ich dort **anrief**.*
She had already gone when I phoned there.

Sie hat das Kleid gekauft, **obwohl** *sie es sich eigentlich nicht leisten* **konnte**.
She bought the dress although she couldn't really afford it.

18.2.2 Omitting *dass*

Note that sometimes you can omit **dass**. When you do this, you do not put the verb at the end of the clause:

Er wusste, es war illegal.
He knew it was illegal.

But contrast: ***Er wusste, dass es illegal <u>war</u>.***

18.2.3 Omitting *wenn*

You can also omit **wenn** and put the verb in first position. The resulting clause still conveys a condition:

Wäre *er früher gekommen, hätte er mit uns fahren können.*
If he had come earlier, he could have travelled with us.

(Compare the alternative English translation of this: 'Had he come earlier . . .'.)

Occasionally you will find the two clauses are linked by **so** or **dann**:

Hätte er uns das gesagt, **so** *hätten wir viel Zeit gespart.*
If he had told us that, we would have saved a lot of time.

See also Chapter 36 on conditions.

➡ **Exercises 1, 2**

18.3 Modal verbs in subordinate clauses

When you use modal verbs (see Chapter 29) in subordinate clauses in all tenses other than the present and simple past, you must put the auxiliary verb (**haben** or **werden**) before the two infinitives:

Sie weiß, dass sie die Sache allein **wird** *erledigen müssen.*
She knows she will have to deal with the matter on her own.

Er hätte sie gesehen, wenn er früher **hätte** *kommen können.*
He would have seen them if he had been able to come earlier.

Obwohl sie es nicht **hat** *machen sollen, hat sie uns die Akten gezeigt.*
Although she was not supposed to do it, she showed us the files.

➡ **Exercise 3**

18.4 Infinitive clauses

- If you use a subordinate clause with an infinitive that depends on the main clause, you usually have to put **zu** before the verb:

*Sie versuchte **ihrem Freund zu helfen**.*
She tried to help her friend.

*Das Kind hat sich geweigert **in die Schule zu gehen**.*
The child refused to go to school.

*Hör doch bitte auf **diese furchtbaren Lieder im Bad zu singen**.*
Please stop singing those awful songs in the bath.

*Er begann **zu singen**.*
He began to sing.

- With separable verbs in short sentences you can either do as above or take up the infinitive phrase into the main clause and put it between the two parts of the separable verb:

EITHER: *Sie hörte auf **zu rauchen**.*
OR: *Sie hörte **zu rauchen** auf.*
She stopped smoking.

See also Chapter 27.

 # ÜBUNG MACHT DEN MEISTER!

1 Die Reisegewohnheiten des Herrn Nimmermüd

Herr Nimmermüd reist gern und oft. Verbinden Sie die Sätze mit den Konjunktionen, so dass Nebensätze entstehen. Trennen Sie die Sätze durch ein Komma. Eine Konjunktion schickt das Verb an das Satzende!

 **Sections 18.1, 18.2**

zum Beispiel:
Er liest gern die Zeitung, bevor (er geht abends ins Bett).
    → *Er liest gern die Zeitung, bevor er abends ins Bett geht.*

a Er bekommt Lust auf eine Reise, wenn (die Ferienzeit beginnt im Sommer).
b Er spart das ganze Jahr lang für die Reise, obgleich (er verdient nicht viel).
c Er könnte sich eine große Reise nicht leisten ohne dass (er spart Geld).
d Er liest viele Prospekte und Reisebroschüren durch, bevor (er trifft eine Entscheidung über das Reiseziel).
e Er bereitet sich auf die Reise vor, nachdem (er hat das Reiseziel festgelegt).
f   Es hängt von seinem Reiseziel ab, ob (er fährt mit der Bahn oder mit dem Flugzeug).
g Er reist immer allein, da (er ist unverheiratet).
h Er bucht meistens eine Gruppenreise, weil (er möchte nicht allein sein).
i   Er nimmt immer ein Wörterbuch mit, obwohl (er spricht mehrere Fremdsprachen).
j   Er reist nie ohne dass (er hat eine Reiseapotheke in seinem Gepäck).

k   Er hat immer Reiseschecks und eine Kreditkarte dabei, damit (er kann sorglos reisen).
l   Er informiert sich über die Ausflugsmöglichkeiten, sobald (er kommt am Reiseziel an).
m   Er beklagt sich nie, während (er verbringt seine Ferien).
n   Er träumt von der nächsten Reise, sobald (er trifft wieder in seinem Heimatort ein).

2 Die Morgenroutine der Sekretärin Gisela Hoffmann

Gisela ist Sekretärin und hat jeden Morgen die gleiche Routine, bevor sie zur Arbeit geht.
Schreiben Sie die Sätze um, indem Sie die passenden Konjunktionen finden. Achtung bei
der Wortstellung!

◀ **Section 18.2**

a   (when) Der Wecker klingelt um 7.30 Uhr – Gisela Hoffmann wacht auf.
b   (although) Sie ist wach – sie bleibt noch fünf Minuten liegen.
c   (before) Sie geht ins Badezimmer – sie macht ihre Morgengymnastik.
d   (after) Sie hat die Übungen gemacht – sie beginnt mit der Morgentoilette.
e   (so that) Ihre Zähne bleiben gesund – sie putzt sie sehr sorgfältig.
f   (in order to) Sie will im Büro gut aussehen – sie schminkt sich sorgfältig vor dem Spiegel.
g   (as soon as) Sie ist im Badezimmer fertig – sie geht in die Küche.
h   (while) Sie frühstückt – sie liest die Zeitung.
i   (after) Sie hat gefrühstückt – sie macht Butterbrote für die Mittagspause im Büro.
j   (when) Sie verlässt das Haus – die Kirchturmuhr schlägt meistens 8.30 Uhr.
k   (when) Sie verließ heute das Haus – es war leider schon neun Uhr.

3 Tolle Ferien in der Schweiz

Ein englischer Boy Scout war mit einer Gruppe von Pfadfindern aus aller Welt in einem
Ferienlager in den Alpen. Er erzählt vom Leben in dieser Gruppe. Schreiben Sie die Sätze ins
Perfekt um.

◀ **Section 18.3**

zum Beispiel:
Es war interessant, weil (man viele Pfadfinder aus anderen Ländern kennen lernen können).
  ⟶ *Es war interessant, weil man viele Pfadfinder aus anderen Ländern* **hat**
kennen lernen können.

a   Es war ganz toll, dass wir (jeden Abend ein Lagerfeuer anzünden dürfen).
b   Es gefiel mir sehr gut, obwohl (ich immer Deutsch sprechen müssen).
c   Es machte viel Spaß, als (wir beim Zeltaufbau mithelfen müssen).
d   Wir waren enttäuscht, dass (wir wegen des schlechten Wetters die lange Bergtour nicht
    machen können).
e   Die Ferien waren prima, so dass (wir nicht nach Hause zurückkehren wollen).
f   Wir hatten viel Freizeit, obwohl (wir bei allen Arbeiten mithelfen sollen).

 **FREIE FAHRT!**

4 Wie könnten diese Sätze weitergehen?

Ergänzen Sie die folgenden Sätze mit passenden Nebensätzen. Verwenden Sie jedes Mal
eine andere Konjunktion.

zum Beispiel:

Wir gehen am Samstagabend nicht ins Kino, (weil, da, obgleich, obwohl, wenn, nachdem . . .)

Er wartete im Hotel, (als, bis, damit, ohne dass, während, so dass, weil . . .)

ODER:

(Weil, da, als, wenn, obgleich, obwohl . . .), gehen wir am Samstagabend ins Kino.

Sie können daraus ein Spiel machen. In Gruppen von 3–4 Personen sagt eine(r) einen Satz. Wer die meisten Möglichkeiten in einer bestimmten Zeit (etwa drei Minuten) findet, ist Sieger(in).

5 Man darf ja träumen

Schreiben Sie, was ein Lotteriegewinner mit seinem Geld plant/vorhat/beabsichtigt/zu tun hofft/versucht. Vorsicht! Sie brauchen eine Infinitivkonstruktion mit *zu*.

zum Beispiel:

Er plant eine Weltreise zu machen.

Er hat vor nach Australien zu fahren.

6 Leider kann ich das nicht

a Bilden Sie Sâtze. Benutzen Sie die Ausdrücke im untenstehenden Kasten.

zum Beispiel:

*Weil ich **keinen Führerschein** habe, kann ich nicht/kein **Auto fahren**.*
Weil ich . . .

PC – Flug im Internet buchen
Führerschein – Auto fahren
Tennisschläger – Tennis spielen
Geld – Reise machen
Pass – ins Ausland fahren
Eintrittskarte – Fußballspiel sehen
Partner – zur Party gehen
Fernsehapparat – Film sehen

b Verwandeln Sie nun diese *weil*-Sätze in *denn*-Sätze. Achten Sie auf die neue Wortstellung!

zum Beispiel:

Ich kann kein Auto fahren, denn ich habe keinen Führerschein.

c Erfinden Sie weitere Sätze, aber benutzen diesmal Sie *trotzdem* und *obwohl*. Finden Sie jeweils fünf Sätze.

zum Beispiel:

Ich will nichts kaufen, trotzdem komme ich mit in die Stadt.

Er möchte in Frankreich arbeiten, obwohl er kein Französisch kann.

19 Word order: relative clauses and indirect questions

 ## SO WIRD'S GEMACHT

19.1 Relative clauses

19.1.1 Relative pronouns

A relative clause is one which refers back to a noun (or occasionally a pronoun or a determiner) in the main clause. You must use the word order rules of subordinate clauses (see Chapter 18) here too, but instead of using a conjunction you begin a relative clause with a relative pronoun (some form of **der**, **das** or **die**). This relative pronoun must agree in number and gender with the noun or phrase it refers to, while its case depends on what role it plays in the relative clause (that is, whether it is the subject, the object, etc.):

> *Das war ja **der Junge**, **der** meinen Hut gestohlen hat.*
> That was the boy who stole my hat.

der is masculine singular because of the masculine singular noun **Junge**, and nominative because it is the subject of the finite verb **hat**.

> *Das ist **der Mann**, **den** wir in der Stadt gesehen haben.*
> That is the man (whom) we saw in town.

den is masculine singular because of the masculine singular noun **Mann** and accusative because it is the object of the verb **haben**.

> ***Die Stadt**, **der** sich die Armee langsam näherte, hieß Rostock.*
> The town to which the army was slowly drawing closer was called Rostock.

der is feminine singular because of the feminine singular noun **Stadt**, and dative because it is the indirect object of the verb **sich näherte**.

As the three examples above show, German makes no distinction between 'who' and 'which'.

Note that German cannot omit the relative pronoun as English often does:

*der Mann, **den** ich gestern sah*   the man I saw yesterday

➡ **Exercise 2**

143

19.1.2 Exceptions (relative pronouns)

The relative pronoun is identical to the definite article (see Chapter 4), with the exception of the highlighted forms in the table below:

Singular	Masculine	Neuter	Feminine
Nominative	*der*	*das*	*die*
Accusative	*den*	*das*	*die*
Dative	*dem*	*dem*	*der*
Genitive	**dessen**	**dessen**	**deren**
Plural (all genders)			
Nominative	*die*		
Accusative	*die*		
Dative	**denen**		
Genitive	**deren**		

der Lehrer, **dessen** *Schüler immer spät zum Unterricht kommen*
the teacher whose pupils always arrive late for lessons

Kinder, **deren** *Eltern nie zu Hause sind*
children whose parents are never at home

die Firma, **deren** *Arbeiter streiken*
the firm whose workers are on strike

19.1.3 Relative pronouns which follow prepositions

If you place a preposition before a relative pronoun, the case of the pronoun is decided by the preposition:

Haben Sie den Mann gesehen, **von dem** *sie das Paket bekommen hat?*
Did you see the man she got the parcel from?

Wo ist denn die Wohnung, **in der** *du aufgewachsen bist?*
Where is the flat in which you grew up?

Das ist der Tunnel, **durch den** *die IC-Züge fahren müssen.*
That's the tunnel the InterCity trains have to go through.

➡ **Exercises 1, 2, 3**

19.1.4 The relative pronoun *was*

You use the relative pronoun *was* when 'which' refers back to one of the following:

- The demonstrative *das* (that):

Das, **was** *du mir gezeigt hast, finde ich schrecklich.*
I find what you have shown me terrible.

Von **dem**, **was** *er uns gesagt hat, habe ich schon fast die Hälfte vergessen.*
I have already forgotten almost half of what he told us.

- The indefinite neuter expressions:

alles	everything
einiges	some things
etwas	something
Folgendes	the following
manches	many things
nichts	nothing
vieles	lots
weniges	few things

Ich habe noch **manches**, **was** *ich dich fragen will.*
I have several other things I want to ask you.

Alles, **was** *sie sagt, ist lauter Unsinn.*
Everything she says is sheer nonsense.

✎ Note that after *etwas* you can also use *was*:

Zeig uns **etwas**, **was** *du selbst gemacht hast.*
Show us something you have made yourself.

- A neuter adjective such as *das Erste* ('the first thing'), *das Nächste* ('the next thing'):

das Beste, *was ich machen kann*   the best I can do

- A whole clause:

Sie kamen erst um zwei Uhr nach Hause, **was** *mich sehr geärgert hat.*
They didn't come home until two o'clock which really annoyed me.

19.2 Indirect questions

You introduce another type of subordinate clause, an indirect question, with the following question words:

wann	when
warum	why
was	what
was für ein	what sort of
welcher	which
wer	who
wessen	whose
wie	how
wo	where

These tend to occur after verbs such as **wissen**, **fragen**, **sagen**, etc. Examples of typical indirect questions are:

*Er will wissen, **warum** wir die Arbeit nicht gemacht haben.*
He wants to know why we haven't done the work.

*Sie fragte, **wer** mitkommen möchte.*
She asked who would like to go with her.

*Sag mir, **welche** Bücher du brauchst.*
Tell me which books you need.

 Note that once again the verb is in final position.

➡ **Exercise 4**

 **ÜBUNG MACHT DEN MEISTER!**

---

1 Wo verbringen sie ihre Traumferien?

Suchen Sie die passenden Relativpronomen aus der untenstehenden Auswahl aus.

◀ **Sections 19.1.2, 19.1.3**

a   Herr Bauer:

Ich reise an einen Ort, *der* weder zu groß noch zu klein ist.
    . . . . man mit dem Flugzeug erreichen kann.
    . . . . in Europa liegt.
    . . . . Kathedrale berühmt ist.
    . . . . noch Straßenbahnen fahren.
    . . . . ein Fluss fließt.
    . . . . es viele interessante Sehenswürdigkeiten gibt.

b   Frau Wend:

Ich fliege in ein Land, *das* sich außerhalb Europas befindet.
 . . . . ein tropisches Klima hat.
 . . . . Sprache Spanisch ist.
 . . . . Einwohner mehrere Sprachen sprechen.
 . . . . es viele hohe Berge gibt.
 . . . . ein langer Kanal führt.
 . . . . viele Seen hat.

c   Fräulein Brühl:

Ich reise auf eine Insel, *die* man nur mit dem Schiff erreichen kann.
 . . . . weder Bahnhof noch Flughafen hat.
 . . . . von klarem Wasser umgeben ist.
 . . . . es viele seltene Pflanzen und Tiere gibt.
 . . . . Einwohner sehr touristenfreundlich sind.
 . . . . es aber keine Touristenhotels gibt.
 . . . . der Himmel meistens blau ist.
 . . . . die Sonne fast immer scheint.

d   Das Ehepaar Zähner:

Wir möchten Bergdörfer besuchen, *die* nicht auf der Landkarte zu finden sind.
 . . . . nicht mit öffentlichen Transportmitteln erreichbar sind.
 . . . . noch ganz unberührt von Touristen sind.
 . . . . man keine anderen Deutschen trifft.
 . . . . man ohne Gefahr allein wandern kann.
 . . . . man sich sicher fühlt.
 . . . . man eine herrliche Aussicht über das umliegende Land hat.

der	in dem	den	über der	durch die	die	dessen
durch den	auf der	in dem	in denen	das	dessen	das
dessen	deren	auf der	von denen	die	durch das	auf der
in denen	die	in dem	die			

2 Wer ist wer?

Nach einem Wanderaufenthalt in den Alpen erklärt ein Reiseteilnehmer ein Gruppenbild von der Wandergruppe. Verwandeln Sie die Sätze in Klammern in Relativsätze und setzen Sie die Kommas ein.

◀ **Sections 19.1.1, 19.1.2**

zum Beispiel:
Das hier ist der Hotelbesitzer. (Er kommt aus Frankreich.)
 —▶ *Das hier ist der Hotelbesitzer, der aus Frankreich kommt.*

a   Das hier ist der Bergführer. (Er hat die Gruppe geführt.)
b   Neben ihm steht seine Frau. (Sie hat sich immer um das Essen gekümmert.)
c   Vor ihnen sitzt ein junges Ehepaar. (Es war auf Hochzeitsreise.)
d   Dahinter stehen drei Studenten aus Japan. (Sie haben viele Fotos gemacht.)
e   Neben ihnen sieht man die junge Dame aus der Schweiz. (Sie hat die Berggipfel immer
    als Erste erreicht.)
f   Neben ihr steht ein junger Spanier. (Seine Frau sitzt hier neben dem Bergführer.)
g   Das hier war die älteste Teilnehmerin. (Ihr kleiner Hund war auch dabei.)
h   Ihr Bruder (sein Rucksack fiel am letzten Tag in eine Bergschlucht) steht links neben ihr.
i   Die beiden jungen Bergsteiger im Hintergrund (ihre Gesichter sind so braun gebrannt)
    haben unsere Gruppe begleitet.
j   Das Haus im Vordergrund (das Dach ist hier auf der linken Seite zu sehen) war die letzte
    Berghütte auf unserer Wandertour.

3 Eine genauere Beschreibung dieser Ferien

Der Teilnehmer der Wanderreise erzählt weiter. Setzen Sie die passenden Präpositionen und
Relativpronomen aus dem untenstehenden Kasten ein.

◀ Sections 19.1.2, 19.1.3

a   Die Hütten, ... wir übernachtet haben, waren recht einfach. Sie standen an Orten, . . .
    . man nur über steile Felsen gelangen konnte.
b   Die Gruppe, ... ich gewandert bin, war bunt gemischt.
c   Der Wanderweg, ... wir am letzten Tag gewandert sind, war der steilste.
d   Mein Rucksack, ... ich meinen Reiseproviant trug, war viel zu groß.
e   Die Teilnehmer, ... ich zwei Wochen lang gewandert bin, kamen aus verschiedenen
    Ländern.
f   Der Gipfel, ... wir am ersten Tag gestiegen sind, war der höchste.
g   Die Täler, ... wir gewandert sind, waren beeindruckend.
h   Meine Bergstiefel, ... ich im Sportgeschäft viel Geld bezahlt hatte, waren leider sehr
    unbequem.

mit der	zu denen	mit denen	auf den	auf dem
durch die	in denen	für die	in dem	

4 Der ideale Bergführer

Jetzt beschreibt er den Bergführer, der die Gruppe begleitet hat. Setzen Sie bitte die
richtigen Fragewörter aus dem untenstehenden Kasten ein.

◀ Section 19.2

Jeden Morgen beschrieb er beim Frühstück, . . (a) . . Tour wir machen würden.
Er fragte dann immer, . . (b) . . mitkommen wollte, und erklärte, . . (c) . . Route
wir einschlagen würden. Er nannte uns den Treffpunkt, . . (d) . . wir gegen acht
Uhr starten würden, und informierte uns, . . (e) . . wir etwa wiederkehren würden.
Dann empfahl er uns, . . (f) . . wir mitnehmen sollten, und gab Ratschläge,
. . (g) . . wir unsere Haut vor der Bergsonne schützen könnten. Vor jeder
Wanderung prüfte er, . . (h) . . Ausrüstung Mängel hatte, und nannte Gründe,
. . (i) . . Vorsicht in den Bergen angebracht sei.

welche	wer	wann	was	wie	warum
was für eine		wo	wessen		

 **FREIE FAHRT!**

5 Personen oder Sehenswürdigkeiten raten!

Denken Sie an eine berühmte Person (Sportler(in), Star, Politiker(in), Sänger(in)) oder an ein Gebäude oder eine Sehenswürdigkeit und stellen Sie dann Fragen, die ein Relativpronomen enthalten.

zum Beispiel:

Wie heißt der Politiker, der in England die Regierung führt?
Wie heißt das Museum, das an der Themse in London liegt?
Wie heißt die Brücke . . .?

6 Pech gehabt!

Der Reisebus einer englischen Reisegruppe wurde auf einem deutschen Parkplatz aufgebrochen und ausgeraubt. Fast jeder der Reisegruppe hat etwas verloren. Leider sprechen die Leute kein Deutsch. So muss der Reiseleiter auf der Polizeiwache erklären, was gestohlen wurde bzw. was fehlt.

zum Beispiel:

Das ist die Dame, deren Handtasche gestohlen wurde.
Das ist das Kind, dessen MP3-Spieler fehlt.

Geben Sie noch zehn weitere Erklärungen ab!

7 Auf der Polizeiwache

Der Reiseleiter berichtet später, dass die Polizisten, die den Diebstahl untersuchten, viele Fragen stellten.

zum Beispiel:

Können Sie mir sagen, warum . . .?
Haben Sie eine Idee, was für eine . . .?
Uns interessiert, wessen/wo/welche(r) . . .

Erfinden Sie noch weitere Fragen, die die Polizisten gestellt haben könnten.

20 Word order: pronouns and nouns

 SO WIRD'S GEMACHT

20.1 Reflexive pronouns

For a summary of the various forms of the reflexive pronouns, see Chapter 30.

20.1.1 After a finite verb

In a main clause you place reflexive pronouns immediately after the finite verb (that is, the one verb in the clause that changes its endings to agree with the subject):

*Der Junge kaufte **sich** ein neues Hemd.*
The boy bought himself a new shirt.

*Sie hat **sich** schwer verletzt.*
She has injured herself badly.

20.1.2 After a pronoun subject

If some element other than the subject is in first position in a main clause, you place the reflexive pronoun **after a pronoun subject**:

*Dann kaufte **er sich** ein neues Hemd.*
Then he bought himself a new shirt.

You can, however, place the reflexive pronoun either **before** or **after a noun subject**:

EITHER: *Dann kaufte **sich der Junge** ein neues Hemd.*
OR: *Dann kaufte **der Junge sich** ein neues Hemd.*

20.1.3 Subordinate clauses

You use these same rules in a subordinate clause too (see Chapter 18):

*Ich weiß nicht, wo **wir uns** treffen können.*
I don't know where we can meet.

*Ich weiß nicht, wo **sich meine Kollegen und ich** treffen können.*
I don't know where my colleagues and I can meet.

20.1.4 Infinitive phrases

In infinitive phrases you place the reflexive pronoun at the start of the subordinate clause:

*Es wäre schön, **sich** mit dem Arzt unterhalten zu können.*
It would be nice to be able to talk to the doctor.

Exercise 1

20.2 Noun and pronoun objects

- If both the direct object and the indirect object are nouns, you must put the dative (= indirect object) before the accusative (= direct object):

*Wir zeigten **dem Lehrer das Heft**.*
We showed the teacher the exercise book.

- If both objects are personal pronouns (for example, 'she', 'him', 'it', etc.), you put the accusative before the dative:

*Wir zeigten **es ihm**.*
We showed him it.

- If one object is a noun and the other a personal pronoun, the pronoun comes first, regardless of its case:

*Wir zeigten **ihm** das Heft.*
We showed him the exercise book.

*Wir zeigten **es** dem Lehrer.*
We showed it to the teacher.

- If you wish to emphasise a direct object, you can put it in first position. If you do this the word order rule is: **accusative before dative**:

***Das Heft** zeigten wir dem Lehrer nicht.*
We didn't show the teacher the exercise book.

And if you emphasise a dative pronoun, the **dative comes before the accusative**:

***Ihm** zeigten wir es nicht.*
We didn't show it to him.

- If you use a pronoun as the (direct or indirect) object of the verb, it normally comes **before a noun subject**:

*Wie hat **dir das Essen** geschmeckt?*
How did you like the food?

*Wann hat **es der Vorstand** beschlossen?*
When did the board of directors make the decision?

Note that you also place personal pronouns before demonstrative pronouns (i.e. 'this', 'that'):

*Erst vor ein paar Stunden ist **ihm das** eingefallen.*
That only occurred to him a few hours ago.

Exercise 2

⊞ ÜBUNG MACHT DEN MEISTER!

1 Eine vielseitige Familie

Diese Familie hat die verschiedensten Hobbys. Ein Bekannter beschreibt sie seinen Freunden. Setzen Sie in den Text das Reflexivpronomen *sich* an den richtigen Stellen ein.

◀ **Section 20.1**

Alle Familienmitglieder interessieren für Musik und Sport und strengen an etwas für ihre Gesundheit zu tun. Sie erholen vom Alltagsstress im Fitness-Studio und achten besonders darauf gesund zu ernähren.

Der Ehemann interessiert für Fußball. Als er noch jung war, hat er in einem Fußballverein angemeldet. Jeden Montagabend trifft er mit Kollegen im Sportverein zum Training. Über die Jahre hat er verbessert, aber er war nie gut genug einem großen Fußballklub anzuschließen. Aber das viele Training hat bezahlt gemacht: er erfreut ausgezeichneter Gesundheit.

Die Ehefrau dagegen befasst mit Yoga und kümmert um eine gute Haut und Figur. Sie wäscht und pflegt mit Naturkosmetika. Sie bemüht auch täglich an der frischen Luft spazieren zu gehen. Um fit zu halten hat sie bei einem Yogakurs in der Abendschule angemeldet.

Die Kinder des Ehepaars beschäftigen mit Popmusik und halten durch Discotanzen fit. Daneben befasst der Sohn mit Schwimmen und die Tochter bemüht eine gute Tennisspielerin zu werden. Sie alle sind einig, dass Sport und viel Bewegung wichtig für eine gute Gesundheit sind.

2 Weihnachtsgeschenke: Was schenken sie wem?

In dieser Familie diskutiert man über die Weihnachtsgeschenke. Jeder hat andere Pläne.

◀ **Section 20.2**

a Finden Sie die richtige Wortstellung und schreiben Sie die Sätze auf.

zum Beispiel:
Sie – einen Computer – kaufen – dem Sohn

    ⟶ *Sie kaufen dem Sohn einen Computer.*

1 ich – dem Vater – schenke – einen Atlas.
2 ich – eine Flasche Parfüm – der Mutter – gebe.
3 die Eltern – dem Sohn – kaufen – ein Fahrrad.
4 die Eltern – der Tochter – einen Discman – schenken.
5 der Bruder – eine CD – gibt – der Schwester.
6 die Schwester – eine Taschenlampe – schenkt – dem Bruder.
7 die Kinder – den Eltern – geben – Pralinen.

b Ersetzen Sie die Geschenke in Übung (a) mit den passenden Akkusativpronomen. Schreiben Sie diese Sätze auf.

zum Beispiel:
Sie kaufen dem Sohn einen Computer.
⟶ *Sie kaufen **ihn** dem Sohn.*

c Ersetzen Sie nun die Personen, die Geschenke bekommen, mit den passenden Dativpronomen. Schreiben Sie diese Sätze auf.

zum Beispiel:
*Sie kaufen **ihm** einen Computer.*

d Ersetzen Sie nun sowohl den Akkusativ wie in Übung (b) als auch den Dativ wie in Übung (c). Schreiben Sie auch diese Sätze auf.

zum Beispiel:
*Sie kaufen **ihn ihm**.*

 **FREIE FAHRT!**

3 Das Klassentreffen

a Erinnerungen

Bei einem Klassentreffen werden alte Erinnerungen aufgefrischt. Woran erinnern sich die verschiedenen Leute? Fragen Sie Max, Christian, Inge, Gaby und den alten Lehrer, woran sie sich erinnern.

zum Beispiel:
Max, erinnerst du dich an den Sportlehrer?

Bitte bilden Sie Fragen nach diesem Muster.

b Interessen

Später wird über die alten Hobbys und Interessen gesprochen.

zum Beispiel:
Früher/damals hast du dich für Musik interessiert. Wofür interessierst du dich heute?

Bilden Sie auch hier weitere Fragen und mögliche Antworten.

c   Familienmitglieder

Eine der Klassenkameradinnen kommt aus einer Familie mit vielen Interessen. Sie redet auch gern und berichtet über alle Familienmitglieder (Ehemann, Kinder, Großeltern, andere Verwandte). Schreiben Sie zehn Sätze.

zum Beispiel:
Mein Ehemann interessiert sich für Fußball.

4 Ein totales Durcheinander!

Samstagabend im Restaurant gibt es sehr viel zu tun und die Kellner(innen) müssen gut aufpassen, dass alles zum richtigen Tisch kommt. Der Oberkellner überprüft ihre Arbeit. Leider wird heute alles falsch gemacht.

zum Beispiel:
Haben Sie dem Gast am Tisch 10 die Suppe gegeben?
   ⟶ Ach nein, ich habe ihm den Salatteller gegeben!

ODER: *Haben Sie der Frau am Tisch 5 das Rindersteak serviert?*
   ⟶ Nein, ich habe es dem Gast am Tisch 7 serviert!

Mit einem (einer) Partner(in) bilden Sie 20 weitere kleine Dialoge. Sie könnten auch folgende Gerichte verwenden:

die Erbsen (pl.)	der Blumenkohl	das Bauernbrot	das Käsebrot
das Zigeunersteak	der Gemüseteller	die Kartoffeln (pl.)	der Kalbsbraten
das Schnitzel	die Frikadellen (pl.)	der Kartoffelsalat	der Vanillepudding
das Eis	der Apfelstrudel	der Rotwein	das Bier
der Sprudel	der Orangensaft	die Milch	der Kaffee

5 Der erste Tag am neuen Arbeitsplatz

Ein neuer Mitarbeiter und eine neue Mitarbeiterin werden in die Firma eingeführt. Sie, der Lehrling, haben die Aufgabe, ihnen am ersten Tag alles zu zeigen (z. B. das Büro, die Kantine, den Fotokopierapparat, den Computer, die Faxmaschine, die Toiletten, den Schreibtisch, den Kaffeeautomaten, das Chefzimmer, den Konferenzraum usw.). Kurz danach vergewissert sich der Chef, dass Sie das auch so gemacht haben:

Chef:	Haben Sie den Mitarbeitern das Büro gezeigt?
Lehrling:	Ja, ich habe es ihnen gezeigt.
Chef:	Haben Sie der Kollegin/dem Kollegen ihren/seinen Arbeitsplatz gezeigt?
Lehrling:	Ja, ich habe ihn ihr/ihm gezeigt.

Machen Sie zu zweit weitere Dialoge.

21 Word order: *nicht* and adverbs

 SO WIRD'S GEMACHT

21.1 Position of *nicht*

It is not always easy to decide where to place **nicht**. While there are a few useful guidelines, you are best advised to note the position of **nicht** whenever you meet it and to try to work out why it is where it is.

21.1.1 Placing *nicht* at the end

If you wish to negate a whole clause or sentence, you should place **nicht** at the end or as near to the end as possible:

*Solche Leute findest du bei uns **nicht***.
You'll not find people like that here.

21.1.2 Placing *nicht* before words or phrases

You put **nicht** before all of the following:

* Adjectives which follow the verb:

  *Das war nicht **höflich***.
  That wasn't polite.

* Past participles:

  *Es hat hier seit Mai nicht **geregnet***.
  It hasn't rained here since May.

* Infinitives:

  *Leider kann ich dir nicht **helfen***.
  Unfortunately I cannot help you.

* Separable prefixes:

  *Nächste Woche ziehe ich nicht **um***.
  I'm not moving house next week.

* Verb complements, that is those elements which complete the meaning of the verb (especially prepositional phrases):

  *Verlassen Sie sich nicht **auf ihn***.
  Don't rely on him.

  *Sie geht am Samstag nicht **in die Stadt***.
  She isn't going to town on Saturday.

- Adverbs of manner and place:

*Manfred arbeitet nicht **schnell**.*
Manfred does not work quickly.

*Ich war heute nicht **im Büro**.*
I was not in the office today.

21.1.3 Emphasising one item

You should place *nicht* in front of a word or phrase if you wish to refer to and emphasise that one item rather than the whole clause or sentence:

*Ich habe das **nicht dir** gekauft.*
I didn't buy that for you.

The word **sondern** is often implied or stated here:

Sie hat es nicht am Freitag (sondern am Donnerstag) geschickt.
She didn't send it on Friday (but on Thursday).

▶ **Exercise 1**

21.1.4 *kein*

Note that you must use *kein* to express *nicht ein*:

*Sie ist doch **kein** Kind mehr.*
She's not a child any more.

▶ **Exercise 2**

21.2 Adverbs

- A fairly reliable guide to the order of adverbs in sentences and clauses is the rule: **Time – Manner – Place**:

Mein Bruder spielt immer (= T) mit denselben Jungen (= M) auf der Straße (= P).
My brother always plays in the street with the same boys.

Wir fahren morgen (= T) mit dem Zug (= M) nach Zürich (= P).
We are going to Zürich by train tomorrow.

- If the sentence contains more than one adverb of the same type (for example, two time adverbs or adverbial phrases), you put the **general** before the **specific**:

*Du warst doch **am Samstag um vier Uhr** in der Stadtmitte, oder?*
You were in town at four o'clock on Saturday, weren't you?

In Weimar neben dem Museum.
Next to the museum in Weimar.

- Adverbs or adverbial phrases come before adjectives:

  *Vor dieser Prüfung war ich **zum ersten Mal** nervös.*
  I was nervous for the first time ever before this exam.

- Adverbs or adverbial phrases often appear in first position:

  ***Plötzlich** war sie nicht mehr da.*
  Suddenly she was no longer there.

In all other positions, however, you should put adverbs or adverbial phrases after pronouns:

  *Mein Freund schickte mir **endlich** das gewünschte Buch.*
  My friend finally sent me the book I wanted.

- Unless you wish to give them special emphasis, you should put adverbs or adverbial phrases between indirect and direct noun objects:

  *Sie zeigte dem Polizisten **sofort** ihren Ausweis.*
  She at once showed the policeman her identity card.

Exercises 3, 4

ÜBUNG MACHT DEN MEISTER!

1 Lauter Neinsager!

Die folgenden Fragen werden alle verneint. Verneinen Sie zuerst den ganzen Satz und dann das unterstrichene Satzglied.

 **Section 21.1**

zum Beispiel:
Sind Sie <u>gestern</u> in die Kneipe gegangen?

    ⟶ *Ich bin gestern nicht in die Kneipe gegangen.*
    ⟶ *Ich bin nicht gestern in die Kneipe gegangen (sondern vorgestern).*

a Möchten Sie <u>heute</u> ins Kino gehen?
b Wollen wir <u>am Sonntag</u> im Restaurant essen?
c Möchtest du <u>dieses neue Automodell</u> kaufen?
d Haben Sie <u>gestern Abend</u> diese Nachricht im Fernsehen gesehen?
e Reist du <u>im Sommer</u> wieder nach Spanien?
f Sind Sie dieses Jahr <u>bei Ihrer alten Firma</u> angestellt?

2 Der arme Bettler

Er hat nichts, er besitzt nichts . . . . Beschreiben Sie seine hoffnungslose Lage.

◀ Section 21.1.4

zum Beispiel:
Er hat nicht einmal ein Bett.

⟶ *Er hat kein Bett.*

Er hat nicht einmal . . .

a ein Dach über dem Kopf	**f** einen Cent
b eine Familie	**g** eine feste Adresse
c einen warmen Mantel	**h** einen festen Wohnsitz
d Schuhe	**i** Freunde
e ein regelmäßiges Einkommen	**j** eine Packung Zigaretten

3 Der Hochzeitstag

Wie verbringen diese Ehepaare ihren Hochzeitstag? Wie und wo wird der Tag gefeiert? Schreiben Sie zehn Antwortsätze. Benutzen Sie die Ausdrücke in den untenstehenden Kästen.

zum Beispiel:
Ich gehe oft mit einer Gruppe von Freunden in einen Biergarten.

ich		wir	

gehe	fahren	kaufen	fahre
reisen	reise	besuche	
kaufe	gehen	schenke	besuchen

immer	dieses Jahr	an unserem Hochzeitstag
meistens	oft	diesen Sommer/Winter
jedes Jahr	im Juli	zum Jahrestag

(mit) meiner Frau	füreinander	mit unseren Kindern
für meinen Partner	allein	für meine Frau
(mit) meinem Mann	zu zweit	mit dem IC-Zug
mit dem Flugzeug	mit einer Gruppe von Freunden	

(in) ein Restaurant	einen Rosenstrauß vom Markt
in einem Restaurant	ein kostbares Geschenk vom Juwelier
(in) den Biergarten	nach Österreich in die Berge
in einem Biergarten	(in) den sonnigen Süden
bei uns zu Hause	von Hamburg nach Berlin

4 Wie und wo haben Sie sich kennen gelernt?

Eine Illustrierte machte eine Umfrage unter Ehepaaren über Zeit, Umstände und Orte, wo sich die Paare zum ersten Mal getroffen haben. Hier sind die Antworten, die leider etwas durcheinander geraten sind. Finden Sie die richtige Wortstellung. Beginnen Sie jeweils mit dem unterstrichenen Wort.

a   Herr und Frau Müller:

uns – <u>wir</u> – im IC-Zug – haben – getroffen – in den letzten Sommerferien – zwischen Hamburg und Berlin.

b   Frau Schmidt:

im Hofbräuhaus – habe – <u>ich</u> – an einem Sommerabend – kennen gelernt – meinen Mann – beim Biertrinken – in München.

c   Herr Weber:

in einer Disco – meine Frau – <u>ich</u> – auf einer Geschäftsparty – habe – an Fastnacht – kennen gelernt – zufällig.

d   Das Ehepaar Schneider:

zu Ostern – auf einer Safari – <u>wir</u> – kennen gelernt – uns – haben – in Kenia.

e   Frau Herzog:

im Winter – <u>ich</u> – getroffen – habe – meinen Mann – in Österreich – eines Tages – beim Skifahren.

f   Herr Lamber:

meine zukünftige Frau – <u>ich</u> – zum ersten Mal – gesehen – mit meinen Arbeitskollegen – auf einer Geschäftsreise – nach Bern – habe.

g   Das Ehepaar Lehmann:

haben – getroffen – zufällig – <u>wir</u> – uns – letztes Jahr – im Wartezimmer unseres Hausarztes – in Potsdam.

FREIE FAHRT!

5 Unterschiede im Schulsystem

Unten finden Sie Ausdrücke über englische und deutsche Schulen. Was für das eine Land zutrifft, gilt nicht für das andere Land. Verneinen Sie alle diese Sätze, indem Sie die Aussagen jeweils auf das andere System beziehen.

zum Beispiel:

Die deutschen Schüler essen nicht in der Kantine.

Die englischen Schüler haben nicht 'hitzefrei'.

---

essen in der Kantine

‚hitzefrei' haben

gehen jeden Morgen in die Morgenandacht

müssen ‚sitzen bleiben', wenn die Noten nicht ausreichend sind

tragen dieselbe Uniform

haben oft nachmittags frei

beginnen die Schule im Alter von vier Jahren

werden jedes Jahr in die nächsthöhere Klasse versetzt

Kennen Sie sonst noch Unterschiede?

6 Bei uns ist das ganz anders

Arbeiten Sie zu zweit und erfinden Sie Aussagen (etwa über Ihre beiden Familien und Ihre Gewohnheiten, über das Leben zu Hause, Ihre Freizeitinteressen usw.). Ihr(e) Partner(in) muss jede Ihrer Aussagen verneinen.

zum Beispiel:

Wir gehen sonntags in die Kirche.

⟶ *Wir gehen sonntags nicht in die Kirche.*

Mein Vater sieht gern fern.

⟶ *Mein Vater sieht nicht gern fern.*

Wir haben zu Hause einen DVD-Spieler.

⟶ *Wir haben zu Hause keinen DVD-Spieler.*

Tauschen Sie nach jeder Aussage die Rollen.

7 Lauter Unsinn! (Ein Spiel für fünf Personen)

Man braucht für dieses Spiel fünf Blätter Papier und fünf Kugelschreiber/Bleistifte.

a   Jeder (jede) Mitspieler(in) schreibt zunächst eine Person im Singular (= Wer?) auf sein (ihr) Papier, ohne den Nachbarn (die Nachbarin) sehen zu lassen, wen er (sie) gewählt hat. Jetzt wird das Papier gefaltet und an den Nachbarn (die Nachbarin) weitergereicht.

b   Jeder (jede) schreibt nun eine Verbform in der dritten Person Singular darunter (= Macht was?). Wieder wird das Blatt gefaltet und weitergereicht.

c   Jetzt schreibt jeder (jede) ein Zeitadverb (= Wann?). Noch einmal wird gefaltet und weitergereicht.

d   Jetzt schreibt jeder (jede) ein Adverb der Art und Weise (= Wie?). Schon wieder wird gefaltet und weitergereicht.

e   Zum Schluss schreibt jeder (jede) ein Ortsadverb (= Wo?).

f   Der Zettel wird weitergereicht und die Unsinnsätze werden vorgelesen.

22 Forms of the verb and the present tense

 ## SO WIRD'S GEMACHT

22.1 Verb forms

22.1.1 What is a verb?

A verb gives us information about the action performed by the subject of the sentence. It tells us what is done, who or what does it and when it is, was or will be done. The form of the verb depends primarily on the subject, that is, the person(s) or thing(s) performing the action concerned. The subject can be either first person (*ich*, *wir*), second person (*du*, *Sie*, *ihr*) or third person (*er*, *sie* ('she' or 'they'), *es*, *man*). The form of the verb also depends on tense, that is, when the action occurs (see Chapters 23–25).

22.1.2 The infinitive

The infinitive, which is the form you will find in a dictionary (for example, *haben* to have, *kommen* to come), always ends in -n. The infinitive helps you to identify the stem which is the key part of the verb. You find this by removing the final -n or -en from the infinitive. For example, in the verb *kommen* the stem is *komm*. To this stem you add the following endings to form the present tense:

	Singular	**Plural**
1st person	*ich komme*	*wir kommen*
2nd person	*du kommst*	*ihr kommt*
	Sie kommen	*Sie kommen*
3rd person	*er/sie/es kommt*	*sie kommen*

Note the following exceptions to this pattern:

- A small number of verbs have an infinitive in *-eln* or *-ern*. You form the stem here simply by removing the *-n*:

| *lächeln* | to smile | *ich lächele* | *du lächelst* | *er/sie/es lächelt*, etc. |
| *flüstern* | to whisper | *ich flüstere* | *du flüsterst* | *er/sie/es flüstert*, etc. |

- Where a verb's stem ends in *-chn*, *-d*, *-dn* or *-t*, an *e* is inserted in the *du* and *er/sie/es* forms to ease pronunciation:

| *rechnen* | to calculate | *ich rechne* | *du rechnest* | *er/sie/es rechnet*, etc. |
| *finden* | to find | *ich finde* | *du findest* | *er/sie/es findet*, etc. |

- Verbs with a stem ending in **-s**, **-ß**, **-ss** or **-z** do not add another **s** in the **du** form:

reisen	to travel	*ich reise*	*du reist*	*er/sie/es reist*
beißen	to bite	*ich beiße*	*du beißt*	*er/sie/es beißt*

22.2 Weak and strong verbs

22.2.1 Weak verbs

The majority of German verbs are classed as 'weak'. Weak verbs are completely regular and the verb stem remains the same throughout all forms and tenses. In the present tense the endings are those given above:

machen   to make   *ich mache*   *du machst*   *er/sie/es macht*, etc.

22.2.2 Strong verbs

Although 'strong' verbs are in the minority in German, they are a very important feature of the language since many of the most common verbs are strong. In strong verbs the form of the verb stem changes in the simple past tense (see Chapter 23) and usually in the past participle too (see Chapter 24). In the present tense many of these verbs have the regular endings you find in weak verbs but a significant number modify or change the stem vowel in the **du** and the **er/sie/es** forms:

- Stem vowel **e** can change to **i** or **ie**:

helfen	to help	*ich helfe*	*du hilfst*	*er/sie/es hilft*
		wir helfen	*Sie helfen*	*sie helfen*
sehen	to see	*ich sehe*	*du siehst*	*er/sie/es sieht*
		wir sehen	*Sie sehen*	*sie sehen*
vergessen	to forget	*ich vergesse*	*du vergisst*	*er/sie/es vergisst*
		wir vergessen	*Sie vergessen*	*sie vergessen*

- Stem vowels **a** or **au** can change to **ä** and **äu** respectively:

fallen	to fall	*ich falle*	*du fällst*	*er/sie/es fällt*
		wir fallen	*Sie fallen*	*sie fallen*
lassen	to let	*ich lasse*	*du lässt*	*er/sie/es lässt*
		wir lassen	*Sie lassen*	*sie lassen*
laufen	to run	*ich laufe*	*du läufst*	*er/sie/es läuft*
		wir laufen	*Sie laufen*	*sie laufen*

22.3 Irregular verbs

A small number of verbs are irregular in the singular present tense forms. These include *haben*, *sein* and *wissen*:

haben – to have		*sein* – to be		*wissen* – to know	
ich habe	*wir haben*	*ich bin*	*wir sind*	*ich weiß*	*wir wissen*
du hast	*ihr habt*	*du bist*	*ihr seid*	*du weißt*	*ihr wisst*
Sie haben	*Sie haben*	*Sie sind*	*Sie sind*	*Sie wissen*	*Sie wissen*
er/sie/es hat	*sie haben*	*er/sie/es ist*	*sie sind*	*er/sie/es weiß*	*sie wissen*

 Exercise 3

22.4 Use of the present tense

Unlike English ('I go', 'do go', 'am going'), German has only one present tense: *ich gehe*.

The present tense is used for something which:

- is happening now
- happens frequently
- will happen in the near future.

Thus, **Wir fahren in die Stadt** can mean: 'We are going to town' (now) OR 'We go to town' (regularly) OR 'We are going to town' (soon).

📝 Note that the present tense is also used with **seit** + dative to express actions, states or conditions which began in the past but are still continuing. English uses the perfect tense here:

*Sie **wohnt** seit fünf Jahren in Wien.*
She **has been living** in Vienna for five years.

ÜBUNG MACHT DEN MEISTER!

1 Ein Student beschreibt seinen Ferienjob

Bitte finden Sie für die Verben die passenden Endungen im Präsens.

◀ **Sections 22.2, 22.3**

Ich (arbeiten) in einem Leipziger Kaufhaus, das während der Semesterferien viele Studenten als Aushilfe (einstellen). Meine Abteilung (beschäftigen) normalerweise fünf Verkäufer, aber jetzt während des Sommerschlussverkaufes (geben) es weitere fünf Teilzeitkräfte, die hier (aushelfen).

Meine Arbeit (machen) mir Spaß, auch die Arbeitszeit (passen) mir gut. Sie (sein) genau geregelt und nicht sehr flexibel. Am Anfang der Woche (bekommen) wir unseren Zeitplan vom Personalchef. Er (heißen) Herr Huber und (sein) sehr freundlich.

Normalerweise (beginnen) ich um 9.30 Uhr und (arbeiten) bis 18.30 Uhr. Dazwischen (liegen) eine kurze Mittagspause, wo wir in der Kantine (essen). Ich (freuen) mich jeden Tag auf diese Pause, weil ich dann immer Erfahrungen mit anderen Kollegen (austauschen).

Die Arbeit (sein) nicht schwer, eher etwas langweilig, weil man an den heißen Tagen nicht so viel (verkaufen). Ich (haben) Zeit mich mit den Kunden zu unterhalten und (versuchen) immer sie richtig zu beraten, wofür viele sehr dankbar (sein). Mancher Kunde (wissen) nicht, was er (wollen), und dann (beschweren) sich manche auch noch über uns. Das (finden) ich unfair!

2 Neugierige Kollegen

a Ein Kollege stellt Ihnen persönliche Fragen während der Mittagspause. Schreiben Sie 16 Sätze. Benutzen Sie die Ausdrücke im untenstehenden Kasten.

◀ **Sections 22.1, 22.2, 22.3**

zum Beispiel:
Seit wann leben Sie in Bayern?

Seit wann	wohnen Sie	ein Auto?
	arbeiten Sie	im Fitness-Studio?
	spielen Sie	Semesterferien?
	studieren Sie	Ski?
	lernen Sie	Spanisch?
	trainieren Sie	Nachhilfestunden?
	besitzen Sie	in diesem Betrieb?
	haben Sie	hier an der Universität?
	wissen Sie	in der Stadtmitte?
	geben Sie	Briefmarken?
	fahren Sie	Schach?
	laufen Sie	schon hier angestellt?
	sammeln Sie	Ihr Auto in der Mercedesgarage reparieren?
	lassen Sie	mit dem Fahrrad zur Arbeit?
	sind Sie	das schon?

b Nach einigen Wochen kennen Sie sich gut. Sie duzen sich jetzt. Wie würden die Fragen jetzt lauten? Schreiben Sie 16 Sätze.

zum Beispiel:
Seit wann lebst du in Bayern?

c Wie lauten die Fragen, wenn zwei Kollegen vertraut angesprochen werden? Schreiben Sie noch einmal 16 Sätze.

zum Beispiel:
Seit wann lebt ihr in Bayern?

3 Der Personalchef stellt vor!

Der Personalchef eines Kaufhauses stellt einer neuen Aushilfskraft einige Mitarbeiter vor. Setzen Sie die passenden Formen von *sein*, *haben* und *wissen* ein.

◀ **Section 22.3**

a Guten Tag, ich . . . . Herr Weber, der Personalchef. Ich . . . . mein Büro im Erdgeschoss neben dem Eingang. Deshalb . . . . ich immer, wer im Haus ist.
b Herr Schulz hier . . . . der Abteilungsleiter der Konfektionsabteilung. Er . . . . sein Büro im 4. Stock. Er . . . . alles über Herren- und Damenbekleidung.
c Seine Sekretärin . . . . Fräulein Schneider. Sie . . . . ihren Schreibtisch in seinem Vorzimmer. Sie . . . . über alle Termine Bescheid.
d Die drei Damen hier . . . . die Verkäuferinnen aus der Lebensmittelabteilung. Sie . . . . weiße Uniformen, weil sie . . . ., wie wichtig die Hygiene beim Nahrungsmittelverkauf ist.
e Wir alle . . . . schon seit mindestens vier Jahren bei dieser Firma. Wir . . . . eine gute Zusammenarbeit und wir . . . . unseren sicheren Arbeitsplatz zu schätzen.
f Wie . . . . Sie zu diesem Job gekommen? Sie . . . . wahrscheinlich großes Glück gehabt. . . . . Sie, wir stellen ab dieser Woche keine Aushilfen mehr ein.
g Das Restaurant für die Angestellten . . . . leider etwas altmodisch und klein. Es . . . . nur Platz für jeweils zehn Personen. Deshalb . . . . man nie, ob man hier Platz findet, wenn man Pause . . . . .

FREIE FAHRT!

4 Kennen Sie das?

Arbeiten Sie zu zweit! Suchen Sie zehn starke Verben (Seiten **326–329**), die im Präsens regelmäßige Endungen haben.

zum Beispiel:
bekommen —▶ *bekommt; singen* —▶ *singt; schwimmen* —▶ *schwimmt*

Suchen Sie auch zehn Verben, in denen sich die Vokale ändern.

zum Beispiel:
helfen —▶ *hilft; geben* —▶ *gibt; sehen* —▶ *sieht*

Testen Sie dann Ihren (Ihre) Partner(in). Kennt er (sie) die *ich*-, *du*-, *er*-/*sie*-Formen im Präsens?

5 Ganz einfach!

a Schreiben Sie ein Kochrezept. Verwenden Sie in den Anweisungen das Pronomen *man*.

zum Beispiel:
Man braucht ... Man nimmt ... Man ...

b Erklären Sie Ihrem (Ihrer) deutschen Freund(in), wie er (sie) guten Tee kochen soll. Verwenden Sie folgende Verben: *erwärmen, kochen, ausspülen, übergießen, einfüllen, ziehen lassen.*

zum Beispiel:
Du erwärmst Wasser, bis es kocht ...

c Erklären Sie einem (einer) ausländischen Freund(in), wie man mit einer Telefonkarte telefoniert. Verwenden Sie das Pronomen *man* mit folgenden Ausdrücken: *Hörer abnehmen, Karte einstecken, Ton abwarten, Nummer wählen, sprechen, Hörer auflegen, Karte entnehmen.*

6 Was Leute in verschiedenen Berufen machen

a Beschreiben Sie die Pflichten von Krankenschwestern. Nennen Sie mindestens zehn Pflichten.

zum Beispiel:
Sie waschen die Patienten.

b Beschreiben Sie die Arbeiten einer Kindergärtnerin. Erwähnen Sie mindestens zehn Arbeiten.

zum Beispiel:
Sie gibt den Kindern zu trinken.

c Was machen Sie (Schüler oder Studenten)? Beschreiben Sie mindestens zehn Tätigkeiten.

zum Beispiel:
Wir lernen viel.

7 Ein Tag wie jeder andere

Schreiben Sie einen kurzen Bericht (ca. 150 Wörter) über einen typischen Tag.

23 Simple past tense

SO WIRD'S GEMACHT

Some people refer to the simple past form of the verb as the imperfect tense. You should really avoid this term as it suggests misleading parallels with the French imperfect tense. Another name for the simple past is the preterite.

23.1 Formation: weak verbs

You form the simple past of weak verbs by adding *-t* to the verb stem along with the following endings:

Exercises 1, 2

machen – to do, make	*ich machte*	*wir machten*
	du machtest	*ihr machtet*
	Sie machten	*Sie machten*
	er/sie/es machte	*sie machten*

Note that with verb stems ending in *-chn, -d, -dn* or *-t* you add an extra *e* in the middle to all forms to ease pronunciation:

rechnen (to calculate)   *ich rechnete*   *du rechnetest*   *er/sie/es rechnete*, etc.

23.2 Formation: strong verbs

There is usually a vowel change in the simple past tense of strong verbs (for example, *sehen* becomes *sah* – compare English 'see/saw'). These verbs add the following endings:

Exercises 1, 2

sehen – to see	*ich sah*	*wir sahen*
	du sahst	*ihr saht*
	Sie sahen	*Sie sahen*
	er/sie/es sah	*sie sahen*

Note that the 1st and 3rd person singular do not take the *-e* ending.

Further examples of strong verbs in the simple past are:

bieten	to offer	*bot*
fahren	to travel	*fuhr*
gehen	to go	*ging*
kommen	to come	*kam*

For a detailed list of the most common strong verbs, see pages 326–329.

You need to learn these verb stem changes for all strong verbs. In most dictionaries they appear alongside the infinitive.

23.3 Formation: mixed verbs

Verbs which use the weak verb endings and which also have a changed vowel stem in the simple past are known as mixed verbs. There are relatively few of these verbs. Here are some examples:

bringen	to bring	*brachte, brachtest*, etc.
denken	to think	*dachte, dachtest*, etc.
wissen	to know	*wusste, wusstest*, etc.

Despite their regular present tense ending and their weak verb endings in the simple past, mixed verbs tend to be listed along with strong verbs. See pages 326–329 for other mixed verbs such as *brennen*, *kennen*, *nennen* and *rennen*.

23.4 Use of the simple past tense

You can use the simple past to express:

- What happened or what someone did, that is, actions which are finished or completed:

  *Sie **kauften** Theaterkarten und **gingen** dann ins Restaurant.*
  They bought tickets for the theatre and then went to the restaurant.

- Continuing states or incomplete actions in the past (i.e. 'was . . . ing'):

  *Während er **fernsah**, **las** sie die Zeitung.*
  While he was watching television, she read the newspaper.

- Habitual actions in the past:

  *Samstags **spielten** wir Tennis.*
  We used to play tennis on Saturdays.

- Actions or states which began before a fixed point of time in the past (with *seit* + dative):

  *Ich besuchte ihn im März in Bern. Er **arbeitete** dort schon seit zwei Jahren.*
  I visited him in Berne in March. He had been working there for two years.

One of the problems with German past tenses is knowing when to use the simple past and when the perfect. See Chapter 24 for some hints on this.

ÜBUNG MACHT DEN MEISTER!

1 Ein Beschwerdebrief

Bitte vervollständigen Sie den folgenden Brief, indem Sie die passenden Präteritumsformen aus dem untenstehenden Kasten in die Lücken setzen.

Sehr geehrte Damen und Herren,

wie ich Ihnen bereits telefonisch ..**(a)**.. , möchte ich mich hiermit bei Ihnen beschweren. Meine Ferienwoche, die ich vom 15.8–22.8. in Ihrem Haus ..**(b)**.., ..**(c)**.. eine Katastrophe.

Nichts von dem, was der Hotelprospekt ..**(d)**.., ..**(e)**.. in Wirklichkeit, was Ihr Hotel ..**(f)**.. Es hat den Namen ‚Schönblick', aber von meinem Zimmer aus ..**(g)**.. ich nur auf riesige Baustellen und Fabrikschlote. Der Prospekt ..**(h)**.. auch die ruhige Lage direkt am Waldrand an, ..**(i)**.. aber nicht, dass die neue Schnellstraße zur Autobahn direkt an Ihrem Haus vorbeiführt.

Auch die Verpflegung ..**(j)**.. zu wünschen übrig und das Bedienungspersonal ..**(k)**.. die Gäste sehr unfreundlich. Wie Sie wissen, ..**(l)**.. auch das Wetter Mitte August sehr wechselhaft, es ..**(m)**.. stark und eine kühle Temperatur ..**(n)**.. vor. Trotz mehrmaliger Aufforderung ..**(o)**.. es aber die Hotelleitung nicht für nötig, die Heizung anzustellen und wir Gäste ..**(p)**.. abends fast immer.

Die Zimmer ..**(q)**.. auch nicht besonders gut schallisoliert und der Fernsehapparat aus dem Nebenzimmer ..**(r)**.. meine Nachtruhe.

Ich bitte Sie um eine Erklärung für die erwähnten Missstände und ..**(s)**.., Sie bieten mir eine Entschädigung für meinen missglückten Urlaub an.

Auf eine baldige Antwort hoffend verbleibe ich

hochachtungsvoll

Gaby Kohler

ließ	betraf	mitteilte	pries	versprach	regnete	sah
war	hielt	herrschte	verbrachte	behandelte	hoffe	
stimmte	waren	froren	störte	erwähnte	war	

2 Ein Verkehrsunfall

Ein Zeuge schreibt den Vorgang eines Unfalls nieder, den er in der letzten Woche miterlebt hatte. Setzen Sie die richtigen Verbformen im Präteritum ein. Die starken Verben sind durch * gekennzeichnet.

Ich (sitzen*) im Café Lila an der Kreuzung Ringstraße-Kreuzstraße. Ich (lesen*) meine Zeitung, es (sein*) gegen sechs Uhr und es (dämmern) schon. Da (sehen*) ich, wie sich ein Radfahrer der Ampel (nähern). Er (auffallen*) mir, weil er einen roten Kopfschutz (tragen*) und einen grünen Rucksack auf dem Rücken (haben*). Er (sich befinden*) hinter einem kleinen Lieferwagen und (versuchen) diesen auf der Außenseite zu überholen. Die Verkehrsampel (zeigen) grün und deshalb (radeln) er wohl in einem ziemlich schnellen Tempo weiter. Da (sich nähern) von der Gegenfahrbahn ein Personenwagen, der links abbiegen (wollen*). In der Abenddämmerung (sehen*) der Fahrer den Radfahrer anscheinend nicht und (erfassen) ihn mitten auf der Kreuzung. Der Radfahrer (stürzen) zu Boden und (werden*) gegen eine Straßenlampe geschleudert. Sein Rucksack (fliegen*) in die andere Richtung und (treffen*) ein entgegenkommendes Taxi, dessen Windschutzscheibe in tausend Scherben (zersplittern). Der Radfahrer selbst (liegen*) bewusstlos am Boden. Innerhalb weniger Minuten (sein*) der Notrettungswagen zur Stelle und (bringen*) den jungen Mann in die Universitätsklinik. Zum Glück (davonkommen*) er mit äußerlichen Verletzungen.

3 So war es damals

Eine Großmutter erzählt ihren Enkeln aus ihrer Jugendzeit. Setzen Sie die Verben in Klammern ins Präteritum. Die starken Verben sind durch * gekennzeichnet.

Das Leben (ablaufen*) damals ganz anders. Wir (wohnen) auf dem Lande. Wir (sein) eine kinderreiche Familie mit neun Kindern. Ich (haben) vier Brüder und vier Schwestern. Mein Vater (arbeiten) auf einem großen Landgut als Verwalter. Meine Mutter (versorgen) den Haushalt und (bestellen) den Garten. Wir (essen*) das Gemüse und das Obst der Jahreszeit, die Milch (bekommen*) wir vom Bauernhof. Nur selten (einkaufen) wir etwas in den Geschäften.

Jeden Sommer (müssen) wir Kinder bei der Ernte helfen. Wir (haben) wenig Zeit zum Spielen. Sonntags (gehen*) wir alle in die Kirche. Dafür (anziehen*) wir unsere besten Kleider. Am Sonntagnachmittag (sitzen*) wir gewöhnlich bei Kaffee und Kuchen in der guten Stube. Der Samstag (sein*) auch ein wichtiger Tag für uns alle. Da (dürfen) wir baden. Denn nur einmal in der Woche (erwärmen) meine Mutter einen großen Kessel Wasser und die ganze Familie (baden) in einer großen Metallwanne in der Küche. Fließendes Wasser (kennen) man damals noch nicht in unserem Haus. Man (heizen) mit Holz und Kohle und bei einbrechender Dunkelheit (gehen*) man zu Bett, weil es noch keine elektrische Beleuchtung (geben*). Trotz allem (sein*) das Leben viel einfacher als heute.

FREIE FAHRT!

4 Kettenerzählung

Arbeiten Sie in einer Gruppe! Eine(r) in der Gruppe erfindet den ersten Satz einer kleinen Geschichte. Jede(r) muss einen neuen Satz hinzufügen. Die Geschichte wird ausschließlich im Präteritum erzählt. Mal sehen, was für interessante Ereignisse Sie sich einfallen lassen!

zum Beispiel:

Am Montag fuhr Hermann zum ersten Mal nach Berlin.
⟶ *Er kam um 11.30 Uhr im Hauptbahnhof an.*
⟶ *Neben dem Ausgang sah er einen Mann . . .*

5 Herr Fleißig und Frau Faul

Arbeiten Sie in einer Gruppe! Sie erfinden eine Geschichte über die beiden ungleichen Partner, Herrn Fleißig und Frau Faul, die sich scheiden ließen, weil sie nicht zusammenpassten. Jeder versucht einen *während*-Satz zu bilden.

zum Beispiel:

Während er im Garten arbeitete, lag sie im Bett und schlief.
Während er das Auto reparierte, . . .

6 Der Kommissar

Sie sind ein(e) (berühmte) berühmter Autor(in) von Krimis. Schreiben Sie den ersten Abschnitt eines neuen Romans über den Kommissar Schmitz. In diesem Abschnitt beschreiben Sie (im Präteritum), wie er durch einen Stadtpark ging, auf dem Weg in sein Büro. Beschreiben Sie das Wetter, die Leute im Park, was dort passierte, was der Kommissar auf der Straße sah, woran er dachte usw. Fassen Sie sich kurz! Der erste Abschnitt Ihres Werkes soll höchstens 150 Wörter enthalten.

7 Der Lebenslauf

Ein Lebenslauf kann in Deutschland entweder als Tabelle oder als Text geschrieben werden. Sie bewerben sich um einen Job in einem Hotel in Südbayern für die Ferien und möchten Ihren Lebenslauf als Text schreiben (auf Deutsch versteht sich!).

Beginnen Sie wie folgt:

Geboren wurde ich am . . . . in . . . . . Im Alter von . . . . besuchte ich den Kindergarten in . . . . usw.

8 Wer war der Täter?

Arbeiten Sie in einer Gruppe von 4–5 Personen! Stellen Sie sich vor, Sie stehen unter dem Verdacht irgendein Verbrechen begangen zu haben. Die Polizei will Sie alle verhören. Jede(r) von Ihnen muss ein Alibi finden um zu erklären, warum er (sie) am Verbrechen nicht schuld sein kann.

zum Beispiel:

Ich war es nicht, denn zu dieser Zeit las ich ein Buch in der Bibliothek.

Welche Gruppe kann die meisten bzw. die interessantesten Alibis erfinden?

9 Vor fünf Jahren

a Arbeiten Sie zu zweit! Stellen Sie einander Fragen über Ihr Leben vor fünf Jahren. Sprechen Sie über Ihre Familien, Ihre Freunde, Ihre Freizeitinteressen, die Schule, die Sie damals besuchten, usw.

zum Beispiel:

Ich spielte damals noch viel Hockey.
Wir wohnten außerhalb der Stadt.

b Beschreiben Sie dann schriftlich in ca. 150–200 Wörtern Ihr Leben vor fünf Jahren.

24 Perfect and pluperfect tenses

 SO WIRD'S GEMACHT

The perfect tense is the most common tense in German for talking about something which has already happened. You form it by using the present tense of **haben** or **sein** (see below for rules on when to use which) together with the past participle of the relevant verb. The past participle usually goes at the end of the clause or sentence.

24.1 The perfect tense of weak verbs

- You normally form the past participle by putting **ge-** on the beginning and **-t** on the end of the verb's stem:

*wir haben **gesagt***	we said
*sie hat **gemerkt***	she noticed
*ihr habt **gewohnt***	you lived

- As in the simple past tense, with stems ending in **-chn**, **-dn**, **-dnen** or **-t** you add an extra **e** before the final **-t** to ease pronunciation:

  *Sie haben fleißig **gearbeitet**.*
  They worked very hard.

  *Ich habe die Akten neu **geordnet**.*
  I have put the files in a new order.

- When the verb starts with one of the inseparable prefixes **be-**, **ent-**, **emp-**, **er-**, **ge-**, **miss-**, **ver-**, **zer-** you do not add **ge-** (see Chapter 28):

  *Was hast du heute **verkauft**?*
  What did you sell today?

  *Sie haben uns **belohnt**.*
  They gave us a reward.

- If the verb has a separable prefix (see Chapter 28), insert **ge-** between the prefix and the verb stem:

  *Er hat das Licht schon **angemacht**.*
  He has already put the light on.

  *Sie hat nicht **mitgemacht**.*
  She didn't join in.

- Do not add **ge-** to weak verbs ending in **-ieren**:

*Wie hat er denn **reagiert**?*
How did he react?

*Ich habe mit ihm schon **telefoniert**.*
I have already spoken to him on the phone.

➥ **Exercise 2**

24.2 The perfect tense of strong verbs

- You form the past participle of strong verbs by adding **ge-** to the beginning and **-(e)n** to the end of the stem. As with the simple past, there is very often a vowel change in the stem:

singen	to sing	*ich habe **gesungen***	I sang
gehen	to go	*wir sind **gegangen***	we went
lesen	to read	*sie haben **gelesen***	they read

- Do not add **ge-** to verbs with an inseparable prefix (see above):

*Er hat den Brief **empfangen**.*
He received the letter.

*Das Buch ist **verschwunden**.*
The book has disappeared.

- If a verb has a separable prefix, you insert the **ge-** between the prefix and the stem:

*Sie sind schon **angekommen**.*
They have already arrived.

*Er hat mich **eingeladen**.*
He has invited me.

➥ **Exercises 1, 2**

24.3 The perfect tense of mixed verbs

Note that with mixed verbs (see Chapter 23) you add **ge-** to the simple past stem (**not** the present tense stem) and add **-t** to the end:

bringen	to bring	*ich habe gebracht*	I brought
denken	to think	*wir haben gedacht*	we thought
wissen	to know	*er hat gewusst*	he knew

➥ **Exercises 1, 2**

24.4 *haben* or *sein?*

24.4.1 *sein*

Many common German verbs form their perfect tense with *sein* rather than *haben*. You use *sein* in the following instances:

- With verbs of motion to a place:

fahren	**Sie *ist* nach Mainz *gefahren*.**	She has gone to Mainz.
fliegen	**Wir *sind* letztes Jahr nach Amerika *geflogen*.**	We flew to America last year.
laufen	**Er *ist* ins Haus *gelaufen*.**	He ran into the house.

- With the verbs *bleiben*, *sein* and *werden*:

*Sie **sind** nicht lange **geblieben**.*   They didn't stay long.

*Es **ist** furchtbar kalt **gewesen**.*   It has been terribly cold.

*Sie **ist** Ingenieurin **geworden**.*   She became an engineer.

- To denote a change of state, usually something beyond the control of the subject, as opposed to something he, she or it has done consciously or deliberately:

einschlafen	*Sie **ist** im Sessel **eingeschlafen**.*	She has gone to sleep in the chair.
gebären	*Ich **bin** in London **geboren**.*	I was born in London.
geschehen	*Wann **ist** das **geschehen**?*	When did that happen?
passieren	*Es **ist** gestern **passiert**.*	It happened yesterday.
sterben	*Er **ist** plötzlich **gestorben**.*	He died suddenly.
wachsen	*Die Pflanzen **sind** schnell **gewachsen**.*	The plants have grown quickly.

24.4.2 *haben*

- You can use some verbs of motion with a direct object. In such cases they take *haben*:

***Hast** du schon mal seinen Mercedes **gefahren**?*
Have you ever driven his Mercedes?

*Die Polizei **hat** ihn nach Hause **geflogen**.*
The police flew him home.

- You also use *haben* if you are focusing on the activity of a motion verb in general (that is, motion **at** a place) rather than the idea of motion **to** a place:

*Die Kinder **haben** heute im Fluss **geschwommen**.*
The children had a swim in the river today.

➡ **Exercise 1**

24.5 Perfect or simple past?

24.5.1 Perfect tense

The German perfect tense *ich bin gefahren* corresponds to all of the following English past tenses: 'I drove/did drive/have driven/have been driving'. You use it much more often than the simple past in speech, letters, e-mails and all types of informal writing. In particular, you should use it to express:

- Individual actions in the past which are isolated and complete:

  *Petra **hat** die Prüfung **abgelegt**.*
  Petra took the exam.

  *Ich **habe** ihn zur Party **eingeladen**.*
  I have invited him to the party.

- Past actions which are still relevant to the present (corresponding to the English perfect tense):

  *Die Wiedervereinigung **hat** die Deutschen viel **gekostet**.*
  Unification has cost the Germans dearly.

  *Es **hat** heute **geregnet**.*
  It's been raining today.

24.5.2 Simple past

The simple past tends to be used a lot more in formal writing (for example, newspapers, books) but you will frequently find it in spoken German in the following circumstances:

- With modal verbs (see Chapter 29) such as *dürfen* (simple past *durfte*), *können* (*konnte*), *müssen* (*musste*), *sollen* (*sollte*), *wollen* (*wollte*):

  *Willi **konnte** sie nicht anrufen.*
  Willi couldn't phone them.

  *Sie **durfte** nicht länger bleiben.*
  She wasn't allowed to stay any longer.

- With *sein* (*war*) and *haben* (*hatte*) and a number of other common forms such as *ging*, *kam*, *sah*, *stand*, *es gab*:

  *In der Stadt **war** überhaupt nichts los.*
  There was absolutely nothing to do in town.

  *Die Kinder **hatten** viel zu tun.*
  The children had a lot to do.

  *In der Schule **gab** es ständig Probleme.*
  There were continual problems at school.

- When the speaker wishes to express continuous action in the past:

  *Während wir **arbeiteten**, **durften** wir weder trinken noch rauchen.*
  While we were working, we weren't allowed either to drink or smoke.

24.6 The pluperfect tense

You form the pluperfect by using the simple past of **haben** or **sein** with the relevant past participle. The rules about both choice of **haben** or **sein** and vowel changes in the verb stem of strong verbs are the same as in the perfect tense. Similarly, you again have to put the past participle at the end of the sentence or clause:

Er **hatte** den Ausweis schon **kontrolliert**.   He had already checked the passport.

Der Zug **war** schon **abgefahren**.   The train had already departed.

As in English, the pluperfect tells you what **had** happened (usually prior to another implied or stated event in the past):

Ich **hatte** ihr schon drei E-Mails **geschickt** und gestern bekam ich endlich eine Antwort.
I had already sent her three e-mails and yesterday I finally got a reply.

Note that in spoken German the pluperfect tense is very often replaced by the perfect tense.

Exercise 3

ÜBUNG MACHT DEN MEISTER!

1 Die Geburtstagsfeier

Die untenstehende Geschichte beschreibt, wie Susanne ihren 21. Geburtstag feiert. Setzen Sie die richtigen Formen von *haben* und *sein* ein.

Section 24.4

Susanne . . (a) . . im Juli geboren und . . (b) . . letzte Woche 21 Jahre alt geworden. Deshalb . . (c) . . ihre Freunde eine Geburtstagsparty geplant. Sie . . (d) . . einen Saal in einem Restaurant gemietet und dort . . (e) . . sie auch ein Festessen für 20 Personen bestellt. Susanne . . (f) . . die Einladungen verschickt und alle Freunde . . (g) . . gekommen.

Sie . . (h) . . teilweise von weither angereist. Martin, ein ehemaliger Schulfreund, . . (i) . . von London hergeflogen, Heidi und Günter, die jetzt in Frankreich leben, . . (j) . . mit dem Zug angereist. Die anderen Gäste . . (k) . . aus der näheren Umgebung gekommen. Alle . . (l) . . nette Geschenke mitgebracht. Eine Freundin . . (m) . . für Susanne ein Fotoalbum zusammengestellt mit vielen alten Bildern aus der Schulzeit. Wir . . (n) . . darüber viel gelacht.

Zuerst . . (o) . . Susanne die Geschenke geöffnet und ihr Freund . . (p) . . die Geburtstagsgrüße vorgelesen. Danach . . (q) . . wir gegessen und getrunken. Später . . (r) . . wir dann in einen anderen Saal gegangen, wo eine Tanzkapelle Musik gemacht . . (s) . . . Wir . . (t) . . fast die ganze Nacht durch getanzt. Alle Gäste . . (u) . . lange geblieben, die meisten . . (v) . . versucht die letzte Straßenbahn zu erreichen. Die anderen . . (w) . . später mit einem Taxi heimgefahren. Es war eine tolle Party!

2 Die missglückte Reise der Familie Sorgsam

Die Familie Sorgsam bereitet eine Reise sorgfältig vor, aber dennoch kann es Probleme geben. Setzen Sie die folgende Geschichte ins Perfekt. (Jeder kurze Abschnitt bezieht sich auf eine bestimmte Gruppe von Verben.)

◀ Sections 24.1, 24.2, 24.3

a i Sie sparen das ganze Jahr über. Sie warten auf die Ferien. Sie planen die Reise. Sie prüfen die Reiseroute.
   ii Sie besuchen das Reisebüro. Sie entdecken interessante Reiseziele. Sie verhandeln miteinander über die Reisepläne. Sie bestellen Reiseschecks bei der Bank.
   iii Sie reparieren das alte Zelt für Notfälle. Sie studieren Hotelprospekte. Sie telefonieren mit einem Hotel. Sie reservieren Zimmer für zwei Wochen.
   iv Sie packen ihre Lieblingssachen ein. Sie kaufen Reiseproviant ein. Sie holen die neuen Reisepässe vom Passamt ab. Sie schalten das Wasser und die Heizung ab. Sie schreiben ihre Ferienadresse auf.
   v Sie finden einen freundlichen Nachbarn, der das Haus versorgt. Sie geben ihm die Hausschlüssel. Sie bringen den Hund ins Tierheim. Sie denken an alles!

Jetzt beginnt die Reise. Vorsicht! Hier gibt es Verben aus allen Gruppen!

b Sie schlafen ganz schlecht ein. Sie wachen frühmorgens um drei Uhr auf. Sie stehen zehn Minuten später auf. Sie reisen noch bei Dunkelheit ab. Sie fahren mit hoher Geschwindigkeit. Sie kommen leider nicht weit. Schon kurz außerhalb der Stadt auf der Autobahn passiert es. Herr Sorgsam schläft am Steuer ein. Das Auto kommt von der Fahrbahn ab. Es landet an einem Baum. Sie alle werden verletzt. Was geschieht nun? Die Polizei kommt. Sie bleiben die Ferien über im Krankenhaus.

3 So war unser Leben früher gewesen

Ein Schüler, der vor einigen Wochen in die Großstadt umgezogen ist, erzählt, wie er früher auf dem Land gelebt hat. Schreiben Sie die Sätze im Plusquamperfekt. Beginnen Sie mit:

Bevor wir in diese Stadt kamen, . . .

◀ Section 24.6

zum Beispiel:
wir – schon zweimal den Wohnort wechseln

> ⟶ *Bevor wir in diese Stadt kamen, hatten wir schon zweimal den Wohnort gewechselt.*

a wir – in einem kleinen Dorf auf dem Land leben
b ich – viele Haustiere haben
c mein Bruder – sogar ein eigenes Pony besitzen
d meine Eltern – durch die ganze Welt reisen
e meine Eltern – ein eigenes Geschäft haben
f wir – nie in einem Hochhaus wohnen
g ich – nie in diese Stadt kommen
h wir – immer zu Fuß zum Einkaufen gehen
i mein Bruder – mit dem Schulbus zur Schule fahren

FREIE FAHRT!

4 Wie war der Tag?

Arbeiten Sie zu zweit! Sie wohen zusammen. Abends befragt Ihr(e) Partner(in) Sie über Ihren Tag.

zum Beispiel:

Was hast du denn heute gemacht?
⟶ Ich bin in die Stadt gegangen.
Hast du schon wieder was gekauft?

Versuchen Sie den Dialog fortzusetzen, indem Sie mindestens zehn Fragen stellen bzw. beantworten.

5 Das stimmt doch nicht!

Zu Hause gibt es Ärger, weil Sie anscheinend etwas nicht gemacht haben.

zum Beispiel:

Du hast den Tisch doch nicht gedeckt!
Doch, ich habe den Tisch gedeckt, nachdem ich den Abwasch gemacht habe.

Machen Sie zu zweit weiter. Sie könnten folgende Ausdrücke benutzen:

das Fenster zumachen	die Wäsche waschen
das Wohnzimmer streichen	den Staubsauger reparieren
den Teppich reinigen	den Teppichboden staubsaugen
die Kleider bügeln	den Rasen mähen
die Dusche in Ordnung bringen	die Hausaufgaben machen
die Haustür abschließen	im Schlafzimmer aufräumen
das Badezimmer reinigen	Brot kaufen
die Küche tapezieren	den Abfalleimer leeren

6 Ein ereignisreiches Wochenende

Schreiben Sie Ihrem (Ihrer) deutschen Brieffreund(in) und erzählen Sie, was für ein hektisches Wochenende Sie gerade verbracht haben. Beginnen Sie mit:

Angefangen hat es schon am Freitagabend. Um sieben Uhr hat meine Schwester angerufen . . .

Erzählen Sie weiter, was geschehen ist (in ca. 150 Wörtern). Benutzen Sie ausschließlich das Perfekt.

7 Mein Leben

Erzählen Sie mündlich die wichtigsten Ereignisse Ihres Lebens. (Wenn Sie Übung 7, Kapitel 23, schon gemacht haben, können Sie nun Ihren schriftlichen Lebenslauf im Perfekt vortragen!) Für jedes Jahr sollten Sie nur das wichtigste Ereignis auswählen.

zum Beispiel:

Ich bin im Jahre 19 . . . . geboren. Als ich ein Jahr alt war, habe/bin ich . . . Als ich zwei war, habe/bin ich . . . Mit drei Jahren habe/bin ich . . .

8 Lauter Ausreden!

Sie arbeiten in der Exportabteilung einer deutschen Firma. In letzter Zeit ist leider viel schief gelaufen und am Ende des Monats will Ihr(e) Chef(in) wissen, warum. Er (sie) stellt Fragen und Sie müssen ihm (ihr) erklären, dass nicht Sie daran schuld waren.

zum Beispiel:
Warum ist Herr Schulz am 2. Juni nicht zum Empfang gekommen?

⟶ *Meine Sekretärin hatte vergessen ihn einzuladen.*
Wieso holte niemand am 4. Juni Frau Diepgen vom Flughafen ab?

⟶ *Sie war nach Frankfurt anstatt nach Stuttgart geflogen.*

Was für Ausreden fallen Ihnen zu den folgenden Fragen ein? Benutzen Sie das Plusquamperfekt:

Warum waren Sie am 7. nicht auf der Konferenz in Zürich?
Warum haben Sie am 10. den Zug nach Hamburg verpasst?
Warum sind Sie am 13. nicht nach London gefahren?
Wieso hat Ihr Kollege, Herr Gratian, im Juni so oft gefehlt?
Warum war der französische Vertrag erst am 20. fertig?
Wieso hatte Frau Malz am Dienstag keine Arbeit?
Warum gab es so viele Fehler im amerikanischen Vertrag?
Warum wurden die Dokumente erst am 30. abgeschickt?

25 Future tenses

SO WIRD'S GEMACHT

25.1 The future tense

25.1.1 Using the present tense to express the future

In German, as in English, you often use the present tense to express future ideas:

*Ich **komme** in den nächsten paar Tagen vorbei.*
I'll call round in the next few days.

*Sie **fährt** nächste Woche nach Paris.*
She's going to Paris next week.

*Wenn ich Zeit habe, **schreibe** ich ihm morgen.*
If I have time I'll write to him tomorrow.

25.1.2 When to use the future tense

You use the future tense:

- in contexts where the present tense does not make the future idea clear
- in referring to actions or events in the distant future
- in formal German style.

25.1.3 *werden* and the infinitive

You form the future tense of all verbs (both weak and strong) by using the present tense of the verb ***werden*** with the infinitive of the relevant verb. This infinitive goes at the end of the clause or sentence:

*Sie **wird** eine neue Arbeit **suchen**.*
She will look for a new job.

*Wir **werden** nächstes Jahr nach Ägypten **fahren**.*
Next year we will go to Egypt.

*Man **wird** Ihnen Bescheid **sagen**, wenn die Dokumente fertig sind.*
You will be informed when the documents are ready.

The present tense of **werden** is as follows:

ich werde	*wir werden*
du wirst	*ihr werdet*
Sie werden	*Sie werden*
er/sie/es wird	*sie werden*

(On its own **werden** means 'to become'.)

25.1.4 *werden* meaning likely or probable

Note that you can sometimes use **werden** with an infinitive to suggest that something is likely or probable. In this usage there is no suggestion of future time and the word **wohl** is often used too:

*Es hat geklingelt. Das **wird** (**wohl**) mein Mann **sein**.*
The bell rang. It's probably my husband/It'll be my husband.

*Sie **wird** schon im Büro **sein**.*
She's most likely already at the office.

➡ **Exercises 1, 2a, 2b**

25.2 The future perfect tense

Known in German as **Futur II**, this is the least common of the German tenses. You form it by using the present tense of **werden** with the past participle of the relevant verb followed by the infinitive **haben** or **sein**. Whether you use **haben** or **sein** depends on which of these is normally used with the particular past participle (see Chapter 24 for rules about this).

The future perfect expresses an action that will be completed at some time in the future. You often use it to predict an action or event:

*In zehn Jahren **wird** jeder seinen eigenen Computer **gekauft haben**.*
In ten years' time everyone will have bought their own computer.

*Bis 2020 **werden** wir hoffentlich neue Energiequellen **gefunden haben**.*
By 2020 we will hopefully have found new sources of energy.

Alternatively, the future perfect can convey what someone supposes to be the case:

*Helmut **wird** nach Hause **gegangen sein**.*
Helmut will have gone home.

➡ **Exercise 2c**

ÜBUNG MACHT DEN MEISTER!

1 Die Welt in der Zukunft

Wir stellen Vermutungen an, wie die Welt sich in der Zukunft entwickeln wird. Setzen Sie die passende Form von *werden* in den folgenden Text ein.

zum Beispiel:
Wie (a) . . . . sich das Leben vom heutigen Leben unterscheiden?

⟶ *Wie wird sich das Leben vom heutigen Leben unterscheiden?*

Wie . . **(a)** . . sich das Leben vom heutigen Leben unterscheiden? Jede Familie
. . **(b)** . . einen Computer besitzen. Wir . . **(c)** . . nicht mehr in den Geschäften,
sondern über Telefon und Computer einkaufen. Wir . . **(d)** . . nicht mehr kochen,
sondern der Mikrowellenherd . . **(e)** . . die Speisen nur noch auftauen bzw.
erhitzen. Viele Arbeitnehmer . . **(f)** . . von zu Hause aus arbeiten. Man
. . **(g)** . . nur noch selten zu einem Arbeitsplatz fahren. Niemand
. . **(h)** . . Rechnungen mit Bargeld bezahlen, wir alle . . **(i)** . . Kreditkarten
benützen. Schüler . . **(j)** . . nicht mehr zur Schule gehen, sondern . . **(k)** . . zu
Hause vor dem Bildschirm sitzen und lernen. Viele Berufe . . **(l)** . . verschwinden.
Die Straßen . . **(m)** . . größer und breiter gebaut werden, der Verkehr
. . **(n)** . . immer mehr wachsen. Es . . **(o)** . . immer mehr Menschen auf der Welt
geben. Wo . . **(p)** . . wir alle wohnen?

2 Die neue Wohngemeinschaft

Vier Münchner Studenten, Günther, Eva, Ulla und Sven, finden eine Altbauwohnung, die ideal für eine Wohngemeinschaft ist. Doch bevor sie einziehen können, werden sie die Wohnung noch renovieren. Sie machen also Pläne und verteilen die Arbeit:

die Zimmer tapezieren (Sven und Eva)
die Wände streichen (Ulla)
das Bad putzen (Eva)
die Toilette reparieren (Sven)
die Dusche einbauen (Herr Arnold, ein Handwerker)
die Teppiche verlegen (Eva und Günther)
Regale einbauen (Sven)
die Küche modernisieren (alle gemeinsam)
die Fenster putzen (Günther)
die Terrasse bepflanzen (Sven)
die Gardinen aufhängen (Sven und Eva)

a Schreiben Sie Sätze auf, wer was machen wird.

zum Beispiel:
Sven und Eva werden die Zimmer tapezieren.

b Es gibt aber Probleme. Niemand will so recht beginnen. Ulla ist entschlossen, dass alles rechtzeitig fertig wird. Sie ermahnt jeden noch einmal, was er bzw. sie zu tun hat. Schreiben Sie die Befehle nochmals in anderer Form.

zum Beispiel:
Sven und Eva, ihr werdet die Zimmer tapezieren.
Ich (Ulla) werde . . .
Eva, du . . .
Herr Arnold, Sie . . .

c Nachdem die Wohnung fertig gestellt ist, kommen Freunde zum Einzugsfest. Sie sind überrascht, wie gut alles jetzt aussieht. Sie raten, wer welche Arbeit gemacht haben wird.

 **Section 25.2**

zum Beispiel:
Sven und Eva werden wohl die Zimmer tapeziert haben.

Schreiben Sie weitere Sätze und benutzen Sie das Futur II.

FREIE FAHRT!

3 Die Wahrsagerei

Arbeiten Sie zu dritt oder zu viert! Jede(r) muss versuchen, die Zukunft der anderen in der Gruppe vorauszusagen. Seien Sie so phantasievoll wie nur möglich!

zum Beispiel:
Peter wird eine berühmte Schauspielerin heiraten. Anna wird in drei Jahren Astronautin sein.

Wer kann die lustigsten Voraussagen machen?

4 Die Zukunft steht schon fest

Stellen sie sich vor, Sie wissen ganz genau, wie Ihre Zukunft aussieht.
Schreiben Sie einen kurzen Bericht über Ihre Pläne für die nächsten zehn Jahre.
Für jedes Jahr sollten Sie mindestens einen Plan erwähnen.

zum Beispiel:
Nächstes Jahr werde ich nach Australien auswandern. Im Jahre . . . . werde ich dann . . .

5 In drei Jahren

Sie sind am Anfang Ihres Studiums an der Universität und möchten einen Sponsor finden, da Sie Geldprobleme haben. Sie bewerben sich bei einer deutschen Firma und werden zum Vorstellungsgespräch eingeladen, wo man sich dafür interessiert, was Sie im Laufe des Studiums machen werden. Erzählen Sie (im Futur II), was Sie bis Ende des Studiums gemacht haben werden.

zum Beispiel:

Bis Ende des Studiums werde ich drei Jahre lang an einer der besten britischen Universitäten studiert haben.

Versuchen Sie die Firma zu beeindrucken, indem Sie folgende Fakten über Ihren Kurs erwähnen:

viel lesen	eine lange Dissertation schreiben
ein Projekt machen	ein bisschen Mathematik studieren
Diplomingenieur werden	verschiedene Computersysteme benutzen
zwei Fremdsprachen lernen	sechs Monate in Frankreich studieren
dort ein bisschen Englisch unterrichten	während der Ferien in der Industrie arbeiten
im Schwimmverein aktiv sein	nach China fahren

6 Eine Drohung, die wirkt

Ein Mädchen droht ihrem Freund, dass sie aus der gemeinsamen Wohnung ausziehen wird, wenn er nicht bald sein Leben in Ordnung bringt. Daraufhin zieht sie zu ihren Eltern, und er schreibt ihr und verspricht, was er bis zu ihrer Rückkehr alles gemacht haben wird.

zum Beispiel:

Ich werde das Rauchen aufgegeben haben. Ich werde beim Friseur gewesen sein.

Übernehmen Sie die Rolle des jungen Mannes und schreiben Sie ca. 120 Wörter.

26 Imperatives

 ## SO WIRD'S GEMACHT

The imperative forms of the verb are used to give orders or instructions to someone. (For a more polite way of asking someone to do something, see Chapter 35 and the use of Subjunctive II.) There are three main imperative forms, all based on the present tense, which correspond to the three main ways of addressing someone, that is, *du*, *Sie* and *ihr*. The following rules apply to both weak and strong verbs. Note that in German you usually put an exclamation mark after imperatives.

26.1 *du* form

Take the *-(e)st* ending off the *du* form of the present tense. If there is an umlaut, remove it. Add an exclamation mark.

sprechen	*du sprichst*	⟶	**Sprich** *leise!*	Talk quietly.
kommen	*du kommst*	⟶	**Komm** *her!*	Come here.
schlafen	*du schläfst*	⟶	**Schlaf** *gut!*	Sleep well.

After forms ending in *-b*, *-d*, *-g*, *-h*, or *-t*, the letter *e* is sometimes added:

finden	*du findest*	⟶	**Find(e)** *es sofort!*	Find it at once.
leben	*du lebst*	⟶	**Leb(e)** *wohl!*	Farewell.
ruhen	*du ruhst*	⟶	**Ruhe** *sanft!*	Rest in Peace.

➧ **Exercise 1**

26.2 *Sie* form

Simply use the *Sie* form of the verb in the present tense but place the *Sie* after the verb. Add an exclamation mark.

Sie kommen	⟶	*Kommen Sie bitte herein!*	Please come in.
Sie gehen	⟶	*Gehen Sie weg!*	Go away.
Sie stehen	⟶	*Stehen Sie doch auf!*	Stand up.

Note that any separable prefixes (see Chapter 28) go to the end of the clause, as usual. This applies to all three forms of the imperative.

➧ **Exercises 3, 4**

26.3 *ihr* form

Simply use the present tense *ihr* form without *ihr*. Add an exclamation mark.

ihr singt	⟶	*Singt doch mit!*	Join in (singing).
ihr gebt	⟶	*Gebt uns doch Zeit!*	Give us some time.
ihr wartet	⟶	*Wartet nicht auf uns!*	Don't wait for us.

➡ **Exercise 2**

26.4 **Imperative forms of *sein***

Note the following irregular forms:

du form:	*Sei ruhig!*	Be quiet.
Sie form:	*Seien Sie geduldig!*	Be patient.
ihr form:	*Seid nicht so geizig!*	Don't be so mean.

26.5 **Infinitives**

Infinitives are also commonly used in commands, especially in recipes and instructions:

*Nicht **rauchen!***	No smoking.
*Alle **aussteigen!***	Everyone out.
*Eine Minute lang gut **rühren**.*	Stir well for one minute.

➡ **Exercises 5, 6**

26.6 **'Let's . . .'**

English 'let's go' is a type of imperative. The equivalent German expression consists of the *wir* form of the present tense with the *wir* placed after the verb:

tanzen	⟶	*Tanzen wir!*	Let's dance.
trinken	⟶	*Trinken wir noch eins!*	Let's have another (drink).

 ÜBUNG MACHT DEN MEISTER!

1 Im Kinderzimmer

Folgende Befehle hört man oft im Kinderzimmer. Setzen Sie die Verben in die *du*-Form.

◀ **Section 26.1**

zum Beispiel:
(Spielen) doch etwas leiser!
⟶ *Spiel doch etwas leiser!*

a (Schreien) nicht so laut!
b (Geben) mir das Spielzeug!
c (Sein) nicht so frech!
d (Kommen) nicht in meine Nähe!
e (Sitzen) nicht so viel vor dem Bildschirm!
f (Singen) doch nicht immer dieses alte Lied!
g (Stellen) den Radioapparat etwas leiser ein!
h (Aufräumen) endlich das Zimmer!
i (Aufstehen). Es ist schon acht Uhr!
j (Anziehen) deine Schuluniform!

2 Neue Schule – neue Regeln

Am ersten Schultag in der neuen Schule werden den Schülern die Regeln mitgeteilt. Man spricht sie in der *ihr*-Form an. Schreiben Sie die Befehle.

◀ **Section 26.3**

zum Beispiel:
(Laufen) nicht im Schulgebäude!

⟶ *Lauft nicht im Schulgebäude!*

a (Rauchen) nicht auf dem Schulgelände!
b (Hinterlassen) die Klassenräume in ordentlichem Zustand!
c (Werfen) keine Flaschen und Dosen auf den Schulhof!
d (Betreten) die Turnhalle nur mit Trainingsschuhen!
e (Tragen) keinen Schmuck während der Schulzeit!
f (Kauen) keinen Kaugummi im Unterricht!
g (Schreiben) alle Arbeiten nur in Tinte!
h (Abgeben) die Hausarbeiten rechtzeitig!
i (Essen) nicht in den Klassenzimmern!
j (Sein) höflich und hilfsbereit zueinander!

3 Auf dem Campingplatz

Ein Angestellter des Campingplatzes stellt für die Gäste ein Plakat mit den Regeln zusammen. Was passt zusammen?

◀ **Section 26.2**

1 Parken Sie den Wohnwagen   a beim Kiosk ab!
2 Kochen Sie   b nur in den Waschräumen!
3 Verbrauchen Sie nicht   c nach Einbruch der Dunkelheit!
4 Waschen Sie Ihre Wäsche   d auf dem Sportplatz!
5 Seien Sie leise   e bitte im Voraus!
6 Spielen Sie nur Ballspiele   f nicht unbeaufsichtigt im Zelt!
7 Lassen Sie Ihre Wertsachen   g zu viel heißes Wasser!
8 Seien Sie vorsichtig: h nur auf den Stellplätzen!
9 Bezahlen Sie Ihre Gebühren   i geben Sie Dieben keine Chance!
10 Geben Sie Ihre An-/Abmeldung j auf der Feuerstelle!

4 Hausordnung

In Deutschland leben viele Familien in Mietwohnungen. Jedes Haus hat eine Hausordnung, die regelt, was man als Hausbewohner tun muss bzw. nicht tun darf. Schreiben Sie die Sätze in die *Sie*-Form um.

◀ **Section 26.2**

zum Beispiel:
Nachtruhe einhalten (22–7 Uhr)!

⟶ *Halten Sie die Nachtruhe von 22–7 Uhr ein!*

a   Mittagsruhe einhalten (13–15 Uhr)!
b   Sonntags kein Auto waschen!
c   Fahrräder nicht im Treppenhaus abstellen!
d   Einmal pro Monat den Gehweg reinigen!
e   Jede Woche das Treppenhaus putzen!
f   Keine laute Musik im Garten hören!
g   Keine Grillpartys auf dem Balkon veranstalten!
h   Haustüre um 22 Uhr abschließen!

5 Kaffeekochen leicht gemacht!

Viele Deutsche lieben eine gute Tasse Filterkaffee. Hier ist ein sicheres Rezept in einfachen Schritten. Bitte setzen Sie die Infinitive ein.

◀ **Section 26.5**

a   Kaffeekanne . . . . .!
b   Filter auf Kaffeekanne . . . . .!
c   Filterpapier . . . . .!
d   Einen Kaffeelöffel filterfeinen Bohnenkaffee pro Tasse . . . . .!
e   In der Zwischenzeit Wasser . . . . .!
f   Ein wenig kochendes Wasser kurz . . . . .!
g $\frac{1}{2}$ Minute . . . . . lassen!
h   Anschließend die gewünschte Menge Wasser . . . . .!
i   Kaffee . . . . .!

einlegen	stellen	quellen	übergießen	servieren	kochen
	hineingeben	vorwärmen		nachgießen	

6 Befehle und Warnungen

Folgende Infinitivsätze kann man oft im Alltag hören oder lesen. Was passt zusammen?

1	Ausfahrt	a	nicht baden!
2	Rasen	b	freihalten!
3	Vorfahrt	c	Nicht anfassen!
4	Im Fluss	d	nicht betreten!
5	Während der Fahrt	e	bevor der Zug hält!
6	Türen nicht öffnen,	f	beachten!
7	Gefährlicher Zaun:	g	nicht hinauslehnen!

 **FREIE FAHRT!**

7 Der Besserwisser

Arbeiten Sie zu zweit! Sie raten einem Freund, was er machen soll, aber Ihr(e) Partner(in) weiß alles besser und macht jedes Mal einen Gegenvorschlag.

zum Beispiel:

Kauf einen VW!

     → *Was sagst du! Kauf doch lieber einen Ford!*

Iss weniger Fleisch!

     → *Ach Quatsch! Iss doch lieber weniger Butter!*

Tauschen Sie die Rollen nach jedem zweiten Beispiel. Machen Sie jeweils zehn Vorschläge.

8 Wie kommt man dorthin?

Ein deutscher Freund kommt zu Besuch. Er war noch nie in England und wird mit der Fähre in Dover ankommen. Schicken Sie ihm eine E-Mail, in der Sie ihm erklären, wie er mit dem Zug in Ihre Stadt/Ihr Dorf kommt. Geben Sie ihm auch genaue Anweisungen vom Bahnhof zu Ihrem Haus.

zum Beispiel:

Fahr mit dem Zug nach London. Geh(e) in die U-Bahnstation. Kauf eine Fahrkarte nach . . .

Komm aus dem Bahnhof heraus. Geh(e) geradeaus und biege nach links ab . . .

Sie könnten folgende Ausdrücke benutzen:

in . . . aussteigen	in . . . umsteigen
rechts einbiegen	die Straße überqueren
eine Bushaltestelle finden	Fahrkarte beim Fahrer lösen
fünf Minuten weiterfahren	um Hilfe bitten
über die Brücke gehen	nach dem Weg fragen
mich anrufen	zehn Minuten warten

9 Was haben Sie da gesagt?

Sie haben einen Ferienjob in einer deutschen Firma, wo Sie Frau Helm, der Sekretärin des Personalleiters, helfen. Frau Helm bittet Sie, verschiedene Aufgaben zu machen, aber sie spricht sehr schnell und am Anfang fällt es Ihnen schwer, alles zu verstehen. Sie bitten öfters um Wiederholung und jedes Mal wiederholt Frau Helm ihre Bitte etwas eindringlicher.

zum Beispiel:

Könnten Sie bitte diesen Brief tippen?

     → *Wie bitte?*

Tippen Sie bitte diesen Brief!

Arbeiten Sie zu zweit! Tauschen Sie die Rollen nach jedem kurzen Dialog.
Weitere Aufgaben, die Sie zu erledigen haben, sind:

Telefon beantworten	Umschläge sortieren	Briefmarken kaufen
Kaffee machen	Formulare zählen	Papier holen
eine Notiz schreiben	Computer ausschalten	das Büro aufräumen

10 Mal Lehrer werden!

Stellen Sie sich vor, Sie sind Lehrer(in) der Klasse 5. Was sagen Sie den Kindern im Laufe eines typischen Tages?

zum Beispiel:

Setzt euch!

Hebt die Hände!

Nehmt eure Bücher!

Finden Sie noch zehn solche Befehle. Lesen Sie dann Ihre Beispiele der Gruppe vor. Hat jemand alle zehn ohne Fehler formuliert?

11 Mein Lieblingsrezept

Was essen Sie zu Hause am liebsten? Was würden Sie einem Gast zum Abendessen servieren? Beschreiben Sie in ca. 130–150 Wörtern, wie man Ihr Lieblingsessen zubereitet. Mit Hilfe eines Wörterbuches nennen Sie die nötigen Zutaten und geben Sie die verschiedenen Kochanweisungen. Benutzen Sie dabei entweder den Infinitiv oder den Imperativ mit *Sie*.

zum Beispiel:

Nehmen Sie 300 Gramm Butter. Ein paar Minuten in der Pfanne braten lassen.

Sie könnten folgende Ausdrücke benutzen:

vorbereiten

zubereiten

Teelöffel/Esslöffel

Ofen anheizen

gut rühren

verrühren

dazugeben

eingießen

zergehen lassen

auflösen

Wasser kochen

nicht verkochen lassen

Bratpfanne/Topf/Schale/Teller nehmen

27 Infinitives

 SO WIRD'S GEMACHT

The infinitive is the 'to . . .' form of the verb that you will find in a dictionary (for example *gehen* 'to go'). You use infinitives in German either with or without a preceding **zu**.

27.1 Infinitives without *zu*

You find infinitives without **zu** at the end of clauses in the following circumstances:

- After modal verbs (see Chapter 29):

*Ich kann heute Abend nicht **arbeiten**.*	I cannot work this evening.
*Sie soll in zehn Minuten **da sein**.*	She is supposed to be here in ten minutes.
*Wir mussten zwei Stunden **warten**.*	We had to wait for two hours.
*Er ließ das Haus **renovieren**.*	He had the house renovated.

➡ **Exercise 1**

- After verbs denoting perception of some kind, for example, **fühlen**, **hören**, **sehen**:

*Hörst du sie im Garten **singen**?*	Can you hear her singing in the garden?
*Sie sahen mich im Fluss **schwimmen**.*	They saw me swimming in the river.

✐ Note that in long sentences and in speech Germans often prefer a **wie**-clause to this infinitive construction:

*Sie sahen, **wie** ich und meine beiden Freunde im Fluss **schwammen**.*
They saw me and my two friends swimming in the river.

- After the verbs **fahren**, **gehen** and **kommen**:

*Wir gehen gleich Wein **holen**.*	We're just going to get some wine.
*Wann fahren wir Katja **abholen**?*	When are we going to go to pick up Katja?
*Wir kommen euch **besuchen**.*	We're coming to visit you.

- After the verbs **helfen**, **lehren** and **lernen** you can use the infinitive with or without **zu**, but in longer clauses you should use the form with **zu**:

*Sie hilft mir **aufräumen**.*	She helps me to tidy up.
*Ich lerne **schwimmen**.*	I'm learning to swim.
*Sie lehrten uns besser Ski **zu fahren**.*	They taught us to ski better.

- To express instructions and directions see Chapter 26.

27.2 Infinitives with *zu*

27.2.1 Placing *zu* before the infinitive

If you use *zu*, you put it immediately before the infinitive at the end of the clause. This applies in the following circumstances:

- After expressions with *sein* + the adjectives *einfach*, *gesund*, *interessant*, *langweilig*, *leicht*, *möglich*, *schwer*, *teuer*, *schwierig* and *ungesund*:

  *Es war interessant die alte Schule **zu besuchen**.*
  It was interesting visiting the old school.

  *Es ist schwierig alles auf einmal **zu lernen**.*
  It's difficult learning everything at once.

Exercise 3

- After several verbs, the most common of which are:

anbieten	to offer
anfangen	to begin
aufhören	to stop
beabsichtigen	to intend
bekommen	to get
beginnen	to begin
bitten	to ask (a favour)
bleiben	to stay/remain
brauchen	to need
einladen	to invite
empfehlen	to recommend
erlauben	to allow
erwarten	to expect
fürchten	to fear
glauben	to believe
hoffen	to hope
planen	to plan
raten	to advise
scheinen	to seem
verbieten	to forbid
vergessen	to forget
versprechen	to promise
vorhaben	to intend
vorschlagen	to suggest
versuchen	to try
wagen	to dare
wissen	to know
wünschen	to wish

*Sie schien ihn nicht **zu erkennen**.*
She didn't seem to recognise him.

*Ich rate Ihnen sich nach den Preisen **zu erkundigen**.*
I advise you to ask about prices.

*Er begann sein Geld **zu sparen**.*
He began to save his money.

*Wir hoffen den Bericht nächste Woche **zu haben**.*
We hope to have the report next week.

*Er hat wieder angefangen diese furchtbaren Zigarren **zu rauchen**.*
He has started smoking those awful cigars again.

With shorter infinitive clauses the infinitive and **zu** can be taken up in the main clause:

*Er fing wieder **zu rauchen** an.*
He started smoking again.

➤ **Exercises 2, 4**

- With the expression ***gerade dabei sein etwas zu tun***, meaning 'to be in the process of doing something':

*Ich war gerade dabei nach Hause **zu gehen**, als er kam.*
I was just going home when he came.

27.2.2 Placing *zu* between prefix and verb

Note that with separable verbs (Chapter 28) you insert the **zu** between prefix and verb:

*Ich bitte dich morgen früh **vorbeizukommen**.*
I would ask you to stop by tomorrow morning.

*Er empfiehlt uns an der nächsten Haltestelle **auszusteigen**.*
He recommends we get off at the next stop.

*Sie vergessen immer die Tür **zuzumachen**.*
You always forget to close the door.

27.2.3 Placing *zu* after certain prepositions

Insert **zu** after the prepositions **um**, **ohne**, **statt/anstatt** and **außer**:

- ***um . . . zu*** This can denote 'in order to' or it can follow **zu** or ***genug*** + adjective:

*Er braucht den Eimer **um** Wasser **zu** holen.*
He needs the bucket to fetch water.

*Er war **zu** alt **um** Sport **zu** treiben.*
He was too old to play sport.

*Wir hatten noch **genug** Geld **um** zwei CDs **zu** kaufen.*
We still had enough money to buy two CDs.

Exercise 6

- *ohne . . . zu* without:

  *Sie verkauften das Auto **ohne** uns etwas **zu** sagen.*
  They sold the car without telling us.

Exercise 6

- *(an)statt . . . zu* instead of:

  *In der Schule träumst du ja **anstatt/statt aufzupassen**.*
  You spend your time at school dreaming instead of paying attention.

Exercise 5

- *außer . . . zu* apart from:

  *Was können sie denn machen **außer zu** streiken?*
  What else can they do apart from go on strike?

27.3 Infinitives as nouns

You can use most infinitives as a neuter noun simply by writing them with a capital letter. Such nouns correspond to English nouns ending in '-ing':

Das Singen *geht mir auf die Nerven.*
The singing is getting on my nerves.

*Endlich war **das lange Warten** vorbei.*
The long wait(ing) was finally over.

Note the use of the prepositions **bei** (**beim**) and **zu** (**zum**) with this type of noun:

Beim Laufen *hat er sich den Fuß verletzt.*
He hurt his foot while out running.

Zum Feiern *hatten wir bis jetzt keine Zeit.*
We haven't had any time to celebrate yet.

ÜBUNG MACHT DEN MEISTER!

1 Im Asylantenheim

Yerima, ein Asylant, erzählt über die Sprach- und Integrationsprobleme seiner Mitbewohner im Asylantenheim. Schreiben Sie zwei Sätze über jede Person. (Sie können manche Ausdrücke mehrmals verwenden.)

◀ Section 27.1

a	Ich (Yerima)	darf	nicht	Deutsch verstehen.
b	Mustafa und Hassan	dürfen	kein	Deutsch sprechen.
c	Ali	kann	keine	nur Russisch sprechen.
d	Das junge Ehepaar aus	können		sich/uns nur in Urdu
	Bangladesch	will		unterhalten.
e	Tanja	wollen		nur Russisch verstehen.
f	Wladimir und Boris	soll		Geld verdienen.
g	Der alte Mann aus der	sollen		in Deutschland bleiben.
	Ukraine	muss		Arbeit suchen.
h	Wir alle (die Asylanten)	müssen		in unsere Heimat zurückkehren.
		möchte		sich/uns anpassen.
		mögen		deutsche Leute treffen.
				sich/uns weiterbilden.
				in ein anderes Heim umziehen.
				Arbeitsstelle annehmen.
				Arbeit finden.

2 Zukunftspläne der Asylanten

a Die Asylanten haben alle Zukunftspläne. Vervollständigen Sie die folgenden Sätze.

◀ **Section 27.2**

zum Beispiel:

Yerima: Ich möchte in Deutschland bleiben.

Er hat vor in Deutschland zu bleiben.

i Mustafa und Hassan:
Wir wollen nach Bayern umziehen.
Sie beabsichtigen . . .
ii Tanja:
Ich will eine Ausbildung als Erzieherin machen.
Sie plant . . .
iii Ali:
Ich möchte ein helles Zimmer in der Stadtmitte finden.
Er hofft . . .
iv Das Ehepaar aus Bangladesch:
Wir möchten Arbeit in einem Hotel bekommen.
Sie versuchen . . .
v Der alte Mann aus der Ukraine:
Ich möchte hier bei meinen Verwandten bleiben.
Er wünscht sich . . .

b Schreiben Sie weitere Sätze, was sie planen/hoffen/vorhaben/beabsichtigen/sich wünschen.
(Diese Verben verlangen *zu*.) Vorsicht, drei der Sätze sind als Fragen zu formulieren!

i er – schnell Deutsch lernen
ii sie – eine nette Wohnung finden
iii wir – später in die USA auswandern
iv du – eine Stelle bekommen?
v ich – einen Sprachkurs machen
vi Sie – einen Weiterbildungskurs besuchen?
vii sie – aufs Land umziehen
viii ihr – eine Ausbildung als Mechaniker machen?

3 So finden sie das neue Leben

In manchen Bereichen ist es leicht, in anderen schwer, sich in der neuen Heimat einzuleben.
Schreiben Sie die folgenden Aussagen der Asylanten um.

◀ **Section 27.2**

zum Beispiel:
es ist leicht   sich an das Klima gewöhnen
*Es ist leicht sich an das Klima **zu** gewöhnen.*
OR: *Sich an das Klima **zu** gewöhnen ist leicht.*

a	es ist schwierig	alles auf einmal lernen
b	es ist interessant	eine neue Kultur kennen lernen
c	es ist teuer	in Deutschland einkaufen
d	es ist langweilig	immer nur im Heim sitzen
e	es macht Spaß	neue Freunde kennen lernen
f	es ist schwer	keine Familie haben
g	es ist einfach	neue Speisen ausprobieren
h	es ist möglich	eine Aushilfsstelle finden
i	es ist unmöglich	einen deutschen Pass bekommen

4 Gute Ratschläge für eine unzufriedene Freundin

Eine junge Frau ist sehr selbstkritisch und unzufrieden. Ein guter Freund gibt ihr Ratschläge.
Beginnen Sie die Sätze mit: *ich schlage vor/ich empfehle/ich rate.*

◀ **Section 27.2**

zum Beispiel:
Ich bin zu dick! – weniger essen
⟶ *Ich schlage vor weniger zu essen.*

Die Freundin klagt: Der Freund empfiehlt, was zu tun ist:

a	Ich bin nicht fit!	täglich eine halbe Stunde trainieren
b	Ich bin immer so müde!	früher ins Bett gehen
c	Ich habe oft Kopfschmerzen!	an der frischen Luft spazieren gehen
d	Ich bin oft erkältet!	wärmere Kleidung tragen
e	Ich habe schlechte Haut!	zum Hautarzt gehen
f	Meine Frisur gefällt mir nicht!	den Friseur besuchen

5 Leider fehlt es ihr an Disziplin!

Die Freundin folgt dem Rat des Freundes nicht. Sie macht eher das Gegenteil.

◀ **Section 27.2**

zum Beispiel:
weniger essen – sie trinkt viel Alkohol
⟶ *Statt weniger **zu** essen, trinkt sie viel Alkohol.*

a	trainieren – sie sitzt vor dem Fernsehapparat
b	früh ins Bett gehen – sie geht oft aus
c	spazieren gehen – sie fährt mit dem Auto

d warme Kleidung tragen – sie kleidet sich unvernünftig
e zum Hautarzt gehen – sie geht zu einem Psychiater

6 Die Wende

Der Psychiater berät sie und hilft ihr. Sie findet plötzlich Kraft und Entschlossenheit. Jetzt folgt sie seinem Rat. Bilden Sie Sätze mit *um . . . zu*.

◀ **Section 27.2**

zum Beispiel:
Sie trainiert – fit werden
⟶ *Sie trainiert um fit zu werden.*

a Sie macht eine Diät – schlank werden
b Sie raucht nicht mehr – gesund bleiben
c Sie schläft viel – sich entspannen
d Sie geht viel zu Fuß – fit werden
e Sie pflegt sich – hübsch bleiben

Und jetzt bilden Sie Sätze mit *ohne . . . zu*:

f Sie verkauft ihr Auto – sie sagt es ihrem Freund nicht
g Sie kleidet sich vernünftig – sie fühlt sich nicht schlecht
h Sie verbringt mehr Zeit zu Hause – sie langweilt sich nicht
i Sie achtet auf ihr Gewicht – sie hungert nicht
j Sie verbessert ihr Selbstwertgefühl – sie merkt es nicht

 **FREIE FAHRT!**

7 Erfahrungen im Ausland

Sie haben gerade ein Jahr in Afrika verbracht und schreiben nun Ihrem (Ihrer) deutschen Freund(in), wie das Leben dort war. Benutzen Sie dabei möglichst viele (mindestens zehn) Adjektiv + Infinitiv-Ausdrücke.

zum Beispiel:
Es war interessant einen anderen Kontinent zu besuchen.
Es war aber zuerst ganz schwierig alles zu verstehen.

Ihr Brief soll ca. 120 Wörter enthalten.

8 Wie wird man denn Gehirnchirurg?

Arbeiten Sie zu zweit! Eine(r) fragt, wie man einen bestimmten Beruf erlernt und der (die) andere erklärt, was man machen muss. Benutzen Sie *um . . . zu*.

zum Beispiel:
Wie wird man Lehrer?
⟶ *Um Lehrer zu werden muss man mindestens vier Jahre studieren.*

Machen Sie zehn weitere Dialoge und tauschen Sie nach jedem Dialog die Rollen.

9 Ein Vater beklagt sich

Die Kinder gehen Herrn Uterwedder auf die Nerven! Sie machen nie, was er will, und immer wieder macht er Vorschläge, wie sie ihre Zeit besser nützen könnten.

zum Beispiel:
Ihr sollt doch Hausaufgaben machen statt Fußball zu spielen.
Ihr könntet doch abwaschen statt fernzusehen.

Lassen Sie sich ähnliche Vorschläge einfallen. Sie könnten folgende Ausdrücke benutzen:

das Zimmer aufräumen	vor dem PC sitzen
das Auto waschen	auf Partys gehen
ein Buch lesen	ins Kino gehen
einkaufen gehen	zum Rockkonzert gehen
ins Theater gehen	schwimmen gehen
für die Prüfungen lernen	Videofilme anschauen

10 Eine Mutter beklagt sich

Auch Frau Uterwedder ist sehr unzufrieden – sowohl mit den Kindern als auch mit ihrer Arbeit.

zum Beispiel:
Das Singen geht mir auf die Nerven/kann ich nicht mehr ausstehen.
Das Reisen habe ich nun satt/reicht mir endlich.

Welche anderen Infinitive könnte sie vielleicht als Nomen benutzen um ihre Unzufriedenheit auszudrücken?

11 Der Ferienjob

Sie haben einen Ferienjob in einer Exportfirma in Wien. In den ersten paar Tagen war alles fremd, aber der Chef und alle Kollegen waren sehr freundlich und sie haben Ihnen viel geholfen. Sie schicken einen Brief nach Hause, in dem Sie beschreiben, wie man Sie unterstützt hat.

zum Beispiel:
Der Chef hat mir geraten erst langsam anzufangen.
Die Kollegen haben mich eingeladen mit ihnen essen zu gehen.

Schreiben Sie ca. 100 Wörter und benutzen Sie folgende Verben mit Infinitivsätzen:

anbieten	bitten	einladen	empfehlen
erlauben	raten	versprechen	vorschlagen

28 Separable and inseparable verbs

 SO WIRD'S GEMACHT

28.1 Separable prefixes

A separable verb has a prefix, often a preposition, which in the imperative and in the present and simple past tenses you separate from the main part of the verb and place at the end of the clause. For example, **_aufgeben_** 'to give up' or **_mitkommen_** 'to come (along) with':

Stehen _Sie_ **_auf!_**
Stand up.

Sie **_gab_** _das Rauchen_ **_auf_**.
She gave up smoking.

Kommst _du morgen_ **_mit?_**
Are you coming with us tomorrow?

• The most common separable prefixes are:

ab-, an-, auf-, aus-, ein-, fern-, fort-, her-, hin-, mit-, nach-, vor-, vorbei-, weg-, weiter-, zu-, zurück-, zusammen-.

• You place the past participle in its usual position at the end of the clause but separate the two parts of the verb by **-ge-**:

Wann hat er **angerufen?**
When did he ring?

Man hat seinen Vorschlag **abgelehnt**.
His proposal was rejected.

• If the separable verb is used in the infinitive form, with or without **zu**, you write prefix and verb as one word:

Nach der Party müssen wir ihm die Teller **zurückbringen**.
We must take the plates back to him after the party.

Wir werden erst im Dezember **hinfahren**.
We'll not go (there) until December.

Er hatte vor nach Israel **auszuwandern**.
He intended emigrating to Israel.

- In a subordinate clause (see Chapter 18) you also write prefix and verb as one word:

*Wenn wir dort **ankommen**, schicken wir dir ein Fax.*
We'll fax you when we get there.

*Als sie mich **abholte**, war es schon sechs Uhr.*
It was already six o'clock when she picked me up.

- In deciding whether a separable verb is weak or strong, you need to look at the basic verb and check this in a dictionary or verb table. The separable verb will conjugate in the same way as the basic verb:

stehen	to stand	*stand*	*gestanden*
aufstehen	to stand up	*stand auf*	*aufgestanden*
machen	to make/to do	*machte*	*gemacht*
zumachen	to close	*machte zu*	*zugemacht*

- Separable prefixes are always stressed: **_an_kommen**, **_ein_reisen**.

➡ **Exercises 1, 5**

28.2 Inseparable prefixes

- Some verbal prefixes never separate from the verb in any circumstances. These inseparable prefixes are:

be-, emp-, ent-, er-, ge-, miss-, ver-, zer-:

Erzähl *doch mal!*
Do tell.

*Sie **bekommen** das Geld morgen.*
You'll get the money tomorrow.

Verstehen *Sie, was ich meine?*
Do you understand what I mean?

- You do not use **ge-** with the past participle of an inseparable verb:

*Birgit hat die Prüfung **bestanden**.*
Birgit passed the exam.

*Wir haben die Grenze **erreicht**.*
We have reached the border.

- In infinitive constructions with **zu** you place the **zu** immediately before the verb:

*Er ging ohne sich **zu verabschieden**.*
He left without saying goodbye.

- Inseparable prefixes are not stressed: **zerschlagen** ('to smash'), **empfangen** ('to receive'). (Note, however, the exception **missverstehen** 'to misunderstand'.)

➡ **Exercises 2, 3, 5**

28.3 Variable prefixes

- A small number of prefixes can be separable or inseparable. The most common of these are:

durch-, über-, um-, unter-, wider-, wieder-:

Er hat die Übung **wiederholt**.
He repeated the exercise.

BUT: **Kommen** *Sie mal* **wieder!**
  Do come and see us again.

The only way you can know whether a verb with one of these prefixes is separable or not is to learn it when you first meet it. Here are some common examples of the two types of verb:

Separable	
durchgehen	to walk through
übereinstimmen	to agree
umsteigen	to change (buses, etc.)
unterbringen	to accommodate
widerspiegeln	to reflect
wiederkommen	to return

Inseparable	
durchdenken	to think through
überreden	to persuade
überraschen	to surprise
umgeben	to surround
unterbrechen	to interrupt
sich unterhalten	to talk
untersuchen	to investigate
vollenden	to complete
widersprechen	to contradict
wiederholen	to repeat

- Sometimes the same variable prefix can form both a separable and an inseparable verb with different meanings. In such cases the separable verb has the literal meaning of the preposition, while the inseparable verb has a more figurative meaning. For example, **übersetzen** ('to ferry across') is separable **but übersetzen** ('to translate') is inseparable:

Sie **setzten** *ihn langsam im Fischerboot* **über**.
They carried him across slowly in the fishing boat.

*Sie hat das Buch ins Italienische **übersetzt**.*
She translated the book into Italian.

 Exercises 3, 4

![car icon] ÜBUNG MACHT DEN MEISTER!

---

1 Der Unterschied liegt in der Betonung! – Hier betont man die Vorsilbe

Unten sind Beispiele von trennbaren Verben mit den Vorsilben *an-* bzw. *mit-*. Bilden Sie die neuen Verben, prüfen Sie die Bedeutung und schreiben Sie die Formen auf.

◀ **Section 28.1**

zum Beispiel:
anstreichen – man streicht an – man hat angestrichen

Einige der Verben werden im Perfekt mit *sein* konjugiert. Aufpassen!

zum Beispiel:
*mitlaufen – man läuft mit – man **ist** mitgelaufen*

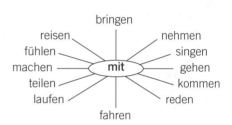

c   Bilden Sie noch andere Beispiele mit *ein-*, *weg-* und *zu-*.

2 Und hier wird das Verb betont

Es folgen Beispiele von nicht trennbaren Verben. Suchen Sie die Bedeutung und konjugieren Sie wie oben.

zum Beispiel:
beweisen – man beweist – man hat bewiesen

3 Die Wortfamilien

Welche Verben kommen von diesen Nomen?

Sections 28.2, 28.3

a

Nomen	Verb	Partizip
Übersetzung	übersetzen	übersetzt
Überblick		
Überweisung		
Übergabe		
Überfall		
Unterbrechung		
Unterstellung		
Unterdrückung		

b

Nomen	Verb	Partizip
Untergang	untergehen	untergegangen
Umtausch		
Umkehr		
Durchfall		
Durchführung		
Unterbringung		
Umzug		

4 Trennen oder nicht trennen? Ich drehe durch!

Hier sind einige Verben, die teilweise trennbar, teilweise nicht trennbar sind. Setzen Sie das richtige Verb in der richtigen Zeit (Präsens, Präteritum, Perfekt) ein.

Section 28.3

a Wenn er nicht mehr lernt, ... in der Prüfung. (durchfallen)

b Die Polizei . . . . das ganze Haus, konnte aber nichts finden. (durchsuchen)

c Ich . . . . meine Situation nochmals, bevor ich eine Entscheidung treffe. (durchdenken)

d Der Dieb hat alle meine Sachen . . . ., bevor er auf einem Moped entkam. (durchsuchen)

e Der Abteilungsleiter . . . . den Bericht bis zur Konferenz. (durchlesen)

f Mein Freund hat seinen Plan, die Wüste Sahara zu erkunden, ... (durchführen) Er hat sie in einem englischen Landrover . . . . . (durchqueren) Obwohl es in einigen Randstaaten Grenzstreitigkeiten gab, ist er gut . . . . . (durchkommen)

g Wegen des Todesfalles hat die alte Dame viel . . . . . (durchmachen)

h Auf der Suche nach einem billigen Hotel . . . . ich die ganze Stadt. (durchfahren)

i Er . . . . die griechische Inselwelt mit seinem Segelboot. (durchkreuzen)

j Der 100-m-Läufer . . . . bis zum Ende des Rennens. (durchhalten)

k Bei der Demonstration . . . . die Polizei mit Tränengas und Wasserwerfern. (durchgreifen)

l Der Lehrer . . . . die falsche Mathematikaufgabe einfach. (durchstreichen)

5 So viel Arbeit!

Ein Verb kann viele verschiedene Vorsilben haben. Bilden Sie neue Wörter aus dem Wort *arbeiten*, finden Sie die Bedeutungen im Wörterbuch und setzen Sie die passenden Wörter in den Lückentext ein. (Vorsicht: Manche sind trennbar, manche lassen sich nicht trennen!)

Die Designerin Helga Fleißig . . (a) . . seit drei Jahren bei einer kleinen Spielzeugfirma. Die Firma . . (b) . . hauptsächlich Stahl und Eisen für die Spielzeugindustrie, die jedes Jahr in der zweiten Jahreshälfte vor Weihnachten Hochsaison hat. Helga berichtet:

Alle Angestellten des Betriebs . . (c) . . sehr gut . . (d) . . Das Produktionsteam . . (e) . . am Anfang des Jahres die Pläne für die nächste Produktionsperiode. Dann legen wir diese Pläne dem Firmenchef vor, der sie je nach Bedarf . . (f) . . und falls nötig ein bisschen ändert. Manchmal . . (g) . . er sie total . . (h) . . .

Unser Verkäufer . . (i) . . die Bestellungen, die sich in der zweiten Jahreshälfte häufen. Dann läuft die Produktion auf Hochtouren und alle in der Firma . . (j) . . nach besten Kräften . . (k) . . . Oft haben wir während einer solchen Periode kaum Zeit für eine Mittagspause, wir . . (1) . ., weil unsere Arbeitskraft gebraucht wird. Auf diese Weise machen wir Überstunden und so können wir Extra-Urlaubstage, die wir während des Jahres gebraucht haben, . . (m) . . . Wir stellen natürlich auch Aushilfskräfte ein, die aber von den Fachleuten . . (n) . . werden müssen. Das kostet etwas Zeit und so bleibt oft die Routinearbeit liegen. Diese wird dann nach der Hochsaison . . (o) . . .

6 So lief es bei mir mit dem Geld

Eine Studentin, die von einem Auslandsjob zurückkehrt, erzählt, wie sie in Österreich ihre Finanzen geregelt hat. Setzen Sie im Text das jeweilige Partizip Perfekt der Verben in den Klammern ein. (Vorsicht: Es gibt trennbare und nicht trennbare Verben!)

◀ **Sections 28.1, 28.2, 28.3**

Ich habe eine Bank in der Nähe der Universität (aussuchen). Ich habe dort ein Konto (eröffnen). Gleichzeitig habe ich ein Scheckbuch (beantragen) und eine Kreditkarte (bestellen). Danach habe ich einige Formulare (ausfüllen) und den Antrag (unterschreiben). Nach einigen Tagen habe ich mein neues Scheckbuch (abholen) und gleichzeitig habe ich einen ersten Scheck (einlösen) und Geld (abheben), das meine Eltern von England aus auf mein Konto (überweisen) hatten. Die Sache war also sehr unkompliziert, wie ihr seht.

FREIE FAHRT!

7 Hier geht es um Geld

Im Zusammenhang mit Geldtransaktionen begegnet man verschiedenen zusammengesetzten Verben. Zum Beispiel:

verdienen	einzahlen	verbrauchen	umtauschen	auszahlen
abheben	verleihen	ausgeben	einnehmen	überweisen

Entscheiden Sie, welche dieser Verben trennbar bzw. nicht trennbar sind. Schreiben Sie jetzt eine kurze Geschichte über:

a einen reichen Bankdirektor, Herrn Reich (im Präsens)
b die arme Studentin, Fräulein Habenichts (im Perfekt)

8 Wir suchen im Wörterbuch

a Mit Hilfe eines Wörterbuches finden Sie jeweils zwei Verben mit folgenden Vorsilben: *ab-, an-, auf-, aus-, ein-, fern-, fort-, her-, hin-, mit-, nach-, vor-, vorbei-, weg-, weiter-, zu-, zurück-, zusammen-.*
b Schreiben Sie kurze Sätze, in denen Sie alle Ihre Verben sowohl im Präsens als auch im Perfekt benutzen.

zum Beispiel:

abfahren

⟶ *Der Zug fährt vom Gleis 5 ab.*
   Die Kinder sind um neun Uhr abgefahren.

c Wiederholen Sie nun diese Übung mit den folgenden Vorsilben: *be-, emp-, ent-, er-, ge-, miss-, ver-.*

zum Beispiel:

bestellen

⟶ *Ich bestelle das Zigeunersteak, und du?*
   Wir haben gestern den neuen Videofilm bestellt.

9 Hier wird geschenkt

a Eine reiche Chefin beschenkt zu Weihnachten ihre Angestellten. Vor der Weihnachtsfeier gibt es viel zu tun. Man muss die Geschenke einkaufen, bestellen, aussuchen, auswählen, bezahlen, einpacken, verpacken, abschicken, versenden, mitbringen, verteilen, auspacken . . . Beschreiben Sie in 8–10 Sätzen im Präsens, was die Chefin alles zu tun hat.
b Vergleichen Sie dieses Jahr mit dem letzten Jahr und beschreiben Sie im Perfekt, was letztes Jahr passiert ist.

29 Modal verbs

SO WIRD'S GEMACHT

29.1 What are modal verbs?

There is a small group of verbs known as modals. They include:

dürfen	may (indicating permission), to be allowed (to)
können	to be able (to)
mögen	to like (to)
müssen	to have to
sollen	to be supposed to
wollen	to want (to)

You normally use modal verbs in combination with another verb in the infinitive form.

The verb *lassen* also behaves like a modal verb when it has the meaning 'to have something done' (that is, by someone else). The form *möchte* is strictly speaking a subjunctive form of the verb *mögen* (see Chapters 34 and 35), but since it is used much more frequently than the present tense, its forms are listed separately here.

 Exercise 1

29.2 Forms of the modal verbs

Note that in the plural these verbs are all quite regular and that in the present tense the first- and third-person forms are identical:

dürfen – may, to be allowed (to)

Present		Simple Past	
ich darf	*wir dürfen*	*ich durfte*	*wir durften*
du darfst	*ihr dürft*	*du durftest*	*ihr durftet*
Sie dürfen	*Sie dürfen*	*Sie durften*	*Sie durften*
er/sie/es darf	*sie dürfen*	*er/sie/es durfte*	*sie durften*

können – to be able (to)

Present		Simple Past	
ich kann	wir können	ich konnte	wir konnten
du kannst	ihr könnt	du konntest	ihr konntet
Sie können	Sie können	Sie konnten	Sie konnten
er/sie/es kann	sie können	er/sie/es konnte	sie konnten

mögen – to like (to)

Present		Simple Past	
ich mag	wir mögen	ich mochte	wir mochten
du magst	ihr mögt	du mochtest	ihr mochtet
Sie mögen	Sie mögen	Sie mochten	Sie mochten
er/sie/es mag	sie mögen	er/sie/es mochte	sie mochten

möchten – would like to

Present		No past tense
ich möchte	wir möchten	
du möchtest	ihr möchtet	
Sie möchten	Sie möchten	
er/sie/es möchte	sie möchten	

müssen – to have to

Present		Simple Past	
ich muss	wir müssen	ich musste	wir mussten
du musst	ihr müsst	du musstest	ihr musstet
Sie müssen	Sie müssen	Sie mussten	Sie mussten
er/sie/es muss	sie müssen	er/sie/es musste	sie mussten

sollen – to be supposed to

Present		Simple Past	
ich soll	wir sollen	ich sollte	wir sollten
du sollst	ihr sollt	du solltest	ihr solltet
Sie sollen	Sie sollen	Sie sollten	Sie sollten
er/sie/es soll	sie sollen	er/sie/es sollte	sie sollten

wollen – to want (to)

Present		Simple Past	
ich will	*wir wollen*	*ich wollte*	*wir wollten*
du willst	*ihr wollt*	*du wolltest*	*ihr wolltet*
Sie wollen	*Sie wollen*	*Sie wollten*	*Sie wollten*
er/sie/es will	*sie wollen*	*er/sie/es wollte*	*sie wollten*

lassen – to have something done

Present		Simple Past	
ich lasse	*wir lassen*	*ich ließ*	*wir ließen*
du lässt	*ihr lasst*	*du ließt*	*ihr ließt*
Sie lassen	*Sie lassen*	*Sie ließen*	*Sie ließen*
er/sie/es lässt	*sie lassen*	*er/sie/es ließ*	*sie ließen*

Exercises 2, 3

29.3 Word order with modals

You place the infinitive which depends on the modal verb (known as the 'dependent infinitive') at the end of the clause:

*Sie **muss** im Juli nach China **fahren**.*
She has to travel to China in July.

In a subordinate clause you put the modal after the infinitive at the end of the clause:

*Ich weiß nicht, warum er es kaufen **wollte**.*
I don't know why he wanted to buy it.

*Sie kamen erst um zehn, da sie zuerst einkaufen **mussten**.*
They didn't come until ten as they had to do some shopping first.

Exercise 5

29.4 Missing out the infinitive

You can omit the infinitive after a modal verb if the context makes the meaning clear. This is often the case with verbs of motion:

Morgen will ich ins Kino.
I want to go to the cinema tomorrow.

Willst du mit?
Do you want to come with us?

Das darf man hier nicht.
You can't do that here.

 Exercise 4

29.5 Modal verbs in the perfect tense

- The past participles of the modal verbs are:

dürfen – gedurft	*mögen – gemocht*	*wollen – gewollt*
können – gekonnt	*müssen – gemusst*	
lassen – gelassen	*sollen – gesollt*	

However, you only use these forms if the modal verb has an accusative object rather than a dependent infinitive:

*Wir **haben** die Stadt **gemocht**.*
We liked the town.

*Manfred **hat** es nicht **gekonnt**.*
Manfred was not able to do it.

- When you use a modal verb with a dependent infinitive, the past participle is the same as the infinitive form, and the auxiliary verb is always ***haben***:

*Susanne **hat** den Film nicht sehen **wollen**.*
Suzanne did not want to see the film.

*Wir **haben** es uns nicht leisten **können**.*
We weren't able to afford it.

In conversation, in particular, Germans tend to prefer the simple past tense of modal verbs, as they find these perfect tense forms a little awkward:

*Susanne **wollte** den Film nicht sehen.*
*Wir **konnten** es uns nicht leisten.*

- As shown in Chapter 18, when you use modal verbs in subordinate clauses in the future, perfect or pluperfect tenses, you must put the auxiliary verb (some form of ***werden*** or ***haben***) before the final two infinitive forms:

*Gestern konnte er nichts machen, da er zu Hause **hat** bleiben müssen.*
He could not do anything yesterday as he had to stay at home.

*Ich glaube nicht, dass sie es **wird** machen können.*
I don't think she will be able to do it.

- The present tense or subjunctive II forms of modal verbs are occasionally used in a perfect tense construction with the past participle of the dependent verb plus **haben** or **sein** (see Chapter 24 for rules concerning the choice of **haben** or **sein**):

*Sie **muss** es schon **gemacht haben**.*
She must have done it already.

*Er soll die Karten **gekauft haben**.*
He is supposed to have bought the tickets.

*Der Zug **müsste** schon **eingetroffen sein**.*
The train ought to have arrived by now.

See also section 29.6.7 for **wollen**.

Note that in a subordinate clause the modal verb is placed in final position:

*Sie zeigten uns den Mann, der es gemacht haben **muss**.*
They showed us the man who must have done it.

*Sie wusste, dass er das Geschenk nicht gekauft haben **könnte**.*
She knew that he could not have bought the present.

 Exercise 7

29.6 Use of the modal verbs

In addition to the basic meanings listed above, the modals can have a number of special meanings.

29.6.1 *dürfen*

With **nicht** it means 'not allowed to/must not':

Du darfst ihm das doch nicht sagen.
You mustn't say that to him.

29.6.2 *können*

You can frequently use **können** instead of **dürfen**, especially in spoken German:

Kann ich heute Abend mit Max Fußball spielen?
Can I play football with Max this evening?

- It often denotes knowing how to do something:

Wir können ein bisschen Französisch.
We can speak a little French.

- It may suggest possibility:

Es kann heute oder morgen passieren.
It may happen today or tomorrow.

29.6.3 *lassen*

Its basic meaning is getting someone else to perform an action for you:

Ich lasse die Wohnung streichen.
I am having the flat painted.

- You often also use it with reflexive verbs:

Die Waschmaschine lässt sich nicht mehr reparieren.
The washing machine is beyond repair.

29.6.4 *mögen*

As well as meaning 'to like', it can suggest possibility or likelihood:

Sie mag wohl ins Ausland fahren.
She may well go abroad.

29.6.5 *müssen*

With **nicht** it means 'do not have to' or 'need not':

Das Auto müssen wir nicht sofort verkaufen.
We don't have to sell the car straight away.

Remember that English 'must not' is rendered by **nicht dürfen**.

- With the perfect tense **müssen** can denote an assumption:

Es muss gestern passiert sein.
It must have happened yesterday.

29.6.6 *sollen*

Its usual meaning is 'ought to', suggesting an obligation imposed from outside:

Du solltest deine Eltern nie belügen.	You should never lie to your parents.
Sie sollten pünktlicher da sein.	You ought to arrive (here) more punctually.
Du sollst nicht stehlen.	Thou shalt not steal.

- It can denote 'supposed to', implying some sort of intention:

Was soll aus dem Jungen bloß werden?	What on earth is to become of the boy?
Wo sollen wir uns morgen treffen?	Where shall we/are we to meet tomorrow?
Was soll denn das sein?!	What is that supposed to be?

- It can also denote 'supposed to' in the sense of 'it is said that':

Im Herbst soll es dort ganz schön sein.
It is supposed to be really nice there in the autumn.

29.6.7 *wollen*

- It can be used to indicate willingness or to make a suggestion:

Wollen Sie nicht lieber ins Theater gehen?
Wouldn't you rather go to the theatre?

Wollen wir Schach spielen?
Shall we have a game of chess?

- It can denote intention (often with **gerade**):

Sie wollte gerade ins Bett, als das Telefon geklingelt hat.
She was just about to go to bed when the phone rang.

- It can be used to report someone's claim to have done something:

Er will das ganze Buch schon gelesen haben.
He claims to have read the whole book.

➡ **Exercise 6**

 # ÜBUNG MACHT DEN MEISTER!

---

1 Wichtige Gebote für Fernreisende

Wollen Sie einen guten Urlaub verbringen, dann sollten Sie folgende Regeln beachten!
Schreiben Sie bitte die Ratschläge aus. Manchmal gibt es mehrere Möglichkeiten.

◀ **Sections 29.1, 29.6**

a	Sie dürfen	1	kein ungekochtes Wasser trinken!
		2	sich vor der Reise impfen lassen.
		3	am Zielort mit Kreditkarte bezahlen.
b	Sie müssen	4	nur gekochte Speisen essen.
		5	sich gegen die Sonne schützen.
		6	ein Visum beantragen.
c	Sie können	7	nicht ohne Reiseapotheke reisen.
		8	nicht ohne Visum einreisen.
		9	eine Reiseversicherung abschließen.
d	Sie sollten	10	die Landesgesetze achten.
		11	keine Haustiere mitnehmen.

2 Emigrieren kann man nicht von heute auf morgen!

a   Zwei Deutsche wollen auswandern. Setzen Sie passende Modalverben aus dem untenstehenden Kasten ein.

◀ **Section 29.2**

Hans und seine junge Frau Anni . . **(i)** . . nach Neuseeland auswandern.
Sie . . **(ii)** . . dort in der Wildnis eine Farm bewirtschaften. Leider . . **(iii)** . . sie nur
ein bisschen Englisch sprechen. Sie . . **(iv)** . . erst einwandern, wenn sie ein
gültiges Visum haben. Sie . . **(v)** . . deshalb auf die neuseeländische Botschaft
gehen. Sie . . **(vi)** . . viele Formulare ausfüllen und Fragen beantworten.
Sie . . **(vii)** . . etwa vier Monate warten. Dann . . **(viii)** . . sie auswandern.

können   möchten   müssen   sollen   wollen   müssen   können   dürfen

b Jetzt schreiben Sie die kurze Geschichte, indem Sie die Modalverben durch die
folgenden Verben und Ausdrücke ersetzen (die neuen Verben erfordern ein *zu* – siehe
Kapitel 27).
  i vorhaben
  ii planen
  iii fähig sein
  iv die Erlaubnis bekommen
  v es wird ihnen geraten
  vi haben
  vii sie sind darauf vorbereitet
  viii sie haben die Erlaubnis

3 Im Flughafen

Auf dem Flughafen herrschen strenge Sicherheitsvorschriften. Setzen Sie die passenden
Formen von *müssen* und *dürfen* ein.

◀ **Sections 29.2, 29.6**

a Taxis . . . . nicht vor dem Eingang parken.
b Man . . . . das Gepäck am Schalter einchecken.
c Die Fluggäste . . . . sowohl ihren Flugschein als auch ihren Pass vorzeigen.
d Man . . . . kein Gepäck unbeaufsichtigt stehen lassen.
e Nur die Fluggäste . . . . durch die Abflugsperren gehen.
f Alle Fluggäste . . . . ihr Handgepäck kontrollieren lassen.
g Man . . . . keine explosiven Stoffe im Handgepäck mitführen.
h Vor dem Einsteigen . . . . man die Bordkarte zeigen.
i Im Flugzeug . . . . man nicht rauchen.
j Bei Reisen außerhalb der EU . . . . jeder Fluggast einen Liter Alkohol und eine Stange
Zigaretten zollfrei ein-/ausführen.

4 Das hört man auf der Straße

Unten finden Sie eine typische kurze Unterhaltung in der Umgangssprache. Schreiben Sie
die Unterhaltung, indem Sie die Verben *können, wollen, sollen, möchten, müssen, dürfen* in
einer passenden Form einsetzen.

◀ **Section 29.4**

A: Tag.

B: Tag.

A: Wohin . . . . du?

B: Ich . . . . ins Kino.

A: Da . . . . ich gern mit.

B: . . . . du nicht?

A: Nein. Geht leider nicht. Keine Zeit. . . . . noch ins Reisebüro. Ich . . . . nächste Woche in die Ferien.

B: Wohin?

A: Noch nicht geklärt. Ich . . . . nach Spanien, aber meine Freunde . . . . lieber nach Italien. Auf jeden Fall . . . . wir in die Sonne.

B: (bietet ihr eine Zigarette an) . . . . du eine?

A: Nein danke. Man . . . . hier nicht.

B: Also, ich . . . . auch nicht. Ich . . . . jetzt zum Kino.

A: Tschüs!

B: Bis bald!

5 Aufgeschoben ist nicht aufgehoben!

Ersetzen Sie bitte in den folgenden Sätzen die unterstrichenen Ausdrücke durch das Modalverb in Klammern. (Vorsicht: Modalverben brauchen kein *zu* für den Infinitiv!)

◀ **Sections 29.3, 29.6**

Herr Vergesslich <u>hat</u> fremde Länder gern (mögen). In den Sommerferien <u>wünscht</u> er weit wegzureisen (wollen). Dieses Jahr <u>ist er in der Lage</u>, drei Wochen Urlaub <u>zu</u> bekommen (können).

Er <u>hat Lust</u>, eine Safari in Afrika mit<u>zu</u>machen (möchten). Er <u>hat die Absicht</u> eine teure Pauschalreise <u>zu</u> buchen (wollen), denn er <u>hat den Wunsch</u> (möchten) die Reise <u>zu</u> genießen.

Als er ins Reisebüro kommt, hört er, dass <u>es ihm</u> ohne Visum <u>nicht erlaubt ist</u> ein<u>zu</u>reisen (dürfen) und dass <u>es nötig ist</u>, sich impfen <u>zu</u> lassen (müssen). <u>Es wird ihm empfohlen</u> das Visum sofort <u>zu</u> beantragen (sollen). Als er <u>vorhat</u>, seinen Pass <u>zu</u> zeigen (wollen), merkt er, dass dieser nicht mehr gültig ist. <u>Es ist nötig, dass</u> er verlängert bzw. erneuert wird (müssen). So <u>ist</u> er <u>gezwungen</u> seine Reise auf<u>zu</u>schieben (müssen), weil er ohne gültigen Pass nicht <u>in der Lage ist</u> das Land <u>zu</u> verlassen (können).

6 Diese reisefreudigen Politiker!

Folgende Sätze sind Schlagzeilen aus den Nachrichten. Leider sind sie durcheinander geraten. Finden Sie die richtige Wortstellung und schreiben Sie die Sätze auf.

◀ **Section 29.6**

a   Will im Juli nach Südafrika der Bundespräsident reisen zu einem Staatsbesuch.
b   Möchte der Innenminister in Paris besuchen seinen französischen Kollegen noch diesen Monat.
c   In Mailand halten muss der Wirtschaftsminister eine Rede auf einer Konferenz.
d   Soll sich der Außenminister befinden in Berlin zur zeit auf einer Tagung.
e   Teilnehmen nicht kann leider der Bundeskanzler in Japan an den Feierlichkeiten geplanten.
f   In Berlin nicht einigen sich können die Kultusminister bei ihrem Treffen der Länder.
g   Die Verteidigungsminister sich diese Woche der EU müssen einigen in Salzburg über die neuen Maßnahmen.

7 Die Wende kam mit dem Fall der Berliner Mauer

Nach dem Fall der Berliner Mauer und der deutschen Wiedervereinigung wurde manches auf beiden Seiten anders. Unten lesen Sie, wie es früher war. Schreiben Sie die Sätze im Perfekt.

 **Section 29.5**

zum Beispiel:
Man musste ein Visum beantragen.

⟶ *Man hat ein Visum beantragen müssen.*

a   Man musste einen bestimmten Geldbetrag umtauschen.
b   Man durfte nicht auf den Transitstraßen anhalten.
c   Man musste sich von Grenzpolizisten kontrollieren lassen.
d   Man konnte Verwandte nicht ohne Erlaubnis besuchen.
e   Man konnte nicht im anderen Teil der Stadt einkaufen.
f   Die DDR-Bürger durften nicht ohne Genehmigung ausreisen.

🚗 FREIE FAHRT!

8 Ihr seid zu einer Party eingeladen!

Die Kinder von Familie Weber organisieren eine Überraschungsparty zum 40. Hochzeitstag von Herrn und Frau Weber. Es muss alles ganz genau geplant werden. Stellen Sie sich vor, Sie sind der älteste Sohn/die älteste Tochter der Familie und Sie müssen entscheiden, was die verschiedenen Familienmitglieder machen sollen.

zum Beispiel:
Hans, du musst den Wein kaufen.
Werner, möchtest du die Blumen bestellen?

Schreiben Sie eine Liste der verschiedenen Aufgaben. Verwenden Sie dabei möglichst viele verschiedene Modalverben:

Jemand sollte/könnte/müsste . . .
Wir sollten . . . lassen
Wir müssen auch . . .
Könntet ihr . . . ?
Darf/Soll ich . . . ? usw.

9 Aber wen wollen wir denn einladen?

Man muss auch besprechen, wen man einladen will/sollte. Arbeiten Sie zu zweit! Eine(r) macht Vorschläge, aber der (die) andere ist immer dagegen. In der jeweiligen Antwort muss man ein anderes Modalverb als in der Frage verwenden.

zum Beispiel:
Wollen/sollen/könnten wir Fritz Weill einladen?
   —→ *Ach nein, den können wir/darfst du/sollte man auf keinen Fall einladen.*

Wie viele verschiedene Fragen und Antworten können Sie erfinden?

10 Nach der Party

Später unterhält man sich. Es ist alles ziemlich gut gelaufen, aber einiges hätte besser sein können. Was hätte man nicht tun sollen bzw. was hätte man besser machen können?

zum Beispiel:
Das Bier hätte kühler sein können.
Wir hätten mehr Suppe kochen sollen.

Schreiben Sie zehn ähnliche Sätze.

11 Worum geht's eigentlich?

a   Bilden Sie zwei Mannschaften mit jeweils zwei Personen. Die erste Mannschaft bildet einen Satz mit einem einfachen Modalverb im Perfekt.

zum Beispiel:
Wir haben es nicht gekonnt.
Peter hat es gemusst.

Die andere Mannschaft muss dann versuchen, diesen Satz etwas vollständiger auszudrücken bzw. zu erklären.

zum Beispiel:
Wir haben das Fahrrad nicht kaufen können.
Peter hat sein Zimmer aufräumen müssen.

Finden Sie jeweils zwei Beispiele für die Verben *müssen, können, dürfen, wollen* und *sollen*.

b   Schreiben Sie nun Ihre Sätze um.

zum Beispiel:
Ich verstehe nicht, warum wir das Fahrrad nicht haben kaufen können.
Ich verstehe nicht, warum Peter sein Zimmer hat aufräumen müssen.

Achten Sie ganz genau auf die Wortstellung!

30 Reflexive verbs

 SO WIRD'S GEMACHT

A reflexive verb is one in which the subject does something to himself/herself/itself. For example:

Ich wasche mich.
I wash/have a wash (lit.: 'I wash myself').

Er fragt sich.
He wonders (lit.: 'He asks himself').

30.1 Reflexive pronouns

Reflexive verbs are always accompanied by a pronoun which may be in the accusative or dative (see below for the difference). The forms of these reflexive pronouns are:

Singular			Plural		
Nominative	**Accusative**	**Dative**	**Nominative**	**Accusative**	**Dative**
ich	*mich*	*mir*	*wir*	*uns*	*uns*
du	*dich*	*dir*	*ihr*	*euch*	*euch*
Sie	*sich*	*sich*	*Sie*	*sich*	*sich*
er/sie/es	*sich*	*sich*	*sie*	*sich*	*sich*

➡ **Exercise 1**

30.2 Types of reflexive verb

Reflexive verbs can be divided into two main categories.

30.2.1 Reflexive verbs which take an accusative pronoun

Some verbs which you can only use reflexively take an accusative pronoun. Some of the most common are:

sich bedanken	to thank
sich beeilen	to hurry
sich befinden	to be situated
sich beschweren über + acc.	to complain about
sich bewerben um + acc.	to apply for
sich erkälten	to catch cold
sich freuen auf + acc.	to look forward to

218

sich freuen über + acc.	to be pleased about
sich verabschieden	to say goodbye
sich verlieben	to fall in love

Examples of usage are:

*Ich habe **mich erkältet**.*
I have caught (a) cold.

*Wir **verabschiedeten uns**.*
We took our leave.

***Beeilen Sie sich** doch!*
Hurry up!

*Hast du **dich** bei deinem Lehrer **bedankt?***
Have you thanked your teacher?

*Das Haus **befindet sich** am Rande der Stadt.*
The house is situated on the edge of town.

*Ihr **freut euch** doch auf den Urlaub, oder?*
You are looking forward to the holiday, aren't you?

30.2.2 Reflexive verbs which take a dative pronoun

Other verbs which you can only use reflexively take a dative pronoun (along with a second object in the accusative).

These are less common and include:

sich etwas einbilden	to imagine something (mistakenly)
sich etwas überlegen	to reflect on something
sich etwas vornehmen	to resolve to do something
sich etwas vorstellen	to imagine something

For example:

***Überleg dir** mal die Situation.*
Just think about the situation for a moment.

*So etwas kann ich **mir** einfach nicht **vorstellen**.*
I simply cannot imagine anything like that.

*Sie hat **sich vorgenommen** das Jahr zu wiederholen.*
She has resolved to repeat the year.

Note that only the ***ich*** and ***du*** forms of the reflexive pronoun have different accusative and dative forms; thus in the last example above, the ***sich*** could be either accusative or dative. When you learn a new reflexive verb from a vocabulary list or a dictionary, you must therefore learn the case of the reflexive pronoun too. For example, ***sich*** (= acc.) ***unterhalten***. A useful rule to remember is that if a reflexive verb has an accusative object, then the reflexive pronoun **must** be dative.

➡ **Exercises 2, 3**

30.3 Other reflexive verbs

Apart from the above verbs, which can only ever be reflexive, you can use a large number of normal transitive verbs (that is, verbs which take a direct object) reflexively. Like the 'dedicated' reflexive verbs, these may take an accusative reflexive pronoun on its own or a dative reflexive pronoun with an accusative object. For example:

sich (= acc.) *ändern*	to change
sich (= acc.) *entschuldigen*	to apologise (to someone for something)
(*bei* + dat. *für* + acc.)	
sich (= acc.) *fühlen*	to feel (for example, ill, well, etc.)
sich (= acc.) *interessieren* (*für* + acc.)	to be interested in
sich (= dat.) *etwas* (= acc.) *kaufen*	to buy oneself something
sich (= acc.) *rasieren*	to shave
sich (= acc.) *setzen*	to sit down

*Die Zeiten ändern **sich**.*
Times are changing.

*Ich habe **mir** ein neues Rad gekauft.*
I've bought myself a new bike.

*Setz **dich** doch!*
Do sit down.

If you use a reflexive verb such as ***sich waschen*** with a part of the body, you must put the reflexive pronoun in the dative:

*Wasch **dir** doch das Gesicht!*
Wash your face.

*Ich muss **mir** noch die Zähne putzen.*
I've got to brush my teeth.

*Er hat **sich** die Nase geputzt.*
He blew his nose.

You can use the plural of the reflexive pronouns to convey the English 'each other':

*Wir sehen **uns** noch ziemlich oft.*
We still see each other quite frequently.

*Sie treffen **sich** immer freitags in der Stadt.*
They always meet (each other) in town on Fridays.

For the position of the reflexive pronoun in a clause, see Chapter 20.

ÜBUNG MACHT DEN MEISTER!

1 Liebe auf den ersten Blick!

Setzen Sie in der folgenden Geschichte die Reflexivpronomen ein.

Section 30.1

Sie treffen . . . . auf einer Party. Er stellt . . . . vor, sie freut . . . ., denn er gefällt ihr.
Sie unterhalten . . . . . Sie fühlt . . . . wohl in seiner Gesellschaft. Sie verlieben
. . . . . Er bedankt . . . . für den schönen Abend. Sie verabschieden
. . . . an diesem Abend mit einem Kuss.
   Schon am folgenden Tag treffen sie . . . . wieder. Sie verabreden . . . . jetzt jeden
Tag. Wenn sie . . . . nicht sehen, sehnen sie . . . . nacheinander. Er interessiert
. . . . nur noch für sie, sie freut . . . . täglich auf ihn. Sie kennen . . . . erst vier
Wochen, da verloben sie . . . . und entschließen . . . . zur Heirat.

2 Kurzes Glück!

Sechs Monate später erzählt sie einer Freundin, was passiert ist. Setzen Sie noch einmal die
Reflexivpronomen ein. Vorsicht! Es gibt einige Dativformen.

Sections 30.2, 30.3

Ich hatte . . . . Hals über Kopf in ihn verliebt. Ich befand . . . . im 7. Himmel! Ich
interessierte . . . . nur noch für ihn. Ich sehnte . . . . nach Glück. Ich habe . . . .
eingebildet, dass er . . . . genauso fühlte. Doch schon bald änderte . . . . die Situation.
Er beschäftigte . . . . nur mit Sport. Er interessierte . . . . nicht für mich und meine
Probleme. Ich nahm . . . . vor, ihn zu verwöhnen. Doch er freute . . . . nicht auf die
gemeinsamen Mahlzeiten. Er bedankte . . . . nie. Er bildete . . . . ein, ich sei seine
Bedienung. Ich überlegte . . . ., wie ich die Situation ändern könnte. Aber ich
ärgerte . . . . oft über ihn und seine Eltern beklagten . . . . auch häufig über mich. Sie
nahmen . . . . vor, mich ständig zu kritisieren. Wir stritten . . . . jetzt oft. Wir
verstanden . . . . nicht mehr. Ich konnte . . . . nicht vorstellen, wie das weitergehen
sollte. Wir hatten . . . . geirrt. Jetzt lasse ich . . . . scheiden!

3 Beim Studienberater

Nach bestandenem Abitur gehen die Schüler der Abschlussklasse zu einem Lehrer, der sie
über das Studium beraten soll. Man hört folgende Fragen und Antworten:

Section 30.2

a Wozu hast du . . . . entschlossen, Jürgen?
   Ich habe . . . . entschlossen in Bayern zu studieren.
b Wofür hat Susanne . . . . entschieden?
   Sie hat vor, ... in Wien zu bewerben.
c Robert und Karl, was habt ihr . . . . überlegt?
   Wir haben . . . . für ein Wirtschaftsstudium entschieden.
d Was für ein Studium hast du . . . . ausgesucht?
   Ich will nicht studieren. Ich möchte . . . . um einen Ausbildungsplatz bei der
   Commerzbank bewerben.
e Habt ihr . . . . schon um einen Studienplatz beworben?
   Ja, wir freuen . . . . schon auf das Studium in Tübingen. Wir stellen . . . . das
   Studentenleben ganz toll vor!

 **FREIE FAHRT!**

4 Wie am Schnürchen

Herr Jürgens hat schon seit Jahren die gleiche Morgenroutine. Beschreiben Sie, was er jeden Tag macht. Verwenden Sie möglichst viele der folgenden Verben mit Reflexivpronomen:

sich duschen	sich waschen	sich die Haare waschen	sich die Zähne putzen
sich rasieren	sich anziehen	sich die Haare kämmen	sich die Nase putzen
sich beeilen	sich setzen	sich fühlen	sich etwas kaufen
sich bedanken	sich treffen	sich unterhalten	sich verabschieden

zum Beispiel:

Er steht jeden Tag um sieben Uhr auf. Zuerst wäscht er sich . . .

5 Immer das Gleiche

Stellen Sie sich nun vor, Sie sind Herr Jürgens. Gestern war Feiertag, aber Sie haben Ihre Routine kaum geändert. Am folgenden Tag erzählen Sie einem Kollegen, wie Sie den freien Tag verbracht haben. (Benutzen Sie das Perfekt. Schreiben Sie ca. 150 Wörter.)

zum Beispiel:

Ich bin wie immer um sieben Uhr aufgestanden. Ich habe mich zunächst einmal gewaschen . . .

6 Wer ist der Einfallsreichste?

Mit Hilfe eines Wörterbuches versuchen Sie jedes der folgenden Verben in einem originellen Satz zu verwenden. Schreiben Sie jeweils drei Sätze in der *ich-*, der *er/sie/es-* und der *Sie-*Form.

sich freuen	sich verabreden	sich einbilden
sich umziehen	sich bedanken	sich überlegen
sich erkälten	sich entschließen	sich bewerben
sich entscheiden	sich wandeln	sich entschuldigen
sich verbreiten	sich vorstellen	

zum Beispiel:

Ich bedanke mich für den warmen Empfang.
Er hat sich für ihre Hilfe noch nicht bedankt.
Sie sollten sich bei dem Manager bedanken.

31 Impersonal verbs

 SO WIRD'S GEMACHT

Verbs which are used with **es** as their subject are known as impersonal verbs. There are a number of different categories here.

31.1 *es + sein, werden* and *scheinen*

The English construction with 'it' + adjective/noun/clause after the verbs 'to be', 'to become' and 'to seem' is also found in German, sometimes with a dative before the adjective:

Es ist einfach unverschämt.	It is simply shameful.
Es war furchtbar kalt.	It was terribly cold.
Es ist dein Bruder.	It's your brother.
Es scheint, dass wir zu spät kommen.	It seems we are too late.
Es wird langsam dunkel.	It is gradually getting dark.

Es ist mir unmöglich alles auf einmal zu bezahlen.
It is impossible for me to pay it all in one go.

Es ist mir zu warm.	I am too warm.

Note that in the final example you can omit the **es** if the dative object appears in first position:

Mir ist (es) zu warm.	I am too warm.

➡ **Exercise 2**

31.2 Weather and natural phenomena

German expressions for weather always involve impersonal constructions. You can also use other natural phenomena, such as smells, impersonally when no object is mentioned (that is, when you are saying 'someone smells **of** something' rather than 'someone smells something'):

Es hat *in der Nacht* **geregnet**.	It rained in the night.
Bei uns **donnert** *und* **blitzt es**.	We've got thunder and lightning.
Hier **stinkt es** *nach faulen Eiern.*	There's a smell of rotten eggs here.

Es riecht nach frischen Blumen.	There's a smell of fresh flowers.
Mach die Tür zu. Es zieht so.	Shut the door. There's a terrible draught.

➡ **Exercise 1**

31.3 Noises

If you do not know or want to state the cause of the noise, use the impersonal *es*:

Es hat geklingelt.	The bell rang./There was a ring at the door.
Da knallte es plötzlich.	There was a sudden bang.
Es hat geklopft.	There was a knock (at the door).

31.4 Impersonal constructions

There are a number of verbs and verbal constructions which you only ever use impersonally. These include:

es geht + dat.	to be (for example, well)
es geht um + acc.	it is about
es gibt	there is/are
es handelt sich um + acc.	it concerns
es kommt auf + acc. an	it depends on
es ist/sind	there is/are
es tut jemandem (= dat.) Leid	to be sorry

*Wie **geht es** Ihnen?*
How are you?

***Es geht** um Leben oder Tod.*
It's a matter of life or death.

***Es gibt** zwei Millionen Einwohner in dieser Stadt.*
There are two million people in this city.

***Es tut mir Leid**, aber ich habe kein Geld.*
I'm sorry but I don't have any money.

➡ **Exercises 1, 3**

You also frequently find the following verbs and verbal constructions with *es* as their subject, although they may sometimes have a noun or another pronoun as subject instead:

es gelingt + dat.	to succeed
es gefällt + dat.	to like, be pleasing
es schmeckt + dat.	to like the taste

*Heute **ist es mir gelungen**, den Fernseher zu reparieren.*
I managed to fix the television today.
(Compare: *Das Experiment ist ihnen gelungen.* They were successful with the experiment.)

Es hat uns *gut* **geschmeckt**.   We enjoyed it/the taste.
(Compare: *Das Essen hat uns nicht geschmeckt.*   We didn't enjoy the meal.)

Es gefällt mir *sehr hier an der Universität.*   I really enjoy it here at university.
(Compare: *Die Stadt hat uns gut gefallen.*   We liked the town.)

31.5 *es* as dummy subject

- In this usage the true subject of the verb appears later in the sentence, often immediately after the verb. This 'real' subject, and therefore the verb, can be either singular or plural:

Es fehlt *hier etwas.*   Something is missing here.

Es fehlten *heute sechs Schüler.*   Six pupils were missing today.

Es kommt *jede Menge Arbeit auf uns* **zu**.   There's a lot of work heading our way.

Notice that if something other than the dummy subject **es** is in first position, you omit the **es**:

Hier fehlt etwas.
Heute fehlten sechs Schüler.

- You also find **es** at the start of the sentence in impersonal passive constructions (see Chapter 33 for the passive):

Es wird hier auch nachts gearbeitet.
Work goes on here at night too.

Es ist ihm schon reichlich geholfen worden.
Plenty has already been done to help him.

Es wurde erst später darüber gesprochen.
There was no talk of it until later./It was only spoken about later.

Again, if something other than the dummy subject is in first position, you must omit the **es**:

Ihm ist schon reichlich geholfen worden.

 Exercise 4

 **ÜBUNG MACHT DEN MEISTER!**

1 Wie ist die Wetterlage?

Ein Besucher aus einem tropischen Land kann die Bedeutung des deutschen Wetterberichts nicht verstehen. Sie erklären ihm die unbekannten Begriffe, indem Sie Verben in der unpersönlichen Konstruktion mit es benutzen bzw. Ausdrücke mit **es gibt**, wenn Sie Nomen verwenden.

◀ **Sections 31.2, 31.4**

zum Beispiel:
Gewitter? (blitzen; Blitze)

Er fragt: **Sie erklären:**

Was bedeutet Gewitter? (blitzen; Blitze) ⟶ *Es blitzt. Es gibt Blitze.*

a Gewitter? (donnern; Donner)
b Schauer? (regnen; aufhören; wieder regnen)
c Hagel? (hageln)
d Schneewetter? (schneien; Schnee; kalt werden)
e Niederschläge (regnen; schneien; hageln)
f Hitzewelle? (sehr warm werden; sehr warm bleiben)
g Wechselhaftes Wetter? (Regen; Sonne; Wolken)
h Bewölkung? (viele Wolken; wenige Wolken)
i Glatteis/Eisglätte? (frieren; Eis)

2 Ein Neuanfang

Zwei Lehrer unterhalten sich über einen ‚Problemschüler', der vor kurzem in die Schule aufgenommen wurde. Bilden Sie Sätze und schreiben Sie diese auf.

◀ **Section 31.1**

| Es ist (nicht) | gut,
richtig,
wichtig,
möglich,
unmöglich,
ausgezeichnet,
sicher,
falsch,
wahrscheinlich, | dass
wenn
wie | er einen persönlichen Tutor bekommt.
wir ihn anders als seine Mitschüler behandeln.
er einen alten Freund getroffen hat.
er sich wohl fühlt.
wir ihm vertrauen.
er sich schon eingelebt hat.
er das Klassenziel nicht erreichen wird.
wir ihm helfen können.
wir ihn (nicht) bestrafen.
er seine Hausaufgaben (nicht) macht.
er sich anstrengt.
wir ihn behandeln, wie er früher behandelt wurde. |

3 Krankenhausinformationen

Ein Angehöriger eines Unfallopfers ruft im Krankenhaus an, um sich nach dem Befinden des Patienten zu erkundigen. Die Krankenschwester am Telefon gibt die Nachrichten durch, die ihr der Arzt diesbezüglich gegeben hat. Sie drückt sich aber anders aus. Welche Aussagen passen zueinander?

◀ **Section 31.4**

Aussagen des Arztes:	Aussagen der Krankenschwester:
1 Es ging um Leben und Tod.	a Der Knochenbruch war nicht ganz einfach.
2 Heute geht es dem Patienten schon viel besser.	b Für eine schnelle Genesung ist wichtig, dass die Wunden gut heilen.
3 Es handelt sich um einen komplizierten Knochenbruch.	c Heute fühlt sich der Patient nicht mehr so krank.
4 Es hängt vom guten Zusammenwachsen der Knochen ab, wann wir den Patienten entlassen.	d Wir müssen dem Patienten heute leider noch einmal einen neuen Verband anlegen.
5 Es kommt auch darauf an, dass die Wunden gut heilen.	e Machen Sie sich keine Sorgen!
6 Es tut mir Leid, aber der Verband muss neu angelegt werden.	f Wir hoffen, dass der Heilungsprozess ohne Schwierigkeiten abläuft.
7 Es gibt beim Heilungsprozess hoffentlich keine neuen Komplikationen.	g Wenn die Ärzte nicht so schnell gehandelt hätten, wäre der Patient vielleicht nicht mehr am Leben!
8 Es besteht kein Grund zur Sorge.	h Der Patient muss sich noch lange schonen.
9 Es kommt noch eine lange Genesungsperiode auf den Patienten zu.	i Der Patient hat außer zwei Knochenbrüchen keine weiteren Beschwerden.
10 Abgesehen von zwei gebrochenen Knochen, fehlt dem Patienten nichts.	j Wenn der Knochenbruch gut verheilt, kann der Patient bald entlassen werden.

4 Wie feiert man in Deutschland?

Schreiben Sie die Sätze in der unpersönlichen Passivform um.

◀ **Section 31.5**

zum Beispiel:
Beim Oktoberfest (Bier trinken; Weißwürste essen)

⟶ *Es wird viel Bier getrunken. (= singular)*
⟶ *Es werden viele Weißwürste gegessen. (= plural)*

a Man feiert viele Feste.
b Am Silvesterabend (Sekt trinken; ein Feuerwerk veranstalten).
c Am heiligen Abend (Geschenke auspacken).

d Am Weihnachtstag (Gänsebraten essen; Weihnachtsstollen essen).
e In der Adventszeit (viel backen).
f Zu Weihnachten (Weihnachtslieder singen; Christbaum aufstellen).
g Beim Karneval (Masken und Fastnachtskostüme tragen).
h Zu Fasching (Bälle und Partys veranstalten).
i Am Rosenmontag (Umzug abhalten).
j Zu Ostern (Ostereier färben).

 # FREIE FAHRT!

5 Ein furchtbarer Urlaub!

Sie sind deutscher (deutsche) Tourist(in) in England und schicken einem Freund eine Postkarte. Leider hat bis jetzt wenig geklappt: Sie haben Probleme mit dem Wetter, dem Essen und dem Hotel. Erzählen Sie in ca. 120–150 Wörtern, was passiert ist.

zum Beispiel:

Es hat hier die ganze Zeit geregnet. Vorgestern hat es . . . . . Gestern hat es . . . . . und heute . . . . . Im Restaurant . . . . . Im Hotel . . . . . Auf unserem Zimmer . . . . .

Versuchen Sie möglichst viele der folgenden Ausdrücke zu verwenden:

es geht	schneien	donnern	blitzen	hageln
windig/wolkig/trüb sein	frieren	schmecken	gefallen	stinken
es zieht	fehlen	es gibt	gelingen	Leid tun

6 Geht es oder geht es nicht?

Bilden Sie Sätze mit *es* + Adjektiv.

zum Beispiel:

⟶ *Es ist im Moment schwierig, Geld zu sparen.*
⟶ *Es wird nicht leicht sein, sie zu finden.*

Verwenden Sie zum Beispiel folgende Adjektive:

(nicht) möglich	unmöglich	(nicht) schwer	(nicht) schwierig
(nicht) leicht	(nicht) einfach	nützlich	(nicht) wichtig
(nicht) nötig	(nicht) erforderlich	(nicht) ratsam	

7 Im Krankenhaus

Übernehmen Sie die Rolle (a) eines (einer) zufriedenen Patienten (Patientin) und (b) eines (einer) unzufriedenen Patienten (Patientin). Sagen Sie der Krankenschwester, wie Sie sich fühlen, was Sie zu loben bzw. zu kritisieren haben.

zum Beispiel:

Es geht mir . . . . ., es fehlt . . . . ., es ist zu heiß . . . . usw.

32 Prepositional verbs

 ## SO WIRD'S GEMACHT

32.1 Verbs and prepositions

Many German verbs are followed by a preposition. Sometimes the preposition is the same as in the English expression (for example, *vergleichen mit* 'to compare **with**', *bestehen auf* 'to insist **on**') but more often than not there is no direct link to the English preposition – for example, *sich interessieren für* ('to be interested **in**'), *warnen vor* ('to warn **of**'). For this reason it is important that when you learn a verb you also learn the preposition it takes. The following list gives the most common prepositional verbs but it is by no means exhaustive. The verbs are grouped according to prepositions and the case they take:

an + accusative

glauben an	to believe in
denken an	to think of/about
erinnern an	to remind of/about
sich erinnern an	to remember
(sich) gewöhnen an	to get used to

an + dative

fehlen an	to be lacking
teilnehmen an	to take part in

auf + accusative

antworten auf	to reply to
sich freuen auf	to look forward to
sich konzentrieren auf	to concentrate on
reagieren auf	to react to
warten auf	to wait for

auf + dative

bestehen auf	to insist on

aus + dative

bestehen aus	to consist of

für + accusative

danken für	to thank for
sich interessieren für	to be interested in

in + accusative

sich verlieben in	to fall in love with

mit + dative

anfangen mit	to begin (with)
aufhören mit	to stop
(sich) beschäftigen mit	to occupy oneself with/work on
rechnen mit	to reckon on/with
sprechen mit	to talk to/with
telefonieren mit	to talk on the telephone to
sich unterhalten mit	to talk to/converse with
vergleichen mit	to compare with

nach + dative

sich erkundigen nach	to enquire about
fragen nach	to ask after/enquire about
riechen nach	to smell of
rufen nach	to call after/for
schmecken nach	to taste of
suchen nach	to search for

über + accusative

sich ärgern über	to be annoyed about
sich freuen über	to be pleased about
nachdenken über	to think about/reflect on
reden über	to talk about
schreiben über	to write about
sprechen über	to talk about
streiten über	to argue about
sich wundern über	to be surprised at

um + accusative

sich bewerben um	to apply for
bitten um	to ask for
sich handeln um	to be about/be a question of
kämpfen um	to fight for

von + dative

abhängen von	to depend on
erzählen von	to tell of/about
hören von	to hear of/about
lesen von	to read about
reden von	to talk of/about
sprechen von	to talk of/about
träumen von	to dream of/about
überzeugen von	to convince of

vor + dative

Angst haben vor	to be afraid of
retten vor	to save from
schützen vor	to protect from
warnen vor	to warn about

zu + dative

beitragen zu	to contribute to
einladen zu	to invite to
gehören zu	to belong to/be part of
passen zu	to go with/match

Exercise 1

32.2 Use of prepositional verbs

You use these verbs and their prepositions like any other verb and preposition:

*Sie hat mich **zu** ihrer Geburtstagsfete **eingeladen**.*
She has invited me to her birthday party.

*Er **hat Angst vor** dem Hund.*
He is afraid of the dog.

*Es **fehlt** uns **an** ausgebildeten Lehrkräften.*
We are short of/there is a shortage of trained teachers.

*Er **schreibt über** seine Erfahrungen in Afrika.*
He is writing about his experiences in Africa.

Quite often you will find **da-** before the preposition (**dafür, damit, danach, davon, davor, dazu**) or, if the preposition begins in a vowel, **dar-** (**daran, darauf, daraus, darin, darüber, darum**). This form has the meaning 'with/about/of, etc. **it**' or 'with/about/of, etc. **that**' and you use it when:

- The prepositional verb refers back to a previous idea, very often a whole sentence or clause:

  *Ich werde dir helfen. **Darauf** kannst du dich verlassen.*
  I'll help you. You can count on it.

  *Sie haben einen kleinen Fehler gemacht. Aber **darüber** wollen wir nicht mehr sprechen.*
  You made a small mistake. But let's not talk about that any more.

  *Wir verlieren noch zwei Kollegen. **Daran** müssen wir uns halt gewöhnen.*
  We're losing another two colleagues. We'll just have to get used to that.

- The prepositional verb is linked to a following clause which completes the sense:

  *Sie haben **darauf** bestanden, **dass auch ich mitfahre**.*
  They insisted that I should go with them too.

  *Ich freue mich **darauf**, **deine Eltern kennen zu lernen**.*
  I am looking forward to meeting your parents.

  *Das hängt **davon** ab, **wie viel Geld ich habe**.*
  It depends on how much money I have.

  *Wir haben uns **darüber** gewundert, **dass niemand da war**.*
  We were surprised that no one was there.

Occasionally the clause completing the prepositional verb may come before it. This is especially the case when you want to emphasise the content of the clause:

  *Dass sie überhaupt nicht erscheinen würde, **damit** hatten wir ja nicht gerechnet.*
  Her not turning up at all was something we simply hadn't reckoned with.

Exercise 2

232

ÜBUNG MACHT DEN MEISTER!

1 Das Auslandsjahr

Helen Barrett, eine Ingenieurstudentin aus Bristol, verbringt ihr Auslandsjahr als Praktikantin bei einer deutschen Firma in München. Sie spricht über ihre Erfahrungen. Setzen Sie die fehlenden Präpositionen ein.

Section 32.1

Weil ich mich schon immer . . . . Fremdsprachen interessiert habe, habe ich einen Studiengang gewählt, der . . . . drei Jahren Studium in England und einem Auslandsjahr besteht. Zufällig hörte ich . . . . einer Mitstudentin . . . . diesem Praktikantenplatz. Sofort habe ich von England aus . . . . dem Personalchef der Firma telefoniert und mich . . . . den Bedingungen erkundigt.

Als ich die Bewerbungsunterlagen bekam, habe ich mich . . . . den Praktikantenplatz beworben. Ich wurde von der Firma . . . . einem Vorstellungsgespräch nach London eingeladen, ... dem ich natürlich große Angst hatte. Danach musste ich vier Wochen . . . . eine Antwort warten, aber verglichen . . . . anderen Mitstudenten war das nur eine kurze Zeit. Ich rechnete schon . . . . einer Absage und freute mich deshalb riesig . . . . den positiven Bescheid, als der Brief endlich kam.

Als ich in München ankam, habe ich mich sofort . . . . die Stadt verliebt. Ich konzentrierte mich zunächst . . . . die Zimmersuche. Ich antwortete . . . . viele Zeitungsinserate und fand schließlich eine kleine Wohnung, die . . . . zwei Zimmern, Küche und Bad besteht. Ich teile sie . . . . einer jungen Übersetzerin, die sich . . . . die englische Sprache interessiert und sich . . . . meine gelegentliche Hilfe freut. Wir beide gehören . . . . einem Kreis von jungen Leuten, die neu in der Firma sind, also fehlt es mir nicht . . . . Freunden.

. . . . das Leben hier habe ich mich schnell gewöhnt. Verglichen . . . . dem Studentenleben in England ist es natürlich etwas schwer. Ich wundere mich noch immer . . . . den frühen Arbeitsbeginn hier in Deutschland. Ich fange um 7.30 Uhr . . . . der Arbeit an und habe erst um 17.30 Uhr Feierabend.

In der Firma besteht meine Arbeit nicht . . . . einer Aufgabe, es handelt sich nämlich . . . . eine sehr flexible Stelle: Ich spreche . . . . Kunden, ich telefoniere . . . . Auslandskunden, ich beschäftige mich . . . . Exportproblemen, ich suche . . . . wichtigen Dokumenten, ich trage manchmal sogar etwas . . . . Produktplanung bei. Ich werde . . . . allen internen Besprechungen eingeladen und gehöre schon ganz . . . . Belegschaft.

Natürlich denke ich oft . . . . meine Eltern und Freunde in England, ich warte . . . . die Ferien und freue mich . . . . ein baldiges Wiedersehen.

2 Einige Einzelheiten aus Helens Leben

Verkürzen Sie die Sätze in Klammern, indem Sie zusammengesetzte Präpositionen mit 'da' verwenden.

 **Section 32.2**

zum Beispiel:
Anfangs war sie ein bisschen einsam. (Sie litt **unter** dieserTatsache.)

⟶ *Sie litt **darunter**.*

a Sie hat zu Beginn viele Fehler gemacht. (Sie hat **aus** den Fehlern gelernt.)
b Sie musste früh aufstehen. (Sie war nicht **auf** den frühen Arbeitstag vorbereitet.)
c Bald fiel ihr das Aufstehen nicht mehr schwer. (Sie gewöhnte sich **an** die frühen Zeiten.)
d Der Chef lobte sie oft. (Sie freute sich **über** das Lob.)
e Sie bekam ein gutes Gehalt. (Sie war dankbar **für** das Geld.)
f Sie musste mehr und mehr mit Kunden verhandeln. (Sie gewöhnte sich bald **an** diese Situation.)
g Sie wurde zu Lehrgängen geschickt. (Sie nahm gern **an** den Lehrgängen teil.)
h Manchmal musste sie einen Vortrag halten. (Sie hatte Angst **vor** diesen Vorträgen.)

🚗 FREIE FAHRT!

3 Kennen Sie die Präpositionen?

a Wählen Sie zehn Verben von der Liste auf den Seiten **229–231** und testen Sie einen (eine) Partner(in). Weiß er (sie), welche Präpositionen zu welchem Verb passen? Selbstverständlich muss er (sie) auch den dazugehörigen Kasus nennen!

zum Beispiel:
überzeugen?

⟶ *von + dative*

retten?

⟶ *vor + dative*

b Jetzt wird's schwieriger! Machen Sie eine Liste von drei Präpositionen plus Kasus und bitten Sie den (die) Partner(in) möglichst viele Verben zu schreiben, die mit dieser Präposition und diesem Kasus verwendet werden.

zum Beispiel:
an + accusative
sich erinnern an, denken an . . .

c Nachdem Sie die Verben in (b) korrigiert haben, erfinden Sie für jedes Verb einen Satz.

zum Beispiel:
Sie erinnerte sich kaum noch an ihre Kindheit im Ausland.
Er dachte schon an die nächsten Ferien.

4 Wie geht's weiter?

Arbeiten Sie zu zweit! Eine(r) erfindet einen unvollständigen Satz mit Verb und *da* + Präposition.

zum Beispiel:
Sie freute sich darauf, . . .
Er hat mich daran erinnert, . . .

Der (die) andere muss dann versuchen den Satz zu vervollständigen.

zum Beispiel:
Sie freute sich darauf, **ihre Eltern zu besuchen**.
Er hat mich daran erinnert, **dass ich meinen Sohn abholen muss**.

Bilden Sie weitere Sätze mit den folgenden Verben:

überzeugen von	abhängen von	sich interessieren für	bestehen auf
rechnen mit	sich bedanken für	sich erkundigen nach	sich ärgern über

33 The passive

SO WIRD'S GEMACHT

33.1 Active and passive

Verbs in English and German can be either 'active' or 'passive'. An active verb is one whose subject performs the action of the verb. For example:

Heidi schrieb den Brief.
Heidi wrote the letter.

Here the subject, **Heidi**, is the person writing the letter and so we have an active sentence.

In a passive sentence the subject of the verb is not the 'doer' but rather the person or thing that has the action of the verb done to it. For example:

Der Brief wurde von Heidi geschrieben.
The letter was written by Heidi.

Here the subject, **Brief**, had the action (of writing) done to it. The sentence is therefore passive.

Since the passive is used more often in German than it is in English, it is important that you have a good understanding of how it works.

Note that in German you can only form this passive construction from transitive verbs, that is verbs which take a direct or accusative object (for example, **machen** or **sehen** but not **gehen** or **sitzen**).

33.2 Passive with *werden*

33.2.1 Forming the passive

The key to the German passive is the verb **werden**. When used in a passive sentence it corresponds to the English 'to be'. The forms of **werden** in the present and simple past tenses are:

Present		Simple Past	
ich werde	*wir werden*	*ich wurde*	*wir wurden*
du wirst	*ihr werdet*	*du wurdest*	*ihr wurdet*
Sie werden	*Sie werden*	*Sie wurden*	*Sie wurden*
er/sie/es wird	*sie werden*	*er/sie/es wurde*	*sie wurden*

Be careful not to confuse *wurde*, etc. with the conditional form *würde*, etc. ('would') (see Chapter 36).

You form the passive by using a form of *werden* with the past participle of the relevant verb. You must place the past participle at the end of the clause:

*Die Arbeit **wird** nur langsam **gemacht**.*
The work is being done slowly.

*Sie **wurde** in der Stadt **gesehen**.*
She was seen in town.

➡ **Exercises 1, 4**

33.2.2 Perfect and pluperfect passive

To form the perfect passive use the present tense of *sein* with the past participle + *worden*:

Es ist schon gemacht worden.
It has already been done.

Wir sind gesehen worden.
We have been seen.

To form the pluperfect passive use the simple past of *sein* along with the past participle + *worden*:

Es war schon gemacht worden.
It had already been done.

Wir waren gesehen worden.
We had been seen.

✐ Note that you always put *worden* after the other past participle.

➡ **Exercise 2**

33.2.3 Future and future perfect passive

- You form the future passive by putting *werden* into the future tense:

*Die Arbeit **wird** gemacht **werden**.*
The work will be done.

*Wir **werden** gesehen **werden**.*
We will be seen.

However, the present tense is often used to convey the future passive, especially where there is no possible ambiguity:

Sie wird nächste Woche untersucht.
She will be examined next week.

- You form the future perfect (see Chapter 25) passive by using the present tense of **werden** + the past participle followed by **worden sein**:

Die Arbeit wird gemacht worden sein.
The work will have been done.

Wir werden gesehen worden sein.
We will have been seen.

 Exercise 3

33.3 Passive with *sein*

Apart from the passive with **werden**, which focuses on the process of the action, German also has a passive with **sein** which emphasises the resultant state once the action of the verb is complete. You form this in exactly the same way as the more common **werden**-passive. The only difference is that **sein** takes the place of **werden**. Compare the following:

*Das Haus **wird** gebaut.*
The house is being built.

*Das Haus **ist** gebaut.*
The house is built (i.e. it is finished).

*Der Aufsatz **wurde** gestern geschrieben.*
The essay was written yesterday.

*Der Aufsatz **war** auf schlechtem Papier/auf Deutsch geschrieben.*
The essay was written on poor-quality paper/in German.

Note that you normally only use the **sein**-passive in the present and simple past tenses.

Be careful not to assume that the English 'is' or 'was' in a passive sentence is always the equivalent of the **sein**-passive. Remember you should only use the **sein**-passive if you wish to emphasise the state resulting from the action. In all other cases (that is the majority of cases) use the **werden**-passive.

33.4 Use of *von* and *durch*

- When the passive states who (or sometimes what) the action was done **by** (i.e. the so-called 'agent'), the English 'by' is normally translated by the German **von** (+ dative):

*Die Flugkarte wurde **von** einem älteren Herrn abgeholt.*
The airline ticket was picked up by an elderly gentleman.

- You use **durch** (+ accusative) to convey not an agent but rather the means by which something is done:

*Die neuen Pflanzen wurden **durch** den kalten Frühling zerstört.*
The young plants were destroyed by the cold spring.

- If you wish to suggest that an agent was less actively involved, you can use **mit** (+ dative) instead of **durch**:

  *Das Regal war **mit** bloß zwei Schrauben an der Wand befestigt.*
  The shelves were held on to the wall with/by only two screws.

➡ **Exercise 5**

33.5 Alternatives to the passive

German uses a number of active constructions where English uses a passive. These include:

- Putting the object before the active verb:

  Dieses Buch hat ein unbekannter Italiener geschrieben.
  This book was written by an unknown Italian.

- The impersonal **man** (lit.: 'one'):

  *Letzte Woche hat **man** ihm endlich gekündigt.*
  He was finally given his notice last week.

- The verb **lassen** with a reflexive pronoun and an infinitive to suggest that the action is possible:

  *Die Situation **lässt sich** noch **retten**.*
  The situation can still be saved.

- The verb **sein** followed by **zu** + infinitive:

  *Der Aufsatz **ist** spätestens bis Ende des Monats **einzureichen**.*
  The essay is to be handed in by the end of the month at the latest.

➡ **Exercise 6**

 ÜBUNG MACHT DEN MEISTER!

1 Umweltschutz

Es gibt heutzutage viele Maßnahmen unsere Umwelt zu schonen. Setzen Sie bitte die untenstehenden Sätze ins Passiv (Vorsicht, es gibt Singular- und Pluralformen!).

◀ **Sections 33.1, 33.2**

zum Beispiel:
Man tankt bleifreies Benzin.

    ⟶ *Bleifreies Benzin wird getankt.*

a   Man spart Energie.
b   Man beschränkt die Geschwindigkeit.
c   Man bringt Flaschen und Gläser zum Glascontainer.
d   Man kauft Pfandflaschen und keine Einwegflaschen.
e   Man sammelt Altpapier und Pappe.
f   Man benutzt fast nie Plastiktüten.
g   Man kauft keine Plastikgefäße.
h   Man trennt den Müll in verschiedene Mülltonnen.
i   So schont man die Umwelt.

2 So war es früher

Leider waren die Leute nicht immer so umweltbewusst und viele Umweltsünden wurden begangen. Schreiben Sie Passivsätze über die Vergangenheit.

◀ Section 33.2.1

zum Beispiel:
Wasserverbrauch (nicht messen)

→ *Der Wasserverbrauch wurde nicht gemessen.*

→ *Der Wasserverbrauch ist nicht gemessen worden.*

a   Joghurtbecher (wegwerfen)
b   Papier (verschwenden)
c   Energie (verbrauchen)
d   Einwegflaschen (kaufen)
e   Plastiktüten (kostenlos abgeben)
f   verbleites Benzin (tanken)
g   Müll (nicht trennen)
h   Altmaterial (nicht sammeln)

3 Umweltmaßnahmen für die Zukunft

Folgende Maßnahmen werden hoffentlich bald eingeführt werden. Schreiben Sie Passivsätze im Futur.

◀ Section 33.2.3

zum Beispiel:
alle Autos mit Katalysator ausstatten

→ *Alle Autos werden mit Katalysator ausgestattet werden.*

a   alternative Energiequellen suchen.
b   Sonnen- und Windenergie mehr nutzen
c   energiesparende Haushaltsgeräte einführen
d   Höchstgeschwindigkeit senken
e   Energieverbrauch besteuern
f   Umweltverschmutzung bestrafen

4 Leere Wahlversprechen

Vor den Wahlen machen die Politiker den Wählern oft Versprechen. Nach den Wahlen ist aber die Wirklichkeit oft anders, wenn man untersucht, was wirklich gemacht wird.

◀ **Section 33.2**

zum Beispiel:

Versprechen	**Wirklichkeit** (Passiv)
Unsere Partei wird: mehr Geld für Erziehung ausgeben	weniger Geld ausgeben
⟶ *Weniger Geld wurde für Erziehung ausgegeben.*	

Unsere Partei wird:

a   die Steuern senken   Steuern erhöhen
b   mehr Mittel für die soziale Sicherung   keine neuen Finanzmittel bereitstellen
   bereitstellen
c   den sozialen Wohnungsbau fördern   keine Sozialwohnungen bauen
d   die Renten stark erhöhen   Renten nur um 1% erhöhen
e   weniger Geld für die Rüstung ausgeben   mehr Geld für die Rüstung ausgeben
f   eine neue Umweltpolitik betreiben   keine neue Umweltpolitik betreiben
g   mehr Geld in den Straßenbau investieren   kein Geld in den Straßenbau investieren

5 Auf der Polizeiwache

Auf der Polizeiwache ereigneten sich am Wochenende einige Zwischenfälle. Leider sind die Sätze durcheinander geraten. Finden Sie die richtige Wortstellung.

◀ **Section 33.4**

a   Tourist – ein – ist – von – amerikanischer – einem – bestohlen – worden – Taschendieb
b   der Einbrecher – ertappt – wurde – von – einem Polizisten – auf frischer Tat
c   durch – ein Banküberfall – verhindert worden – das schnelle Eingreifen – ist – der Polizei
d   Randalierer – zwei – festgenommen – sind – worden – Hauptbahnhof – am – einem Polizisten – von
e   der Kreuzung – auf – ein Betrunkener – überfahren – Lastwagen – von einem – ist – worden
f   von – zwei – der Polizei – gefasst – Taschendiebe – im Fußballstadion – wurden
g   wurde – einen Blitzschlag – ein Haus – durch – in Brand – gesetzt
h   Hund – gefunden – von einem – streunender – Streifenwagen – ein – ist – worden

6 Eine Liste der Vorkommnisse

Sie schreiben jetzt eine Liste der acht Vorfälle ohne sich an genaue Details zu erinnern. Sie umgehen das Passiv durch den Gebrauch von ‚man hat . . .‘.

 **Section 33.5**

zum Beispiel:
Man hat einen Touristen bestohlen.

(Vorsicht bei ‚g‘! Hier wird ‚man‘ nicht benutzt.)

FREIE FAHRT!

7 Es hat sich aber viel geändert!

Arbeiten Sie zu zweit! Ein Onkel kommt zu Besuch. Er ist in Ihrer Stadt aufgewachsen, hat sie aber seit Jahren nicht mehr gesehen. In der Zwischenzeit hat sich viel geändert. Auf einem Stadtbummel will er wissen, wann das alles passiert ist.

zum Beispiel:
Wann ist das Rathaus umgebaut worden?
⟶ *Das wurde schon 1990 umgebaut.*
Wann ist die neue Schule eröffnet worden?
⟶ *Die wurde erst letztes Jahr/schon vor drei Jahren eröffnet.*

Machen Sie weiter. Sie könnten folgende Gebäude erwähnen:

Supermarkt	Stadion	Internetcafé	Kaufhaus	Volkshochschule
Theater		Museum	Bank	Bäckerei Uhrenfabrik

Folgende Verben könnten auch nützlich sein:

renovieren	bauen	stilllegen	sperren	verbreitern
sanieren	gründen	vergrößern	schließen	eröffnen

8 Deutsche Geschichte

a Was wissen Sie über Deutschland nach dem Krieg? Lesen Sie folgende kurze Zeittafel der wichtigsten Ereignisse der deutschen Nachkriegsgeschichte.

1949 Gründung der BRD, DDR
1949 Wahl des ersten Bundeskanzlers (Adenauer)
1952 Unterzeichnung des Deutschlandvertrags
1961 Errichtung der Berliner Mauer
1966 Bildung der Großen Koalition
1969 Wahl der ersten SPD/FDP Regierung
1989 Öffnung der deutsch-deutschen Grenze
1990 Wiedervereinigung Deutschlands
1998 Wahl der ersten SPD/Grünen Regierung
1999 Einführung des Euro
2005 Wahl der ersten Bundeskanzlerin

Arbeiten Sie nun zu zweit! Mit Hilfe der Zeittafel stellen Sie einander Fragen.

zum Beispiel:

Wann ist die erste SPD/FDP Regierung gewählt worden? ⟶ *1969/im Jahre 1969*
Wann ist der Deutschlandvertrag unterzeichnet worden? ⟶ *1952/im Jahre 1952*

b   Schreiben Sie nun im Präteritum eine kurze Geschichte der Bundesrepublik Deutschland.

zum Beispiel:
1949/im Jahre 1949 wurden die BRD und die DDR gegründet.

9 Was für eine Überraschung!

Während Herr und Frau Schnell im Urlaub waren, haben ihre Kinder (Susanne, Antje, Karl und Heinz) viele Partys in der Wohnung gefeiert. Kurz vor Rückkehr der Eltern haben die Kinder die Wohnung gründlich geputzt. Frau Schnell war erstaunt, wie gut die Wohnung aussah, denn die Fenster waren geputzt, die Teppiche waren gereinigt, der Rasen war gemäht usw. Nachher erzählt sie ihrer Freundin, wer alles gemacht hat.

zum Beispiel:
Die Fenster wurden von Susanne geputzt.
Der Rasen wurde von dem kleinen Karl gemäht.

Finden Sie zehn weitere Beispiele.

10 Wie kann man das anders sagen?

Schreiben Sie zunächst zehn Sätze im Passiv. Tauschen Sie mit einem (einer) Partner(in) und versuchen Sie dann seine (ihre) Sätze neu zu schreiben, indem Sie das Passiv vermeiden.

zum Beispiel:
Das neue Kino wurde von einem berühmten Schauspieler eröffnet.
   ⟶ *Das neue Kino eröffnete ein berühmter Schauspieler.*
ODER: *Ein berühmter Schauspieler eröffnete das neue Kino.*

Die Arbeit kann erst im neuen Jahr gemacht werden.
   ⟶ *Die Arbeit lässt sich erst im neuen Jahr machen.*
ODER: *Man kann die Arbeit erst im neuen Jahr machen.*

34 Subjunctive I

34.1 Two subjunctives

The subjunctive is a special form of the verb which you use to convey actions or states which:

i   are reported as having happened
ii may happen in the future or might have happened in the past.

- There are two distinct forms of the subjunctive, known as Subjunctive I and Subjunctive II. They are used as follows:

Subjunctive I	Reported actions/states
Subjunctive II	Possible actions/states in past or future

Subjunctive II, by far the more common form, is also used on occasions as an alternative to Subjunctive I in reporting someone's words.

- It is very important to note that although each subjunctive has a 'present' and a 'past' form, **these do not correspond to the normal, or indicative (i.e. non-subjunctive) tenses of the verb**. Thus in each of the subjunctives there is no future tense and no distinction is made between simple past and perfect tenses. For example, the verb *sein* has the following subjunctive forms:

	Present	**Past**
Subjunctive I	*ich sei*	*ich sei gewesen*
Subjunctive II	*ich wäre*	*ich wäre gewesen*

This chapter will describe the forms and uses of Subjunctive I (hereafter labelled S1), while Chapter 35 will concentrate on Subjunctive II (S2).

34.2 Formation of Subjunctive I

You most commonly see S1 in the *er/sie/es* forms. The others (in particular the *ich*, *wir*, *Sie* and plural *sie* forms) are rarely found. The S1 *er/sie/es* form is the same as the normal, or 'indicative', *ich* form, while the *du* and *ihr* forms add *-est* and *-et* respectively to the verb stem (that is, the infinitive minus *-en*):

haben		gehen	
ich habe	*wir haben*	*ich gehe*	*wir gehen*
*du hab**est***	*ihr hab**et***	*du geh**est***	*ihr geh**et***
Sie haben	*Sie haben*	*Sie gehen*	*Sie gehen*
*er/sie/es hab**e***	*sie haben*	*er/sie/es geh**e***	*sie gehen*

In modern German the *du* and *ihr* forms are considered awkward and you therefore rarely use them, effectively leaving the *er/sie/es* form as the only S1 form distinct from the indicative present tense.

- The S1 forms of *sein* are:

ich sei	*wir seien*
du sei(e)st	*ihr seiet*
Sie seien	*Sie seien*
er/sie/es sei	*sie seien*

- You form S1 in the past by using an appropriate form of the S1 of *sein* or *haben* with the past participle. Again the *er/sie/es* forms tend to be the only ones encountered:

er habe gesagt
sie sei gekommen
es sei passiert

- The same rules apply to the formation of the S1 of modal verbs, with the exception of the *ich* forms which are: ***solle, wolle, könne, müsse, dürfe, möge***.

To form the S1 past tense of modal verbs use an appropriate form of **haben** with the infinitive of the verb which depends on it and the infinitive of the modal verb:

ich habe es machen müssen	I had/have had to do it, etc.
du habest es machen müssen	
Sie haben es machen müssen	
er/sie/es habe es machen müssen	
wir haben es machen müssen	
ihr habet es machen müssen	
Sie haben es machen müssen	
sie haben es machen müssen	

*Sie meinten, er **habe** es letzte Woche **machen sollen**.*
They said he should have done it last week.

*Er sagte, sie **habe** es nicht **kaufen können**.*
He said she wasn't able to buy it.

34.3 Subjunctive I and reported speech

- You mainly use S1 to report what someone has said:

*Sie hat gesagt, sie **wolle** nicht mitfahren.*
She said she did not want to travel with me/us.

*Er sagte, er **habe** einfach keine Zeit.*
He said he simply did not have enough time.

- In English reported speech the tense of the verb being reported depends on the tense of the introductory verb (for example, 'he says', 'she claimed', etc.). German, however, retains the tense of the original utterance (present or past) **regardless of the tense of the introductory verb**. Compare:

,Ich habe keine Zeitung.'
'I don't have a newspaper.'

*Er sagt, er **habe** keine Zeitung.*
He **says** he **doesn't have** a newspaper.

*Er sagte, er **habe** keine Zeitung.*
He **said** he **didn't have** a newspaper.

Similarly, when you are using S1 in the past:

,Ich hatte kein Geld/habe kein Geld gehabt.'
'I didn't have/have not had any money.'

*Er sagt, er **habe** kein Geld **gehabt**.*
He **says** he **didn't have** any money.

*Er sagte, er **habe** kein Geld **gehabt**.*
He **said** he **hadn't had** any money.

As in English, you have to change the original *ich* to *er* when you report the words.

- Where S1 forms are not clearly recognisable as reported speech, you use S2 forms instead. Thus if the original words are **Wir haben viel Geld**, the reported version would be: **Sie sagten**, **sie <u>hätten</u> viel Geld** because the S1 **Sie sagten**, **sie <u>haben</u> viel Geld** is identical to the present indicative.

- In spoken German some people prefer to use S2 to convey reported speech even when there is no possible ambiguity or lack of clarity. If you use both S1 and S2 in the same piece of reported speech, however, S2 suggests a degree of doubt about what is being reported:

*Sie sagt, sie **habe** den Film nicht gesehen und **hätte** auch kein Interesse daran.*
She says she has not seen the film and that she has no interest in it (but I am not sure I believe her).

- Where the subjunctive differs from the present indicative (i.e. in the *du*, *er/sie/es* and *ihr* forms), you do not need to keep repeating an introductory 'he/she/they, etc. said' or indeed to use one in the first place in order to report what was said:

*Sie **wolle** nicht umziehen. Die Wohnung **gefalle** ihr sehr gut und der Nachbar **helfe** ihr mit den Einkäufen. Außerdem **sei** alles Nötige ganz in der Nähe.*
(She said) she did not want to move. She liked the flat a lot, and her neighbour helped her with the shopping. Furthermore all the essentials were close by.

- In conversation, and increasingly in written German too, you tend to avoid the subjunctive completely after verbs of thinking or saying by employing a **dass** clause:

Sie sagt, dass sie arbeitslos ist.
She says she is unemployed.

Er meint, dass er anrufen soll.
He thinks he is supposed to telephone.

➡ **Exercises 1, 2, 3, 4**

34.4 Other uses of Subjunctive I

- You use S1 in reported questions too (note that the verb here goes to the end of its clause):

*Sie fragten, warum er nicht zu Hause **sei**.*
They asked why he wasn't at home.

*Sie wollte wissen, wo sich das neue Parlamentsgebäude **befinde**.*
She wanted to know where the new parliament building was (situated).

Once again, however, you must use S2 when S1 is the same as the indicative form:

*Er fragte, warum wir kein Geld **hätten**.*
He asked why we didn't have any money.

- The most common way of reporting a command is to use **sollen**:

‚Kommen Sie am Montag vorbei.‘
‘Call in on Monday.’

*Er sagte, ich **solle** am Montag vorbeikommen.*
He said I should call in on Monday.

- To express a wish use S1 in the third person:

*Es **lebe** die Demokratie!*
Long live democracy!

*Gott **sei** Dank!*
Thank God/heavens.

 **ÜBUNG MACHT DEN MEISTER!**

1 Ein Interview auf der Polizeiwache

Frau Bennet, eine Besucherin aus England, berichtet über einen Vorfall, der sich bei ihrer Ankunft am Flughafen ereignet hat. Ihr Bericht wird auf Tonband aufgenommen und später von einem Polizisten an seinen Vorgesetzten weiterberichtet. Hier ist das Transkript des Vorfalls. Setzen Sie die unterstrichenen Verbformen in die indirekte Rede (Konjunktiv I). (Vergessen Sie nicht, *sie* statt *ich* zu schreiben!)

Sections 34.2, 34.3

Ich bin heute morgen mit der ersten Maschine aus Birmingham gelandet. Ich habe das Flugzeug als eine der ersten Passagiere verlassen. Ich beeilte mich, weil ich einen Termin in unserer Partnerfirma einhalten wollte. Als ich durch die Passkontrolle zur Gepäckrückgabe ging, stieß ich auf eine Gruppe junger Leute. Ich habe dann meine Reisetasche genommen und bin zum Ausgang gelaufen. Dort sah ich die Gruppe der jungen Leute wieder. Sie warteten anscheinend auf ein Taxi. Einer der jungen Männer hat mich dann angesprochen und nach der Uhrzeit gefragt. Als ich meine Reisetasche abstellte, um auf meine Armbanduhr zu schauen, näherte sich plötzlich eine junge Dame, die meine Tasche ergriff und in ein wartendes Taxi einstieg. Das Taxi ist daraufhin mit großer Geschwindigkeit abgefahren. Es stellte sich heraus, dass die Gruppe junger Leute die Dame nicht kannten. Sie waren genauso erstaunt wie ich über den Vorfall. Ich habe natürlich meine ganzen Dokumente verloren. Als Finderlohn für die Unterlagen hat meine Firma eine Belohnung in Höhe von 1000 Euro ausgesetzt, weil es sich um wichtige Dokumente handelt.

2 Ein neuer Patient

Herr Kaufmann ist auf Urlaub und hat starke Magenschmerzen. Er hat seinen ersten Termin beim Arzt im Ferienort. Der Arzt hat ihm einige Fragen gestellt:

Section 34.3

a Wie heißen Sie?
b Wo wohnen Sie?
c Wann sind Sie geboren?
d Sind Sie heute zum ersten Mal hier?
e Sind Sie versichert?
f Wie heißt Ihre Krankenkasse?
g Haben Sie eine Krankengeschichte?
h Seit wann haben Sie Schmerzen?
i Wo tut es weh?
j Haben Sie Angst vor einer Spritze?
k Sind Sie allergisch gegen Penicillin?
l Können Sie die Symptome beschreiben?

Nach der Operation berichtet Herr Kaufmann, was sich abgespielt hat.

Er erzählt: *Der Arzt wollte wissen, wie ich hieße (or heiße), wo ich wohnte (or wohne), ob ich versichert sei usw.*

Dann sagte der Arzt:

m Es tut mir Leid, Sie sind sehr krank.
n Ich muss einen Krankenwagen für Sie bestellen.
o Sie müssen heute noch operiert werden.

Berichten Sie weiter:
Der Arzt sagte, es tue ihm Leid, ich . . .

3 Im Krankenhaus

Der neue Patient wacht nach der Operation auf und stellt Fragen an eine junge Schwesternhelferin:

◀ **Section 34.3**

a Wo bin ich?
b Was ist passiert?
c Wie lange muss ich bleiben?
d Wann kann ich aufstehen?
e Wann darf ich etwas essen?
f Darf man hier rauchen?
g Soll ich ruhig liegen?
h Ich will meine Verwandten anrufen – ich habe keine Kinder.
i Wie oft muss ich die Tabletten einnehmen?
j Warum darf ich nichts trinken? Ich habe Durst.

Die junge Schwester berichtet an die Stationsschwester weiter. Schreiben Sie die obigen Sätze in der indirekten Rede (Konjunktiv I).

zum Beispiel:
Er fragte, wo er sei, was passiert sei, ob er essen dürfe usw.

4 Alles war falsch!

Der Arzt klärt den Patienten über seine falschen Lebensgewohnheiten auf (direkte Rede) und der Patient berichtet weiter, was der Arzt gesagt hat (indirekte Rede).

◀ **Section 34.3**

Arzt	**Patient**
a Sie haben zu viel gegessen.	Er sagte, ich hätte zu viel gegessen.
b Sie haben zu wenig Bewegung gehabt.	Er sagte, . . .
c Sie sind nicht fit.	
d Sie müssen mehr Sport treiben.	
e Sie dürfen nicht mehr rauchen.	
f Sie können viel Obst essen.	
g Sie sollten nicht so viele Pommes frites essen.	
h Sie müssen mehr auf Ihre Gesundheit achten.	

 **FREIE FAHRT!**

5 Das Studentenleben

a Ihr Bruder hat einen Studienplatz in einer anderen Stadt gefunden. Nach zwei Wochen schreibt er Ihnen über sein neues Leben dort. Später erzählen Sie Ihrer Mutter, was er geschrieben hat.

zum Beispiel:

Er hat geschrieben, er habe sein eigenes Zimmer im Wohnheim. Die Universität sei nur zwei Kilometer entfernt und er müsse also erst um acht Uhr aufstehen. Er sagt, er kenne schon viele Leute . . . . . Er schreibt, er gehe abends . . . . . Am Wochenende habe er . . . . . Er meint, an der Uni . . . . . Er glaubt, in der Stadt . . . . .

Machen Sie weiter.

b Später schreiben Sie Ihrem Freund (Ihrer Freundin) einen Brief und berichten ihm (ihr), was Ihr Bruder geschrieben hat. Schreiben Sie ca. 150 Wörter.

6 Unvorsichtige Autofahrer

a Zwei Polizisten besprechen einen Verkehrsunfall. Der jüngere Polizist hat zwei Augenzeugen verhört und erzählt seinem Kollegen, was sie ihm gesagt haben.

zum Beispiel:

Herr Drewitz hat gesagt, er sei um neun Uhr an der Kreuzung gewesen. Da habe er ein rotes Auto gesehen. Ein Mann habe das Auto gefahren . . . .
Frau Holst behauptet, sie habe einen kleinen roten Wagen gesehen. Sie habe einen Jungen neben der Ampel gesehen. Er sei . . .

Erzählen Sie weiter, was die Augenzeugen über den Vorfall ausgesagt haben.

b Der Fahrer des roten Autos wird später verhaftet und verhört. Der Polizist muss nachher über das Verhör berichten. Was erzählt er seinem Kollegen diesmal? Was hat der Mann gesagt?

zum Beispiel:

Der Mann hat gesagt, er heiße Anton Wieland und wohne Schlossstraße 27. Er besitze einen roten VW-Golf . . . . . Gestern . . . .

7 Darf ich Sie mal was fragen?

Zu Hause erzählen Sie, wie ein Mann Ihren Freund (Ihre Freundin) auf dem Heimweg aufgehalten hat, um Informationen für eine Meinungsumfrage über Transport- und Verkehrsprobleme in Ihrer Stadt zu sammeln. Erzählen Sie, welche Fragen er dem Freund (der Freundin) gestellt hat.

zum Beispiel:

Er wollte wissen, ob er (sie) morgens zu Fuß in die Schule/Universität gehe, ob er (sie) umsteigen müsse. Er hat gefragt, wann er (sie) morgens losfahre, usw.

35 Subjunctive II

SO WIRD'S GEMACHT

Before working on this chapter you are advised to (re-)read the introduction to Chapter 34 on page 244.

35.1 Formation of Subjunctive II

35.1.1 Forming the 'present' of Subjunctive II

You form S2 in the 'present' by adding **-e**, **-est**, **-en**, **-e**, **-en**, **-et**, **-en** and **-en** to the normal (= indicative) simple past tense **ich/er/sie/es** form. If the simple past of strong verbs contains an **a**, **o** or **u** (for example, **gab**, **hob**, **fuhr**), add an umlaut in S2:

gehen		haben		sein	
ich ging**e**	wir ging**en**	ich h**ä**tte	wir h**ä**tten	ich w**ä**re	wir w**ä**ren
du ging**est**	ihr ging**et**	du h**ä**ttest	ihr h**ä**ttet	du w**ä**rest	ihr w**ä**ret
Sie ging**en**	Sie ging**en**	Sie h**ä**tten	Sie h**ä**tten	Sie w**ä**ren	Sie w**ä**ren
er/sie/es	sie ging**en**	er/sie/es	sie h**ä**tten	er/sie/es	sie w**ä**ren
ging**e**		h**ä**tte		w**ä**re	

The S2 forms of weak verbs are identical to the normal past tense forms:

sie arbeitete	she would work
er prüfte	he would test

 Although we refer to these S2 forms as 'present', you must not forget that they often convey future actions or states. Remember also that the subjunctives do not have any distinct future tense forms.

35.1.2 Forming the 'past' of Subjunctive II

You form the 'past' of S2 by using the S2 of **sein** or **haben** and the past participle of the relevant verb:

sie wären gekommen	they would have come
er hätte gekündigt	he would have resigned
ich wäre gegangen	I would have gone
wir hätten aufgegeben	we would have given up

Note that with modal verbs (see Chapter 29) the infinitive serves as the past participle (i.e. *müssen* rather than *gemusst*). This modal past participle always follows the infinitive which depends on it:

*Sie hätten die Arbeit machen **können**.*
You could have done the work.

*Sie hätte mir schreiben **sollen**.*
She should have written to me.

➡ **Exercise 1**

35.2 Use of Subjunctive II

- You use S2 to express conditions (see also Chapter 36) and hypotheses:

*Wir **hätten** dann auch Zeit einkaufen zu gehen.*
We would then have time to go shopping as well.

*Wir **könnten** auch Inge einladen.*
We could invite Inge too.

*Das **wäre** gar nicht so schlecht.*
That wouldn't be at all bad.

- You also use S2 to formulate polite statements, requests and questions:

*Das **wäre** alles.*
That's all.

*Wir **hätten** eine kleine Bitte.*
We have a small favour (to ask).

*Ich **möchte** ein Bier, bitte.*
I'd like a beer, please.

*Wir **hätten** gern zwei Kaffee.*
We would like two coffees.

***Hätten** Sie vielleicht noch heute Zeit?*
Would you have time today?

- Modal verbs are particularly common in this usage:

***Könntest** du uns bitte helfen?*
Could you help us, please?

*Ohne eure Hilfe **müssten** wir noch schneller arbeiten.*
We would have to work even more quickly if we didn't have you to help.

Note the special meanings of the following S2 modals:

*Das **müsste** die Lösung sein.*
That must be (i.e. would have to be) the solution.

*Das **dürfte** die Lösung sein.*
That might well be/probably is the solution.

➡ **Exercises 1, 3, 4**

35.3 *würden* + infinitive

Germans frequently use ***würden*** (the S2 form of ***werden***) + infinitive instead of the simple
S2 forms in conditional sentences without any change in meaning (see also Chapter 36).
This happens, in particular, with:

* Verbs that have irregular S2 forms, such as ***helfen*** ('to help') (***hülfe**, **hülfest**, etc.),
  schwimmen ('to swim') (***schwömme/schwämme**, **schwömmest/schwämmest**, etc.), **stehen** ('to
  stand') (***stünde**, **stündest**, etc.) or ***sterben*** ('to die') (***stürbe**, **stürbest**, etc.).

NOT: *Wenn er uns **hülfe**, kämen wir viel schneller voran.*
BUT: *Wenn er uns **helfen würde**, kämen wir viel schneller voran.*
   If he were to help us, we would get on much more quickly.

* Other (regular) strong verbs which in conversation many consider to be awkward.
  Compare:

*Wenn er mehr übte, **sänge** er noch besser.*
If he practised more he would sing even better.

with:

*Wenn er mehr übte, **würde** er noch besser **singen**.*

Note, however, that you would very rarely use ***würden*** + infinitive to replace ***wäre***, etc.,
hätte, etc., ***es gäbe*** ('there would be') or the modal S2 forms.

* Conditional sentences in which S2 would fail to make the condition clear. Here, you should
  replace at least one of the S2 verbs by ***würde***:

NOT: *Wenn er es besser **machte**, **verdiente** er mehr.*
BUT: *Wenn er es besser **machte**, **würde** er mehr **verdienen**.*
OR: *Wenn er es besser **machen würde**, **würde** er mehr **verdienen**.*
   If he did it better, he would earn more.

➡ **Exercise 2**

ÜBUNG MACHT DEN MEISTER!

1 Die Wochenendreise

Helga und Lotte möchten eine Wochenendreise nach Paris machen. Sie telefonieren mit dem Reisebüro und erkundigen sich ganz höflich nach den verschiedenen Reisemöglichkeiten. Setzen Sie die Verben in den Klammern in die entsprechende Konjunktiv II-Form. Hier ist das Telefongespräch:

◀ **Sections 35.1, 35.2**

Guten Tag, wir (haben) eine kleine Bitte. (Können) Sie uns vielleicht Auskunft über eine Wochenendreise nach Paris geben? Wir (mögen) vom 20.11. bis höchstens 24.11. bleiben. Wir (wollen) am liebsten mit der Bahn fahren, da (können) man vielleicht Schlafwagenplätze buchen um Zeit zu sparen. Oder (sein) es besser zu fliegen? Wir (brauchen) zwei Einzelzimmer, aber falls das nicht möglich (sein), (gehen) auch ein Doppelzimmer mit zwei Betten. Wenn wir ein Hotel im Zentrum (finden), (sein) das für uns am besten. Es (sein) vielleicht teurer, aber wir (sparen) viel Zeit und (können) mehr Sehenswürdigkeiten besichtigen. (Haben) Sie vielleicht auch einen Stadtplan für uns? Vielen Dank, das (sein) alles!

2 Der Herr vom Reisebüro gibt Ratschläge

a Schreiben Sie die folgenden Ratschläge im Konjunktiv II.

◀ **Sections 35.1, 35.2**

zum Beispiel:
Es wäre ratsam, wenn Sie Reiseschecks (mitnehmen).
Es wäre ratsam, wenn Sie Reiseschecks mitnähmen.

    i   Es wäre möglich, wenn Sie drei Tage Zeit (haben).
    ii Es wäre schlecht, wenn Sie keine Reiseversicherung (abschließen).
    iii Es wäre besser, wenn Sie das Geld hier (umtauschen).
    iv Es wäre ratsam, wenn Sie mit dem Taxi zum Hotel (fahren).
    v Es wäre zu empfehlen, wenn Sie Plätze im Zug (reservieren).
    vi Es wäre sicherer, wenn Sie ohne Wertsachen (reisen).

b Schreiben Sie nun diese Ratschläge, indem Sie *werden* benutzen.

◀ **Section 35.3**

zum Beispiel:
Es wäre gut, wenn Sie Reiseschecks mitnehmen würden.

3 Die Neureichs haben nie genug

Herr Neureich hat sich vom Tellerwäscher zum Besitzer einer großen
Hotelkette emporgearbeitet. Aber sein Erfolgshunger ist nicht zu stillen.

◀ **Section 35.2**

zum Beispiel:
Herr Neureich ist reich (noch reicher).

⟶ *Er wäre gern noch reicher.*

a   Er ist jetzt Millionär (Multimillionär).
b   Er hat einen Mercedes (einen Rolls Royce).
c   Er besitzt einen Hubschrauber (Flugzeug).
d   Er wohnt in einer Villa (Schloss).
e   Er macht drei Monate Urlaub im Jahr (sechs Monate).
f   Er spielt am Wochenende Golf und Tennis (während der Woche auch).
g   Er besitzt 15 Hotels (30 Hotels).
h   Er lebt jetzt wie ein Prinz (wie ein König).

Die Erwartungen seiner Frau sind auch nicht bescheidener.

zum Beispiel:
Sie hat zwei Autos (fünf Autos).

⟶ *Sie hätte gern fünf Autos.*

i   Sie ist die reichste Frau der Stadt (die reichste Frau Deutschlands).
j   Sie hat einen kleinen Freundeskreis (mehr Freunde).
k   Frau Neureich hat viel Schmuck (mehr Gold und Juwelen).
l   Sie besitzt ein Pferd (einen ganzen Reitstall).
m   Sie kennt einige deutsche Filmstars (mehr ausländische Stars).
n   Sie spricht mit einem bayerischen Akzent (ohne Akzent).
o   Sie lernt jetzt Englisch (auch Französisch, Spanisch und Italienisch).
p   Sie beschäftigt drei Haushaltshilfen (einen Butler).

4 Sie hätte nicht kommen sollen!

Silke, eine junge Frau von 20 Jahren, ist zu einem Geburtstagsfest eingeladen. Sie ist sehr
blass und fühlt sich nicht wohl. Ihre Freundinnen sprechen miteinander: *Sie* hätten sich
anders verhalten. Was sagen sie? Schreiben Sie die Sätze der Freundinnen auf.

◀ **Section 35.2**

zum Beispiel:
zu Hause bleiben

⟶ *An ihrer Stelle wäre ich zu Hause geblieben.*

a   nicht kommen
b   den Arzt anrufen
c   Tabletten nehmen
d   im Bett bleiben
e   sich ausruhen
f   die Einladung absagen
g   mehr auf die Gesundheit achten

 **FREIE FAHRT!**

5 An der Rezeption

Arbeiten Sie zu zweit! Eine(r) steht an der Rezeption eines deutschen Hotels und versucht ein Zimmer zu reservieren. Er (sie) fragt, ob das gewünschte Zimmer zu haben ist. Der (die) andere übernimmt die Rolle der Empfangsdame.

zum Beispiel:
Hätten Sie noch ein Doppelzimmer frei?
⟶ *Ja, wir hätten ein Zimmer ohne Bad im ersten Stock.*

Hier sind die Wünsche des Gastes:

Doppelzimmer mit Bad	Fernseher im Zimmer
Blick auf den Fluss	Zimmer im ersten Stock
Abendessen für heute bestellen	Frühstück morgen um sieben Uhr
Kleid und Anzug heute Abend bügeln lassen	

Seien Sie so höflich miteinander wie möglich – benutzen Sie folgende Verben im Konjunktiv II:

> haben sein mögen können müssen möglich sein es gibt

6 Wenn der Konjunktiv nur etwas einfacher wäre!

Bilden Sie 15 Sätze mit dem Konjunktiv II. Sie müssen sich entscheiden, ob eine einfache Konjunktiv-II-Form möglich ist, oder ob die Form *würden* + Infinitiv besser wäre.

zum Beispiel:
*Wenn er nicht so weit weg wohnte, **sähen** wir ihn ja öfter.*
BUT: *Wenn ich mehr Zeit hätte, **würde** ich viel mehr **schwimmen**.*

Verwenden Sie jedes der folgenden Verben mindestens einmal:

> helfen gehen stehen kommen gewinnen bleiben fliegen
> fahren stehlen waschen

36 Conditions

SO WIRD'S GEMACHT

There are three main types of conditional sentence in German, two of which involve the use of the S2 forms explained in Chapters 34 and 35. It is important that you read back over the previous two chapters before tackling this one.

All conditional sentences consist of a ***wenn***-clause ('if-clause') and a main clause.

36.1 Real conditions

These are also known as 'open conditions' since the possibility of them occurring is still open. They never contain a subjunctive and you usually only find them in the present and occasionally the future tenses. Note that in this type of condition English never uses 'would':

Wenn es heute regnet, bleiben wir zu Hause.
If it rains today, we'll stay at home.

Wenn ich Zeit habe, komme ich morgen vorbei.
If I have time, I'll call round tomorrow.

Wenn der Zug pünktlich ist, werden wir zum Mittagessen da sein.
If the train is on time, we'll be there for lunch.

- If you use ***wenn*** with the simple past tense, it denotes repeated or regular action in the past and often has the meaning 'when/whenever':

Wenn wir viel zu tun hatten, mussten wir auch nachts arbeiten.
If/when we had a lot on, we had to work nights as well.

36.2 Unreal conditions

- You use S2 to form unreal conditions, that is, conditions which are unfulfilled. It may be either more or less likely that they will ever be fulfilled but it is not impossible for them to occur:

Wenn ich viel Geld hätte, könnte ich mir ein Haus auf dem Land kaufen.
If I had a lot of money, I could buy myself a house in the country.

Wenn du mehr verdientest, müsstest du mehr Steuern bezahlen.
If you earned more, you would have to pay more tax.

Note that in English we use the past tense in the 'if' clause here and a conditional with 'would' in the main clause, whereas **German uses S2 in both clauses**.

- Since the present-tense S2 forms of weak verbs (for example, **verdientest** above) are identical to ordinary (i.e. indicative) simple past tenses, if you use two of them in a conditional sentence you need to mark at least one as a conditional to avoid ambiguity (see also Chapter 35). You do this by using **würden** + infinitive:

Wenn er mehr übte, **würde** *er besser* **spielen** (rather than *spielte*).
If he practised more, he would play better.

Wenn sie mich fragte, **würde** *ich es ihr* **sagen** (rather than *sagte*).
If she asked me, I would tell her.

You can replace **both** weak-verb S2 forms by a **würden** construction, and in spoken German you will quite often hear this. In writing, such a sentence is considered poor style and tends to be avoided. For example:

NOT: *Wenn Sie es uns morgen schicken würden, würden wir es bis Montag reparieren.*
BUT RATHER: *Wenn Sie es uns morgen schickten, würden wir es bis Montag reparieren.*
If you were to send it to us tomorrow, we would repair it by Monday.

➡ **Exercises 1, 2, 3**

36.3 **Unrealisable conditions**

You use the past form of S2 to express a possible action or state in the past, but it is an action or state which can no longer be realised:

Wenn du es rechtzeitig **gebracht hättest**, **wäre** *alles in Ordnung* **gewesen**.
If you had brought it on time, everything would have been all right.

In this type of sentence what happened contradicts the condition. Thus, in the example above we are implying 'but you did not bring it on time and things were not all right'. The condition was not realised and it cannot be realised now either.

Wenn sie krank **gewesen wäre**, **hätte** *sie uns doch* **angerufen**.
If she had been ill, she would have phoned us.
(Again we infer: 'but she wasn't ill and therefore she did not phone'.)

Wenn er mehr Zeit **gehabt hätte**, **hätte** *er etwas Besseres* **machen können**.
If he had had more time, he could have made something better.
(But he didn't have time and therefore he couldn't make anything better.)

📝 Note that in English in this type of conditional sentence we frequently use 'would have/could have/might have', etc. in the main clause and a pluperfect 'had brought/had been', etc. in the 'if-clause'. **In German, however, you must use the past form of S2 in both clauses**.

➡ **Exercises 4, 5**

36.4 Variations on conditional sentences

- As in English, you can place the main clause before the **wenn**-clause:

Sie kommt bestimmt, wenn ich sie anrufe.
She'll stay at home if the weather is bad.

Ich wäre sehr dankbar, wenn Sie mir die Broschüre schicken würden.
I would be very grateful if you would send me the brochure.

- In written German, in particular, you can omit **wenn** at the start of the subordinate clause. In this case you put the verb first. This construction is usually only possible if the subordinate clause comes first (compare the English 'Were it not so cold, we could sit outside'):

Haben sie noch Plätze frei, können wir heute Abend ins Theater gehen.
If they still have seats available, we can go to the theatre this evening.

Wäre es nicht so kalt, könnten wir draußen sitzen.
If it weren't so cold, we could sit outside.

Hätten sie es uns früher gesagt, wären wir nicht hingefahren.
If they had told us sooner, we wouldn't have gone there.

- If the **wenn**-clause comes first, you often link it with the main clause by **so** or **dann**:

Wenn Sie am Dienstag kämen, **so/dann** *hätten wir noch Zeit, auch die Stadt zu besichtigen.*
If you came on Tuesday, we would have time to look round the town as well.

 ÜBUNG MACHT DEN MEISTER!

1 Unerfüllte Mutterwünsche

Eine gestresste Mutter von zwei Teenagern klagt über ihre Kinder. Schreiben Sie ihre Wünsche im Konjunktiv II.

◀ Section 36.2

zum Beispiel:
mehr im Haushalt helfen

⟶ *Wenn er doch mehr im Haushalt helfen würde!*

a höflicher sein
b nettere Freunde haben
c mir die Arbeit abnehmen
d nicht so viel Alkohol trinken
e nicht jeden Abend ins Wirtshaus gehen
f früher nach Hause kommen
g öfter kochen
h Arbeit suchen

Über ihre Tochter klagt sie auch.

zum Beispiel:
sich weniger schminken

⟶ *Wenn sie sich doch weniger schminkte/schminken würde!*

i   fleißiger sein
j   ihr Zimmer aufräumen
k   nicht rauchen
l   nicht so viel Geld verbrauchen
m   nicht so viele Kleider kaufen
n   nicht so laute Musik hören
o   nicht so oft in Nachtklubs gehen

2 Schülerwünsche

Schüler unterhalten sich über die neue Schule. Schreiben Sie die Wünsche auf.

◀ **Section 36.2**

zum Beispiel:
Die Lehrer sind zu streng.

⟶ *Ich wünschte, die Lehrer wären nicht so streng.*
⟶ *Wenn doch die Lehrer nicht so streng wären!*

a   Die Hausaufgaben sind zu schwer.
b   Der Unterricht beginnt so früh.
c   Die Stunden sind so langweilig.
d   Man bekommt bessere Noten.
e   Man wird leichter versetzt.
f   Man bleibt nicht sitzen.
g   Die Ferien sind zu kurz.

3 Wenn das Wörtchen 'wenn' nicht wäre . . .

Zwei Tramper, die zu einem Fußballspiel ihrer Lieblingsmannschaft fahren wollen, stehen am Straßenrand im Regen und haben Wünsche. Setzen Sie die Verben in den Klammern in Konjunktiv II.

◀ **Section 36.2**

Wenn doch ein Auto (kommen) und das Auto uns (mitnehmen) und wenn es dazu ein schneller Wagen mit einem rasanten Fahrer (sein) und auch der Verkehr unterwegs nicht besonders stark (sein) und wir schnell (vorankommen)! Und wenn wir dann noch Glück (haben) und eine Eintrittskarte zum Endspiel (bekommen)! Das (sein) ganz toll! Und wenn unser Fußballverein dann ein wenig Glück (haben) und die Mannschaft (gewinnen)! Das (sein) zu schön, um wahr zu sein! Diese Reise und das lange Warten am Straßenrand (haben) sich gelohnt!

4 Ein Pechvogel träumt vergeblich

Horst hat sich bei einem großen Betrieb um eine neue Stelle mit guten Aufstiegschancen beworben. Er wird zum Vorstellungsgespräch eingeladen, hat aber leider keinen Erfolg. Er träumt noch oft von dieser tollen Stelle.

◀ **Section 36.3**

zum Beispiel:
jetzt in der neuen Firma arbeiten

⟶ *Wenn ich die Stelle bekommen hätte, würde ich jetzt in der neuen Firma arbeiten.*

a nette Kollegen haben
b nicht so einen weiten Arbeitsweg haben
c mehr verdienen
d jetzt nicht diese langweilige Arbeit machen müssen
e längeren Urlaub haben
f flexiblere Arbeitszeiten genießen
g bessere Aufstiegschancen bekommen
h zufriedener sein

5 Es war schön, aber es hätte noch schöner sein können!

Zwei Freunde, die eine Wochenendreise nach Berlin gemacht haben, berichten.

◀ **Section 36.3**

zum Beispiel:
das Bundestagsgebäude besichtigen

⟶ *Wenn wir mehr Zeit gehabt hätten, hätten wir das Bundestagsgebäude besichtigt.*

Wenn wir mehr Zeit gehabt hätten, . . .

a den Kurfürstendamm besuchen
b die Reste der Mauer besichtigen
c in die Oper gehen
d eine Bootsfahrt auf dem Wannsee machen
e einen Ausflug nach Potsdam machen
f in die Umgebung reisen

Wenn wir mehr Geld gehabt hätten, . . .

g im Luxushotel wohnen
h jeden Abend auf dem Kurfürstendamm ausgehen
i teure Theaterkarten kaufen
j Einkäufe in den Boutiquen machen
k immer mit dem Taxi fahren
l schöne Reiseandenken mitbringen

 FREIE FAHRT!

6 Wer fährt mit?

Sie planen einen Tagesausflug mit Freunden. Wohin Sie fahren und was Sie genau machen werden, hängt davon ab, wer mitfährt. Besprechen Sie mit einem (einer) Freund(in), was Sie machen, wenn bestimmte Personen mitfahren.

zum Beispiel:
Wenn Paul mitfährt, gehen wir in viele Kneipen.
Ja, aber wenn Sarah dabei ist, müssen wir auch unbedingt ein Museum besuchen.
Ja, und wenn . . .

Besprechen Sie Vorschläge für mindestens zehn weitere Personen.

7 Das britische Wetter!

Wenn man in Großbritannien Urlaub macht, muss man mit wechselhaftem Wetter rechnen. Schreiben Sie einem (einer) deutschen Brieffreund(in), was Sie im Urlaub machen, wenn schlechtes bzw. gutes Wetter ist (ca. 80–100 Wörter).

zum Beispiel:
Wenn es regnet, bleiben wir meistens zu Hause.

Und wenn es schneit oder wenn die Sonne scheint?
Und wenn es frostig/kalt/schwül/warm/heiß/windig ist?

8 Die Welt verbessern!

Manchmal macht es Spaß, darüber nachzudenken, was man an der Welt ändern würde, wenn man sie beherrschte. Was würden Sie machen?

zum Beispiel:
Wenn ich Diktator bzw. der reichste Mann/die reichste Frau der Welt wäre, würde ich . . .

Machen Sie mindestens fünf Vorschläge zur Weltverbesserung!

9 Wenn ich reich wäre . . .

Was würden Sie machen, wenn Sie im Lotto gewinnen würden? Schreiben Sie in ca. 200 Wörtern, was Sie nicht bzw. nicht mehr machen und auch was Sie neu unternehmen würden. Erzählen Sie auch, was die anderen Mitglieder der Familie machen würden/könnten.

zum Beispiel:
Wenn Geld kein Problem wäre, würde ich nicht mehr arbeiten/studieren. Meine Familie könnte mit mir um die Welt fahren. Wir hätten . . . . Ich würde . . . . Mein Bruder müsste nicht mehr . . . . Meine Schwester könnte . . . .

10 Ich hätte es ganz anders gemacht

Arbeiten Sie zu zweit! Eine(r) erzählt (im Perfekt), was er (sie) auf einer Deutschlandreise gemacht hat. Der (die) andere glaubt, dass er (sie) alles besser gemacht hätte.

zum Beispiel:

Ich habe drei Tage in Berlin verbracht.
    ⟶ *Was?! Ich hätte doch eine ganze Woche dort verbracht.*
Ich bin mit dem Zug nach München gefahren.
    ⟶ *Was sagst du?! Ich wäre doch nach München geflogen.*

11 Wenn ich Geld gehabt hätte . . .

Sie haben gerade ein langweiliges Wochenende zu Hause verbracht, weil Sie kein Geld hatten, um etwas Interessanteres zu machen. Was hätten Sie gemacht, wenn Sie viel Geld gehabt hätten? Lassen Sie Ihrer Phantasie freien Lauf!

zum Beispiel:

Wenn ich viel Geld gehabt hätte, wäre ich mit einem (einer) Freund(in) nach Italien gefahren. Dort hätten wir . . .

12 Es hätte alles anders sein können

Stellen Sie sich vor, Sie sind erfolgreicher (erfolgreiche) Sportler(in) und Sie geben einer Jugendzeitschrift ein Interview über Ihre Jugend. Sie haben Glück gehabt. Erzählen Sie, was gewesen wäre, wenn Verschiedenes in Ihrem Leben anders gewesen wäre.

zum Beispiel:

Wenn mir meine Mutter/mein Vater nicht geholfen hätte, wäre ich kein(e) Sportler(in) geworden.
Wenn die Schule keinen Sportlehrer gehabt hätte, . . .

37 Apposition

SO WIRD'S GEMACHT

37.1 Apposition and cases

Nouns which in some way tell you more about a preceding noun or pronoun are said to be 'in apposition' and are always in the same case as the preceding noun/pronoun. This can occur in any of the four cases and the noun or phrase in apposition is always cut off from the rest of the sentence by a comma or commas:

*Was macht denn jetzt dein Bruder, **der Musiker?***
What is your brother the musician doing now?

*Ich kenne ja Ihren Vetter, **den berühmten Fußballspieler**.*
I know your cousin the famous footballer.

*Sag der Maria, **dem kleinen Mädchen** drüben, dass ihre Mutter schon da ist.*
Tell Maria, the little girl over there, that her mother is here.

*Wie heißt die Firma deines Bruders, **des Möbelherstellers?***
What's the name of the firm owned by your brother the furniture manufacturer?

➡ **Exercises 1, 2**

37.2 Titles

Titles of books, films and plays which are in apposition to a noun that describes them stay in the nominative:

*Hast du den Film **,Der Zeuge'** gesehen?*
Have you seen the film, 'The Witness'?

*Das habe ich im Buch **,Die neue Türkei'** gelesen.*
I read that in the book 'The New Turkey'.

37.3 Measurements and dimensions

You also find apposition in measurements and quantities where English would use 'of':

*Ich möchte eine Tasse **heiße Schokolade**.*
I'd like a cup of hot chocolate.

*Trinken Sie ein Glas **italienischen Wein?***
Would you like a glass of Italian wine?

➡ **Exercise 3**

37.4 Numbers and amounts

- After a number or some other expression of amount you use masculine and neuter nouns of measurement, quantity or value **in the singular only**.

*zwei **Glas** Bier*	two glasses of beer
*30 **Grad***	30 degrees (temperature)

- With feminine nouns you must use plural forms:

*ein paar **Flaschen** Bier*	a few bottles of beer
*zwei **Tassen** Tee*	two cups of tea

37.5 Certain other numbers

- If you use another number before the nouns ***das Dutzend*** (dozen), ***das Hundert*** (hundred), ***die Million*** (million) and ***die Milliarde*** (billion), the noun they go with has to be in the same case as the numbers:

  *Die Regierung hat drei Milliarden **alte Schulden** geerbt.*
  The government inherited old debts of three billion.
  (i.e. accusative plural because *drei Milliarden* is accusative plural)

  *trotz zwei Millionen **Arbeitsloser***
  in spite of two million unemployed
  (i.e. genitive plural because *zwei Milliarden* is genitive plural)

- If there is no number before the noun, use ***von***:

Hunderte von Demonstranten	hundreds of demonstrators
Dutzende von Polizisten	dozens of police

37.6 Place names

German has no equivalent of the English 'of' with place names:

die Stadt Kassel	the town of Kassel
an der Universität Essen	at the University of Essen

37.7 Comparisons

Apposition also occurs with **als** ('than') and **wie** ('as') in comparisons:

> **Der Film** *ist genauso langweilig wie* **das Buch**.
> The film is just as boring as the book.

> **Sie** *hat es besser gemacht als* **du**.
> She did it better than you.

> *Ich liebe* **ihn** *mehr als* **meinen Vater**.
> I love him more than (I do) my father.

See also Chapter 15 on the comparison of adjectives and adverbs.

ÜBUNG MACHT DEN MEISTER!

1 Beim Gebrauchtwagenhändler

Finden Sie für die Automarken die richtigen Fälle (z. B. Akkusativ, Dativ usw.) und setzen Sie ein Komma ein, wo es angebracht ist.

◀ **Section 37.1**

zum Beispiel:
Er will diesen großen Wagen . . . . (Volvo).

> ⟶ *Er will diesen großen Wagen, den Volvo.*

a   Das ist ein toller Wagen . . . . (Audi).
b   Darf ich diesen Wagen . . . . (Mercedes) Probe fahren?
c   Wie teuer ist dieser Wagen . . . . (BMW)?
d   Wie funktionieren die Bremsen dieses Wagens . . . . (Volkswagen)?
e   Gibt es in diesem Wagen . . . . (Polo) einen Katalysator?
f   Die Farbe dieses Wagens . . . . (Ford) gefällt mir nicht.
g   Hat dieser Wagen . . . . (Golf) einen Katalysator?
h   Wo befindet sich das Ersatzrad an diesem Wagen . . . . (Opel)?

2 Die Firmenfeier

Auf der Firmenfeier treffen sich die neuen Kollegen und Kolleginnen. Setzen Sie die richtigen bestimmten oder unbestimmten Artikel und alle Kommas ein.

◀ **Section 37.1**

Darf ich vorstellen, das ist der neue Kollege (Ingenieur aus England). Er arbeitet seit letzter Woche mit Herrn Maître (Ingenieur aus Frankreich) zusammen. Mit ihrer Arbeit werden die beiden häufig Herrn Müller (Hauptingenieur der Firma) unterstützen. Dort drüben unterhält sich Herr Pfeifer (Personalchef) mit Herrn Weiß (Abteilungsleiter). Mit Frau Bosch (neue Chefin) kommen die jüngeren Mitarbeiter nicht so gut aus, dafür ist aber Frau Basler (Stellvertreterin) umso freundlicher. Für die Mitarbeiter (Angestellten der Firma Laub) hat sie immer Zeit. Oft berät sie Herrn Weber (Abteilungsleiter) und mit Frau Hübsch (Chefsekretärin) arbeitet sie eng zusammen.

3 Was darf es sein?

a Sie wollen sich stärken und bestellen im Gasthaus. Vorsicht bei den Endungen! Schreiben Sie acht Sätze.

◀ **Section 37.3**

zum Beispiel:
Ich habe Lust auf **einen** Becher **kühle** Milch. (= Akkusativ)

eine Tasse	Kaffee (m.) (schwarz)
ein Glas (n.)	Rotwein (m.) (französisch)
eine Portion	Sekt (m.) (prickelnd)
ein Krug (m.)	Erdbeeren (pl.) (süß)
eine Flasche	Brot (n.) (frischgebacken)
ein Teller (m.)	Bier (n.) (kühl)
ein Schluck (m.)	Spaghetti (pl.) (italienisch)
eine Scheibe	Schnaps (m.) (stark)

b Später erzählen Sie, womit Sie sich gestärkt haben. Schreiben Sie acht weitere Sätze.

zum Beispiel:
Ich habe mich mit **einem** Becher **kühler** Milch gestärkt. (= Dativ)

 **FREIE FAHRT!**

4 Ein teurer Geburtstag

Sie studieren in der Schweiz und zu Ihrem Geburtstag laden Sie eine große Gruppe Ihrer Kommilitonen (Kommilitoninnen) ins Café ein. Man hat Sie zum Sprecher für die Gruppe gemacht.

Sagen Sie dem Kellner, was die Leute trinken wollen. Leider will jeder etwas Anderes haben.

zum Beispiel:

Bringen Sie uns bitte ein Glas französischen Wein, eine Tasse indischen Tee . . .

Bestellen Sie acht weitere Getränke.

5 Kennen Sie das?

Arbeiten Sie zu zweit! Fragen Sie, ob Ihr(e) Partner(in) ein bestimmtes Buch, ein Theaterstück, einen Spielfilm, eine Fernsehsendung oder eine Gruppe kennt. Wenn der (die) Partner(in) richtig rät, woher die Gruppe kommt oder wo das Buch/der Film/die Sendung geschrieben bzw. gedreht bzw. ausgestrahlt wurde, bekommt er/sie einen Punkt und muss dann selber eine Frage stellen. Wer hat nach fünf Minuten die meisten Punkte?

zum Beispiel:

Kennen Sie das Buch ‚Krieg und Frieden‘?
   ⟶ *Das russische?*
Kennen Sie den Film ‚Apocalypse Now‘?
   ⟶ *Den amerikanischen?*

6 Eine Künstlerfamilie

Jens zeigt einem Freund ein Familienfoto, das man auf der Jubiläumsfeier seiner Großeltern aufgenommen hat. Alle 22 Mitglieder der Familie sind entweder künstlerisch oder musikalisch veranlagt. Auf dem Bild sitzen oder stehen sie in drei Reihen. Übernehmen Sie die Rolle von Jens und erklären Sie dem Freund, wer wo sitzt/steht und was jeder von Beruf ist/war.

zum Beispiel:

Hinten in der letzten Reihe steht mein Bruder, der Rockmusiker.
Meine Mutter sitzt in der ersten Reihe neben meiner Großmutter, der ehemaligen Schauspielerin.

38 Numerals

38.1 Cardinal numbers

38.1.1 What are cardinal numbers?

A cardinal number is a simple number such as 5, 46 or 157. The cardinal numbers in German are:

0	*null*				
1	*eins*	11	*elf*	21	*einundzwanzig*
2	*zwei*	12	*zwölf*	22	*zweiundzwanzig*
3	*drei*	13	*dreizehn*	30	*dreißig*
4	*vier*	14	*vierzehn*	40	*vierzig*
5	*fünf*	15	*fünfzehn*	50	*fünfzig*
6	*sechs*	16	*sechzehn*	60	*sechzig*
7	*sieben*	17	*siebzehn*	70	*siebzig*
8	*acht*	18	*achtzehn*	80	*achtzig*
9	*neun*	19	*neunzehn*	90	*neunzig*
10	*zehn*	20	*zwanzig*	100	*hundert*

Note that there is no **s** in the middle of **sechzehn** and **sechzig**, and that **siebzehn** and **siebzig** do not have the expected **en** in the middle.

Numbers over 100 are usually given as figures, but if written out in full, all numbers below a million appear as one word:

101	*hunderteins*	300	*dreihundert*
102	*hundertzwei*	764	*siebenhundertvierundsechzig*
123	*hundertdreiundzwanzig*	1000	*tausend*
159	*hundertneunundfünfzig*	1005	*tausendfünf*
200	*zweihundert*		

269

38.1.2 Spacing in numbers

You usually separate thousands and millions from the rest of the number by a space rather than a comma. Occasionally, however, digits will be separated by a point:

1 100	*tausendeinhundert* OR *eintausendeinhundert* OR *elfhundert*
2 000	*zweitausend*
4 287	*viertausendzweihundertsiebenundachtzig*
1 000 000	*eine Million*
35 466 300	*fünfunddreißig Millionen vierhundertsechsundsechzigtausenddreihundert*
1.000.000.000	*eine Milliarde*

Note the following points about cardinal numbers:

- On the telephone, on public address systems and often in other spoken contexts too, *zwo* is used in place of *zwei* to avoid confusion between *zwei* and *drei*.

- When writing 7, put a bar across it to avoid confusion with 1, for example, 7.

- You usually write and read telephone numbers in pairs. However, you would more likely read out dialling codes digit by digit:

07642 15 07 36 = *null sieben sechs vier zwo*, *fünfzehn*, *null sieben*, *sechsunddreißig*

- You write and read distances, measurements and prices as follows:

85 km	*fünfundachtzig Kilometer*
6 m	*sechs Meter*
30 cm	*dreißig Zentimeter*
27,60 Euro	*siebenundzwanzig Euro sechzig*
0,28 Euro	*achtundzwanzig Cent*

- Years are not separated by a space and are read as follows:

1996	*neunzehnhundertsechsundneunzig*
2001	*zweitausendeins/zweitausendundeins*
2006	*zweitausendsechs*

Note that *in* is **never** used before a year. You must use either *im Jahr(e)* or the year on its own:

EITHER: *Im Jahr(e) 2004 ist er ausgewandert*.
OR: *Er ist 2004 ausgewandert*.
       He emigrated in 2004.

➡ **Exercises 1, 2, 4**

38.2 Ordinal numbers

- Ordinal numbers (for example, 6th, 20th, 102nd) tell you what order things happen in. They are adjectives, take the normal adjective endings (see Chapter 13), and are preceded by the definite article (see Chapter 4).

- From 2nd to 19th ordinal numbers are formed by adding **-te** to the cardinal number:

der zweite, der achte, der elfte usw. the second, eighth, eleventh, etc.

The only three exceptions are:

der erste, der dritte, der siebte   the first, third, seventh

- For 20th and all numbers above, add **-ste** to the cardinal number:

der zwanzigste	the 20th
der vierundvierzigste	the 44th
der hundertste	the 100th
der tausendste	the 1000th

Any numbers above 20 which end in a number from 2nd to 19th, however, retain the **-te** ending:

der hundertzweite, der hundertzwölfte, der tausendfünfte
the 102nd, the 112th, the 1005th

When written, the ordinals normally appear as a figure followed by a full stop:

Written	Spoken
in der 57. Spielminute	*in der siebenundfünfzigsten Spielminute*
der 21. Mai	*der einundzwanzigste Mai*
am 10.6.	*am zehnten sechsten*

 Exercises 3, 5

38.3 Fractions

- A half is either the adjective **halb** or the noun **die Hälfte**:

eine halbe Stunde	half an hour
ein halbes Jahr	six months
die Hälfte der Arbeit	half the work

One and a half is **eineinhalb** or, especially in spoken German, **anderthalb**. The other 'halves' are formed in the same way:

zweieinhalb, dreieinhalb, viereinhalb usw. $2\frac{1}{2}, 3\frac{1}{2}, 4\frac{1}{2}$, etc.

- You can form all other fractions simply by adding **-el** to the stem of the ordinal number and giving it a capital letter:

dritt- + *-el* → *ein Drittel*	a third
ein Viertel	a quarter
ein Sechstel	a sixth
ein Achtel	an eighth

- Decimal fractions in German are written with a comma (**Komma**), **not** a point:

5,8	*fünf Komma acht*
94,6%	*vierundneunzig Komma sechs Prozent*

- The terms for basic arithmetic are:

6 + 5 = 11	*sechs plus fünf ist/macht/gibt elf*
	OR: *sechs und fünf ist/macht/gibt elf*
10 – 7 = 3	*zehn minus sieben ist/macht/gibt drei*
	OR: *zehn weniger sieben ist/macht/gibt drei*
2 × 5 = 10	*zwei mal fünf ist/macht/gibt zehn*
15 ÷ 3 = 5	*fünfzehn (geteilt) durch drei*
	ist/macht/gibt fünf

 Exercise 6

 # ÜBUNG MACHT DEN MEISTER!

1 Auf der Bank

Wenn man einen Scheck ausstellt, wird der Zahlenbetrag in Wörtern ausgeschrieben. Schreiben Sie folgende Geldbeträge in Wörtern:

- **a** 56 Euro
- **b** 100 Euro
- **c** 85,95 Euro
- **d** 46,50 Euro

◀ **Section 38.1**

2 In unserem Verein wird gewählt

Die Wahlergebnisse werden ausgezählt. Sie arbeiten als freiwilliger (freiwillige) Wahlhelfer(in) beim Auszählen von Stimmen. Ihr Kollege ruft Ihnen die Zahlen zu – Sie schreiben die Zahlen auf.

zum Beispiel:
zweitausenddreihundertvierzig

$\longrightarrow$ 2.340/2 340

a fünfundfünfzigtausendachthundertvierundzwanzig
b eine Million dreihundertvierundzwanzigtausendundfünf
c siebenunddreißigtausendzweihundertfünfzehn
d achthundertneununddreißig
e zwei Millionen vierhundertundzwölf
f sechsundsechzigtausendvierhundertsiebenundachtzig
g eintausenddreihundertfünfundachtzig

Section 38.1

3 Kennen Sie diese Werke?

Schreiben Sie die folgenden Film-, Musik- und Buchtitel in Wörtern! Die jeweiligen Zahlen finden Sie im untenstehenden Kasten.

a Die . . . . Stufen. (Film und Buch)
b Schneewittchen und die . . . . Zwerge. (Märchen)
c . . . . Hochzeiten und ein Todesfall. (Film)
d . . . . Uhr mittags. (Film mit Gary Cooper)
e Die . . . . Musketiere. (Film und Buch)
f In . . . . Tagen um die Welt. (Film und Buch)
g Die . . . . Jahreszeiten. (Musik von Vivaldi)
h Die . . . . Dalmatiner. (Film)
i Die . . . . Gebote. (Film über die Bibel)
j Die glorreichen . . . . . (Western)

| 101 | 39 | 12 | 10 | 80 | 7 | 3 | 4 | 7 | 4 |

Und was ist hier gemeint?

k Das . . . . Reich.
l Der . . . . und der . . . . Weltkrieg.
m Die . . . . Welt.
n Der . . . . Sinn.
o Heinrich der . . . . und seine sechs Frauen.
p Wir leben im . . . . Jahrhundert.
q Der . . . . Bildungsweg.

Section 38.2

4 Wichtige Jahreszahlen aus der deutschen Nachkriegsgeschichte

Schreiben Sie Sätze über diese wichtigen Ereignisse. Beginnen Sie die Sätze mit entweder der Jahreszahl oder ‚Im Jahre'.

zum Beispiel:
1939   Der 2. Weltkrieg hat begonnen

——→ *(Im Jahre) neunzehnhundertneununddreißig hat der Zweite Weltkrieg begonnen.*

1945	Der 2. Weltkrieg hat geendet.
1949	Die BRD ist gegründet worden.
1955	Die BRD hat die Souveränität erlangt.
1957	Das Saarland ist das 11. Bundesland geworden.
1961	Die Berliner Mauer ist gebaut worden.
1989	Die Grenze zwischen der BRD und der DDR ist geöffnet worden.
1990	Deutschland ist wiedervereinigt worden.
1998	Die SPD und die Grünen haben eine neue Regierung gebildet.
1999	Die erste Sitzung des Bundestages findet im neuen Bundestagsgebäude in Berlin statt.
2005	Eine Frau wird zum ersten Mal Bundeskanzler.

◀ **Section 38.1**

5 Feiertage in Deutschland

In der Bundesrepublik gibt es sowohl gesetzliche als auch kirchliche Feiertage. Die gesetzlichen Feiertage sind für das gesamte Bundesgebiet festgelegt, für die kirchlichen gibt es je nach Bundesland verschiedene Regelungen. Wie heißen diese Tage? Schreiben Sie Sätze im Nominativ und Akkusativ.

zum Beispiel:
Der 25. Dezember ist der erste Weihnachtsfeiertag.
Am fünfundzwanzigsten Dezember feiert man Weihnachten.

Der	a 1. Januar	ist/heißt	der Tag der Arbeit.
Am	b 1. Mai	feiert man	der heilige Abend.
	c 1. November		Silvester.
	d 24. Dezember		der Tag der Deutschen Einheit.
	e 31. Dezember		Allerheiligen.
	f 3. Oktober		Neujahr.

◀ **Section 38.2**

6 So wohnen die deutschen Studenten

Eine Umfrage des Studentenwerkes hat festgestellt, wie die Studenten wohnen.

Danach sollen etwa

a   30 % bei den Eltern wohnen
b   20 % in einer Wohngemeinschaft wohnen

c 10 % in einem Studentenwohnheim wohnen
d 33 % in einer Wohnung allein oder mit Partner(in) wohnen
e 7 % zur Untermiete wohnen

Formulieren Sie diese Tatsachen, indem Sie die Ausdrücke aus dem untenstehenden Kasten benutzen.

zum Beispiel:
30 % bei den Eltern wohnen

⟶ *Fast ein Drittel wohnt bei den Eltern.*

Ein Drittel   Fast ein Drittel   Ein Fünftel   Mehr als ein Viertel
Weniger als ein Zehntel   Ein Zehntel   Weniger als ein Viertel

◀ **Section 38.3**

7 Zahl oder Nummer?

Füllen Sie die Lücken in den folgenden Sätzen mit dem Wort *Zahl* oder *Nummer* aus.

a Mein Bankkonto hat die folgende . . . . .
b Eine große . . . . der Studenten bekommt kein Stipendium.
c Ich habe leider seine Haus. . . . vergessen.
d Die Arbeitslosen. . . . ist weiterhin gestiegen.
e Die . . . . der Verkehrsunfälle nimmt im Winter meistens zu.
f Geben Sie mir bitte Ihre Telefon. . . . .
g Die . . . . der Wochenarbeitsstunden ist in den letzten Jahren wieder gestiegen.

🚗 FREIE FAHRT!

8 Der Familienstammbaum der Familien Müller und Schmidt

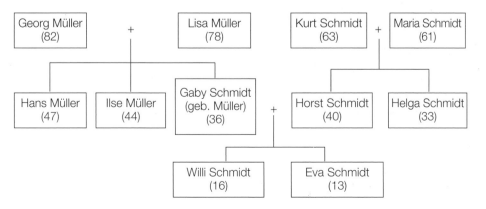

Beschreiben Sie die beiden Familien, indem Sie die Altersangaben aufschreiben. Benutzen Sie Wörter wie Großvater, Großmutter, Sohn, Tochter, Vater usw.

zum Beispiel:
Der Großvater, Georg Müller, ist zweiundachtzig (Jahre alt).

9 Wer ist/war das?

Suchen Sie in einem Lexikon Lebensdaten von berühmten Leuten der Gegenwart oder Vergangenheit. Berichten Sie dann.

zum Beispiel:
Er/sie wurde im Jahre . . . . geboren.
Er/sie ist im Jahre . . . . gestorben.
Er/sie hat von . . . . bis . . . . gelebt.

Geben Sie noch weitere Informationen mit Jahresangaben aus dem Leben dieser Leute.

zum Beispiel:
Er/sie gewann . . . . den Oscar.
Er/sie hat . . . . ein Buch veröffentlicht.
Er/sie wurde . . . . gekrönt/zum Minister gewählt.

Können Ihre Mitstudenten (Mitstudentinnen) erraten, wer diese Leute sind/waren?

10 Preise vergleichen

Ein Spiel für zwei Personen. Finden Sie gemeinsam 8–10 Gegenstände, zum Beispiel Lebensmittel, Kleidungsstücke, Getränke auf der Speisekarte, Möbelstücke, die in einem Fachgeschäft/Supermarkt oder im Restaurant angeboten werden.

Jede(r) schreibt also dieselben acht Gegenstände auf seinen (ihren) Zettel und gibt dann diesen Gegenständen einen realistischen Preis in Euro.

Jetzt erfragen Sie die jeweiligen Preise:
Was kostet bei dir ein/eine . . . .?

11 Wer ist ein schneller Kopfrechner?

Testen Sie eine Gruppe von 4–5 Leuten, indem Sie jeweils etwa zehn Aufgaben zu verschiedenen Rechenoperationen stellen. Wer die Antwort zuerst richtig ausruft, bekommt einen Punkt.

zum Beispiel:

Addieren:	*146 plus 175?*
Subtrahieren:	*95 minus 27?*
Multiplizieren:	*5 mal 12?*
Dividieren:	*66 (geteilt) durch 3?*

39 Dates and times

39.1 Days of the week

Montag	Monday
Dienstag	Tuesday
Mittwoch	Wednesday
Donnerstag	Thursday
Freitag	Friday
Samstag/Sonnabend	Saturday
Sonntag	Sunday

Sonnabend is used mainly in northern Germany and is, in general, less common than *Samstag*.

Note that all the days are masculine nouns and that you express 'on' a particular day by **am**: *am Dienstag*, *am Freitag*.

➡ **Exercises 1, 2**

39.2 Months of the year

Januar	January
Februar	February
März	March
April	April
Mai	May
Juni	June
Juli	July
August	August
September	September
Oktober	October
November	November
Dezember	December

All these months are masculine nouns. You express 'in' a particular month by using *im*: *im März*, *im September*.

The alternative forms *Juno* (= *Juni*) and *Julei* (= *Juli*) are regularly used in spoken German to distinguish the two similar-sounding months.

➡ **Exercise 3**

277

39.3 Dates

- To express the day and month, use the masculine ordinal number with **der** and do not translate English 'of'. In writing you would use the form in brackets:

der zweite (der 2.) Februar   the second of February
der einundzwanzigste (der 21.) April   the twenty-first of April

- In a letter the date appears in the accusative case in the top right-hand corner of the page:

Mainz, den 29. Dezember

- To express 'on' a particular date, you use **am**. To discuss relative dates use **vom**, **bis zum** and **seit dem**:

am 25. August   on the 25th August
vom 19. Juni   from the 19th June
seit dem 1. Januar   since the 1st January
bis zum 21. März   until the 21st March

- If asking someone the date, use one of the following:

Den Wievielten haben wir heute? OR: *Der Wievielte ist heute?*
What is the date today?

(Heute ist) der achte Oktober.   It's the 8th October (today).

Heute haben wir den elften Mai.   It's the 11th May today.

Am Wievielten fahren Sie in Urlaub?   On what date do you go on holiday?

Am dritten August.   On 3rd August.

39.4 The clock

If you need to know the time, use:

Wie viel Uhr ist es, bitte? OR: *Wie spät ist es, bitte?*
What is the time, please?

Um wie viel Uhr beginnt der Film?
(At) what time does the film start?

To tell the time in written and official contexts the 24-hour clock is used. In conversation the 12-hour clock is more common.

39.4.1 24-hour clock

Times are written with **Uhr** after the number (for example, 15.35 **Uhr**) but in speech you would say:

00.00	*Es ist null Uhr.*
00.05	*Es ist null Uhr fünf.*
02.00	*Es ist zwei Uhr.*

12.00   *Es ist zwölf Uhr.*
19.05   *Es ist neunzehn Uhr fünf.*
19.15   *Es ist neunzehn Uhr fünfzehn.*
19.45   *Es ist neunzehn Uhr fünfundvierzig.*

39.4.2 12-hour clock

You will see in the table below that even before half past the hour it is quite common to think of the time in relation to the forthcoming hour. This is especially important with half past the hour where there is no choice:

1.00   *Es ist ein Uhr.*
2.00   *Es ist zwei Uhr.*
9.05   *Es ist fünf nach neun.*
9.08   *Es ist acht **Minuten** nach neun.*
9.15   *Es ist Viertel nach neun/viertel zehn.*
9.25   *Es ist fünfundzwanzig nach neun/fünf vor halb zehn.*
9.30   *Es ist halb **zehn**.*
9.35   *Es ist fünfundzwanzig vor zehn/fünf nach halb zehn.*
9.45   *Es ist Viertel vor zehn/drei viertel zehn.*
9.51   *Es ist neun **Minuten** vor zehn.*
12.00   *Es ist Mittag/Mitternacht.*
        OR: *Es ist zwölf Uhr mittags/nachts.*

Note the following:

- When giving a time that involves minutes not grouped in fives (for example, 9.08 above), the word ***Minuten*** must be used.

- The variants ***viertel zehn*** and ***drei viertel zehn*** are particularly common in southern Germany.

- To express 'at' a time, use ***um***:

um halb acht	at 7.30
um drei viertel fünf	at 4.45

- To express 'exactly', use ***Punkt***:

Punkt sechs Uhr	at six on the dot

- To express 'about', use ***etwa*** or ***gegen***:

gegen Mittag	around midday
um etwa vier Uhr	at about four o'clock

- To express 'from/to' use ***von/bis***:

von halb zwei bis halb drei	from 1.30 until 2.30

- To specify which part of the day is being referred to when using the 12-hour clock, use one of the following:

vormittags/morgens	a.m.
mittags	around midday (used up to 3.00 p.m.)
nachmittags	p.m./in the afternoon
abends	p.m./in the evening
nachts	a.m./at night

➡ **Exercise 4**

39.5 Other time expressions

- There are a number of important expressions relating to days and parts of the day. In the following selection note the use of small and capital letters:

heute früh/heute Morgen	this morning
heute Mittag	this lunchtime
heute Nachmittag	this afternoon
heute Abend	this evening
heute Nacht	tonight
morgen	tomorrow
übermorgen	the day after tomorrow
morgen früh	tomorrow morning
morgen Abend usw.	tomorrow evening, etc.
gestern	yesterday
vorgestern	the day before yesterday
gestern Abend usw.	yesterday evening, etc.

- The accusative case is used to express a specific time:

nächsten Samstag	next Saturday
letztes Wochenende	last weekend
jeden Monat	every month
dieses Jahr	this year

- You also use the accusative to say how long an action lasts:

Wir warteten **eine halbe Stunde**.	We waited half an hour.
Er blieb **den ganzen Tag**.	He stayed the whole day.

- You use the genitive when you are referring to some day/morning/evening, etc. without saying when precisely it was or will be (as compared to the more specific 'last Tuesday', 'next Friday', 'every week', etc.):

eines Tages	one day
eines Morgens	one morning
eines kalten Winterabends	one cold winter's evening
eines Nachts (despite die Nacht!)	one night

- As seen on page 280 with times of the day, an old genitive **-s** appears on the end of a number of modern time adverbs, all written with a small initial letter. Other common ones include:

montags usw., wochentags, werktags   on Mondays, etc., weekdays, working days.

 Exercises 1, 5

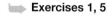 ## ÜBUNG MACHT DEN MEISTER!

1 Die Wochenroutine einer jungen Dame

Der Terminkalender von Jutta Jung ist meistens ausgebucht. Sie hat jeden Tag etwas geplant:

Montag	Englischkurs besuchen
Dienstag	Sport treiben
Mittwoch	Karten spielen
Donnerstag	Sauna besuchen
Freitag	Großeinkauf im Supermarkt machen
Samstag	mit Freunden feiern
Sonntag	in die Kirche gehen

Schreiben Sie Sätze über Juttas Unternehmungen.

zum Beispiel:
Sie besucht am Montag . . . ./Sie besucht montags . . . .

◀ **Sections 39.1, 39.5**

2 Kennen Sie diese Tage?

Die Tage unten sind keine gewöhnlichen Wochentage. Setzen Sie die passenden Wörter in die untenstehenden Sätze ein.

◀ **Section 39.1**

Aschermittwoch	Karfreitag	Rosenmontag
Ostersonntag	Pfingstsonntag	Pfingstmontag
Palmsonntag	Gründonnerstag	3. Oktober

a Der . . . . ist der deutsche Nationalfeiertag.
b Am . . . . gibt es Fastnachts- und Karnevalsumzüge in vielen Städten.
c Der . . . . ist der Tag vor Karfreitag.
d Am . . . . freuen sich die kleinen Kinder auf die Ostergeschenke.
e Am . . . . beginnt die Fastenzeit.
f Der . . . . ist ein wichtiger Feiertag.
g . . . . und . . . . liegen sieben Wochen nach Ostern.
h Der . . . . wird von allen Christen als Todestag Christi begangen.

3 In welchem Monat?

Beantworten Sie die Fragen schriftlich.

◀ Section 39.2

zum Beispiel:
Im August/Im September

a Wann ist Neujahr?
b Wann ist Weihnachten?
c Wann sind normalerweise die Sommerferien?
d Wann ist Frühlingsanfang?
e Wann ist Ostern?
f Wann ist das größte Bierfest in München?

4 Wie spät ist es?

Schreiben Sie jeweils zwei Möglichkeiten auf.

◀ Section 39.4

a 2.15   b 3.45   c 4.17   d 5.30
e 6.40   f 12.00   g 1.30

5 Ein zeitliches Durcheinander

Ordnen Sie diese Zeitadverbien in chronologischer Ordnung. Beginnen Sie mit *vor fünf Jahren*.

◀ Section 39.5

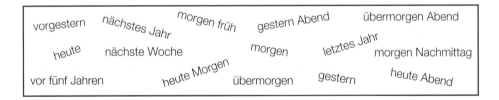

vorgestern   nächstes Jahr   morgen früh   gestern Abend   übermorgen Abend

heute   nächste Woche   morgen   letztes Jahr   morgen Nachmittag

vor fünf Jahren   heute Morgen   übermorgen   gestern   heute Abend

🚗 FREIE FAHRT!

6 Genaue Daten

a Wann haben Sie Geburtstag?
b Wann ist das Semester/Trimester zu Ende?
c Wann begann das Semester/Trimester?
d Wie lange dauert das Semester/Trimester?
e Wann ist Silvester?
f Wann ist der Heilige Abend?
g Wann ist Nikolaustag?

7 Termine, Termine!

Die Sekretärin eines sehr beschäftigten Firmendirektors erklärt ihm am Vorabend einer Geschäftsreise nach Köln, was für Termine er am nächsten Tag hat.

zum Beispiel:

Also, *um 7 Uhr 45 holt Sie der Chauffeur zu Hause ab.*
Um 8 Uhr 30 müssen Sie am Flughafen sein.
Ihre Maschine fliegt um . . .

Vervollständigen Sie den Terminkalender mit weiteren Terminen für den Tag.

8 Fernsehgewohnheiten

a   Finden Sie heraus, was die Lieblingsprogramme Ihres Partners (Ihrer Partnerin) sind und wann sie gesendet werden. Machen Sie genaue Zeitangaben! Erzählen Sie der ganzen Gruppe, was Sie herausgefunden haben.
b   Was kommt diese Woche im Fernsehen? Beschreiben Sie in ca. 150 Wörtern, was Sie besonders interessiert und wann die Sendungen ausgestrahlt werden.

9 Fahrpläne lesen

Lesen Sie den untenstehenden Bus-/Zugfahrplan und arbeiten Sie mit einem (einer) Partner(in), indem Sie sich gegenseitig Fragen stellen.

	Bus	**Zug**	**Bus**	**Bus**	**Zug**	**Zug**	**Zug**	**Bus**	**Zug**
Schönstadt	3.45	5.00	6.05	7.35	8.45	11.30	16.05	17.50	20.45
Buchenweiler	4.10	5.25	6.30	8.00	9.10	11.55	16.30	18.15	23.10
Mittelberg	4.40	5.55	6.55	8.30	9.40	12.25	17.00	18.45	23.40

zum Beispiel:

Wann fährt der erste Zug/Bus nach . . . . ab?
Wann kommt . . . . an? Wann fährt der erste Bus am Morgen/der letzte Zug? usw.

10 Familiengeburtstage

Schreiben Sie etwa 6–8 Geburtstagsdaten Ihrer Familie bzw. von Freunden und geben Sie diese Daten an Ihren (Ihre) Partner(in). Er (sie) wird jetzt testen, ob Sie sich auch genau an die Daten erinnern und sie auf Deutsch sagen können.

zum Beispiel:

Wann hat dein Vater Geburtstag?
⟶ *Am 15. Juli./Er hat am 15. Juli Geburtstag.*

11 Mein Alltag

Schreiben Sie in ca. 100 Wörtern einen kurzen Bericht über den Ablauf einer normalen Woche bei Ihnen. Was machen Sie montags/am Montag? usw.

40 Measures and dimensions

40.1 Measurements

- Germany, Austria and Switzerland use only the metric system of measurement, that is, centimetres (**der/das Zentimeter** or **cm**), metres (**der/das Meter** or **m**), kilometres (**der Kilometer** or **km**), grams (**das Gramm** or **g**) and kilograms (**das Kilogramm** or **kg**). As shown in Chapter 38, decimals are indicated by commas rather than points, for example, **8,6**.

- For the size of clothes or shoes you would normally use **die Größe**:

Wir haben Ihre Größe leider nicht.	Unfortunately we do not have your size.
In welchen Größen haben Sie das Kleid?	In what sizes do you have the dress?

- To refer to a person's height use **groß**:

Wie groß ist er?	How tall is he?
Er ist 1,90 m groß.	He is 1.90 m tall.

Note that you use **groß** even if the person is, in fact, small!

- If you want to talk about weight (**das Gewicht**), use the verb **wiegen** and the adjectives **schwer/leicht**. For large weights use the metric **die Tonne** and **der Zentner**:

Was wiegt das Paket?	What does the parcel weigh?
Wie schwer ist deine Tasche?	How heavy is your bag?
Sie ist ganz leicht.	It's quite light.
Der Lkw wiegt über vier Tonnen.	The lorry weighs over four tons.
Die Ziegel wiegen zwei Zentner.	The bricks weigh two hundredweight.

If you want to say someone is overweight, use the expression **Übergewicht haben**. Alternatively, you can use **zunehmen** 'to put on weight' and its opposite **abnehmen** 'to lose weight':

Ich habe in letzter Zeit zugenommen.	I've put on weight recently.
Mir gefällt's nicht, wenn ich Übergewicht habe.	I don't like it when I'm overweight.

Ich mache eine Schlankheitskur. Ich will fünf Kilo abnehmen.
I'm on a diet. I want to lose five kilos.

- The noun *die Stärke* and the adjective *stark* are the most common words for expressing power or strength:

Er ist ein starker Mann.   He is a strong man.

die Stärke des Biers/der Mauern   the strength of the beer/the walls

Die Lautstärke der Musik war fast 100 Dezibel.
The volume of the music was almost 100 decibels.

Was ist die Pferdestärke des Autos?   What is the car's horsepower?

- Percentage in German is *der Prozentsatz* and amounts are expressed as follows (the word *Prozent* would not normally be written):

Nur 70 Prozent/% der Bundesbürger haben gewählt.
Only 70% of Germans voted.

Die Einkommensteuer wurde um 2 Prozent/% erhöht.
Income tax was increased by 2%.

 Exercise 1

40.2 Dimensions

- To describe a three-dimensional object use some combination of the adjectives *lang* ('long'), *breit* ('wide'), *tief* ('deep') and *hoch* ('high'). The corresponding nouns are: *die Länge*, *die Breite*, *die Tiefe* and *die Höhe*:

Der Schrank ist 2 m hoch, 50 cm breit und 40 cm tief.
The cupboard is 2 m tall, 50 cm wide and 40 cm deep.

Die neue Brücke hat eine Länge von 200 m.   The new bridge is 200 m long.

Der Dom hat eine Höhe von 80 m.   The cathedral is 80 m high.

- Volume is measured in *Kubikzentimeter* or *Kubikmeter*:

Das Schwimmbecken enthält 600 Kubikmeter Wasser.
The swimming pool holds 600 m^3 of water.

- To give the measurements of a two-dimensional surface, use *mal* or *auf*:

Der Fleck ist etwa 5 cm auf 2 cm.   The patch is about 5 cm by 2 cm.

Die Wand ist drei mal fünf Meter lang.   The wall is 3 m tall by 5 m long.

Area is measured in *Quadratzentimeter*, *Quadratmeter* or *Quadratkilometer*:

Mein Zimmer ist neun Quadratmeter groß/Mein Zimmer hat neun Quadratmeter.
My room is 9 m^2.

Sie untersuchten eine Fläche von 300 Quadratkilometern.
They examined an area of 300 km^2.

➡️ **Exercise 2**

40.3 Shapes

To describe an object you might use the following:

der Kreis	circle	*kreisförmig, rund*	circular, round
das Quadrat/Viereck	square	*quadratisch/viereckig*	square(-shaped)
das Rechteck	rectangle	*rechteckig*	rectangular
das Dreieck	triangle	*dreieckig*	triangular
das Pentagon/Fünfeck	pentagon	*fünfeckig*	pentagonal
das Polygon/Vieleck	polygon	*polygonal/vieleckig*	polygonal
die Kugel	sphere	*kugelförmig*	spherical
das Oval	oval	*oval*	oval(-shaped)
der Zylinder	cylinder	*zylindrisch*	cylindrical
der Würfel	cube	*würfelförmig*	cubic/cube-shaped

➡️ **Exercises 3, 4**

 # ÜBUNG MACHT DEN MEISTER!

1 So sprechen Deutsche über Maße und Gewichte

Was passt zusammen?

◀️ **Section 40.1**

a   Das Kleid ist zu eng.
b   Wie schwer ist das Paket?
c   Was für eine Schuhgröße haben Sie?
d   Wie groß sind Sie?
e   Was wiegt dieser Brief?
f   Er hat Übergewicht.
g   Warum macht sie eine Schlankheitskur?
h   Warum trinken Sie Ihren Kaffee nicht aus?
i   Wie stark ist Ihr Wagen?

1   Ich trage Größe 39.
2   Ich bin 1,72 m groß.
3   Es wiegt 2,5 kg.
4   Er wiegt 5 g.
5   Weil er mir zu stark ist.
6   Haben Sie es in einer größeren Größe?
7   Er hat 20 Pferdestärke.
8   Er sollte dringend abnehmen.
9   Weil sie Übergewicht hat.

2 Hier wird gemessen!

Welche Nomen aus dem untenstehenden Kasten passen hier?

◀️ **Section 40.2**

a   Die . . . . . des Meeres ist sehr unterschiedlich.
b   Die . . . . . des Kölner Doms ist 156 m.
c   Die . . . . . der Straße reichte nicht für vier Spuren aus.
d   Die . . . . . des Sees ist nur etwa 2,50 m.
e   Die . . . . . des Marathons ist immer 42,195 km.

f   Die . . . . . der Zugspitze beträgt 2 963 m.
g   Die . . . . . der Brücke war zu gering für den großen Lastwagen.
h   Die . . . . . der Strecke zwischen Hamburg und Berlin beträgt etwa 300 km.
i   Die . . . . . des Stoffes reicht nicht aus für die Gardinen.

Länge	Breite	Höhe	Tiefe

3 Welche Form passt?

Welche der Adjektive im ersten Kasten beschreiben die Nomen im zweiten Kasten? Bei einigen Beispielen gibt es vielleicht mehrere Möglichkeiten.

◀ **Section 40.3**

a

zylindrisch	viereckig	oval	rund	rechteckig	würfelförmig

b

Ball   Postkarte   Teppich   Ei   Dose   Kirsche   Streichholzschachtel   Handtuch   Pille

4 Zusammengesetzte Wörter

Aus dem untenstehenden Kasten bilden Sie zusammengesetzte Wörter mit folgender Bedeutung.

◀ **Section 40.3**

a   Maß, in welchem deutsche Wohnungsgrößen gemessen werden.
b   Eine runde Verkehrsinsel.
c   Oft wird er ‚Kuli‘ genannt.
d   Ein Viereck auf einem Stadtplan.
e   Hart gepresster Zucker in viereckiger Form.
f   Ein anderes Wort für ‚Globus‘.
g   Würfelförmig gefrorenes Wasser.
h   Ein Brettspiel, zu dem man Würfel braucht.

-meter	Würfel-	-spiel	-kugel	-zucker Quadrat-
-quadrat		-schreiber	-würfel	Eis-
Erd-	Plan-	-verkehr	Kugel- Kreis-	Würfel-

 **FREIE FAHRT!**

5 Persönliche Angaben eines Topmodells und seiner Kollegin

Cornelia S.
Körpergröße: 1,75 m
Gewicht: 52 kg
Kleidergröße: 36
Schuhgröße: 37
Taillenweite: 58 cm

Nicole B.
Körpergröße: 1,69 m
Gewicht: 49 kg
Kleidergröße: 34
Schuhgröße: 36
Taillenweite: 56 cm

Schreiben Sie Sätze über diese beiden Frauen, indem Sie die Fragen beantworten:

Wie groß ist sie?
Was wiegt sie?
Welche Kleidergröße trägt sie?
Was für eine Schuhgröße trägt sie?
Was für eine Taillenweite hat sie?

6 Wer die Wahl hat, hat die Qual

Ein junger Angestellter besichtigt zwei Wohnungen von verschiedener Größe. Er beschreibt sie seinen Eltern in einem Brief. Schreiben Sie die Maße in Wörtern und vergleichen Sie. Welche sollte er mieten?

	Wohnung A	**Wohnung B**
Gesamtfläche:	60 m^2	75 m^2
Küche:	4 m × 2 m	5 m × 2,40 m
Wohnzimmer:	5 m × 4,50 m	5 m × 6 m
Schlafzimmer:	3 m × 4,50 m	3,50 m × 4 m
Bad:	2,50 m × 2,50 m	3 m × 3,50 m
Flur:	9,75 m^2	8,50 m^2
Preis:	380 Euro pro Monat	420 Euro pro Monat

7 Wer hat das beste Augenmaß?

Wählen Sie ein bestimmtes Objekt im Zimmer (zum Beispiel Tafel, Schrank, Fenster, Tür) und schätzen Sie. Jeder hat einen Vorschlag für die Dimensionen (Länge, Höhe, Breite). Zum Schluss wird der Gegenstand abgemessen. Wer hat am besten geschätzt?

41 Word forms and meanings: verbs

 SO WIRD'S GEMACHT

41.1 Word building

One of the more striking features of German is the way it uses combinations of words or parts of words to build up more complex vocabulary items. For example, *die Unregelmäßigkeit* ('irregularity') is made up of the negative prefix *Un-*, the noun *Regel* ('rule'), the adjectival and adverbial ending *-mäßig* and the typical feminine noun ending *-keit*.

This approach to word formation can be very useful in recognising and helping to guess the meaning of German words. Be careful, though, in using this chapter and the following one to help you build words yourself, as there are a fair number of inconsistencies – it is always best to check words in a dictionary rather than to create them independently.

By far the most common way to form new verbs in German is to add a prefix. Prefixes added to verbs can be either separable or inseparable. A brief summary of the main meanings and purpose of these prefixes is given below. (The use of separable and inseparable verbs is dealt with more fully in Chapter 28.) Only the most common prefixes and meanings are included here.

41.2 Inseparable prefixes

- *be-* Is used to form transitive verbs (that is, verbs which can take an accusative object) from nouns and adjectives:

etwas bestellen to order something, *eine Frage beantworten* to answer a question

Sometimes the suffix (a word ending) *-ig* may be added:

befriedigen to satisfy, *beglaubigen* to witness/authenticate

- *ent-* Usually has the meaning of removing or escaping and is often the equivalent of the English 'de-' and 'dis-':

enttäuschen to disappoint, *entkommen* to escape

- *er-* Suggests seeing an action through to its completion:

erschießen to shoot dead, *erarbeiten* to achieve through hard work

- *miss-* Suggests something done incorrectly:

misstrauen to mistrust, *misslingen* to fail

- **ver-**   Can denote:

    i)   the ending or demise of something:
         verfallen to decay, **verbrauchen** to use up
    ii) something done excessively or incorrectly (the latter often with reflexive verbs):
         verwöhnen to spoil someone, **sich verzählen** to miscount
    iii) changes of state:
         verbreiten to spread, **vergrößern** to enlarge

- **zer-**   Denotes reduction to small pieces:

zerbrechen to shatter, **zerhacken** to chop up

➡ **Exercise 1**

41.3 Separable prefixes

- **ab-**   away; off

abfahren to depart, **absteigen** to get off, **abstellen** to put down OR to turn off

- **an-**   to/onto; starting something; doing something partially

ankommen to arrive, **anlaufen** to start up, **anbrennen** to catch fire OR to singe

- **auf-**   up; on

aufstehen to get up, **aufsetzen** to put on

- **aus-**   out; off

ausgehen to go out, **ausmachen** to switch off

- **dazu-**   in addition

dazusagen to add (in speech), **dazugeben** to add (to something)

- **ein-**   in/into

einsteigen to get on/in, **eintauchen** to immerse

- **entgegen-**   towards

entgegenhalten to hold out towards, **entgegenfahren** to drive towards

- **fern-**   distant

fernhalten to keep away, **fernlenken** to operate by remote control

- **fort-**   away

fortfliegen to fly off, **fortjagen** to chase away

- *hinzu-*   in addition

hinzurechnen to add on, *hinzufügen* to add (in speaking or writing)

- *los-*   starting something

losfahren to set off (by transport), *losgehen* to set off (on foot)

- *mit-*   along with

mitspielen to join in (a game), *mittanzen* to dance (with someone)

- *nach-*   after; copying

nachkommen to come on later, *nachsprechen* to repeat

- *nieder-*   down

sich *niederlassen* to settle, *niederschlagen* to knock down

- *vor-*   before/preceding; demonstrating

vorlassen to let (someone) go first, *vorstellen* to present/introduce

- *voraus-*   in advance

vorauseilen to hurry on ahead, *voraussagen* to predict

- *vorbei-*   past

vorbeimarschieren to march past, *vorbeifahren* to drive past

- *weg-*   away/off

weglassen to leave out, *weggehen* to go away

- *wieder-*   again

wiederbewaffnen to rearm, *wiederkehren* to return

- *zu-*   to/towards; on(to); off

zuschicken to send (to somebody), *zusteigen* to get on, *zumachen* to close

- *zurück-*   back

zurücknehmen to take back, *zurücksetzen* to move (something) back

- *zusammen-*   together/up

zusammenklappen to fold up, *zusammenpacken* to pack together/up

➡ **Exercises 2, 3**

41.4 Variable prefixes

Variable prefixes may be either separable or inseparable.

- *durch-*   through

durchfallen (sep.) to fail (an exam), *durchfahren* (insep.) to travel through

- *hinter-*   behind

hintergehen (insep.) to deceive, *hinterziehen* (insep.) to evade, appropriate

- *über-*   over; repeating; too much

übersetzen (sep.) to ferry across, *übersetzen* (insep.) to translate, *überprüfen* (insep.) to check, *übertreiben* (insep.) to exaggerate

- *um-*   around; changing

umsteigen (sep.) to change (for example, trains), *umgeben* (insep.) to surround

- *unter-*   under; less than

unterschreiben (insep.) to sign, *untertauchen* (sep.) to submerge, immerse

- *wider-*   against; the equivalent of the English 're-'

widersprechen (insep.) to contradict, *widerspiegeln* (sep.) to reflect

➤ **Exercise 3**

ÜBUNG MACHT DEN MEISTER!

1 Wortbildung

Mit Hilfe der fünf Vorsilben im ersten Kasten bilden Sie mindestens 15 neue nicht trennbare Verben mit den Verben im zweiten Kasten. Schlagen Sie im Wörterbuch die Bedeutungen nach.

◀ **Section 41.2**

• zum Beispiel:

behandeln, vertrauen

a

be- ent- miss- ver- zer-

b

stören schneiden gehen spannen laufen kommen brechen legen lassen handeln antworten verstehen suchen lingen sichtigen trauen

2 Trennbare Wörter

Für jedes Diagramm bilden Sie acht trennbare Verben und schlagen ihre Bedeutungen nach.

◀ **Section 41.3**

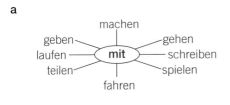

a

```
          machen
geben            gehen
laufen —  mit  — schreiben
teilen           spielen
          fahren
```

b

```
          stehen
richten          stellen
lassen —  auf  — geben
kommen           machen
          sagen
```

c

```
          sehen
reden            holen
nehmen — ein  — bringen
kaufen           steigen
        marschieren
```

d

```
          lesen
kommen           legen
zeigen — vor  — sagen
bringen          machen
          haben
```

3 Das unvorhergesehene Problem

a Hier finden Sie die verschiedenen Vorsilben, die zu dem Verb *sehen* passen. Suchen Sie die jeweilige Bedeutung im Wörterbuch.

◀ Sections 41.3, 41.4

b Setzen Sie nun die passenden Vorsilben in den folgenden Lückentext ein.

Der englische Student Bill sieht seinem Auslandssemester an der Universität Freiburg mit großer Erwartung . . **(a)** . . . Er freut sich darauf, die Stadt, die er vor vier Jahren auf einem Schüleraustausch besucht hatte, . . **(b)** . . zusehen.

Als er zu Semesterbeginn anfing, sich nach einem Zimmer . . **(c)** . . zusehen, gab es leider Probleme: Die Studentenwohnheime hatten lange Wartelisten und es war nicht . . **(d)** . . zusehen, wann ein Zimmer frei würde. So musste Bill . . **(e)** . . sehen, dass er selbst auf Wohnungssuche gehen musste.

Er wollte deshalb bei verschiedenen Maklern . . **(f)** . . sehen, was für Angebote sie hatten. Er wünschte sich eine Wohnung, die gut eingerichtet sein sollte, gut . . **(g)** . . sehen sollte und einen Fernsehapparat haben sollte, weil er sich vorgenommen hatte, in Deutschland viel . . **(h)** . . zusehen, um sein Deutsch zu verbessern.

Heute wollte er eine tolle Wohnung . . **(i)** . . sehen. Alles schien zu stimmen. Die Wohnung war genau das, was er suchte, doch dann ergab sich ein . . **(j)** . . gesehenes Problem. Er hatte es . . **(k)** . . sehen nach dem Preis zu fragen und hatte die hohe Miete von 650 Euro so nicht . . **(l)** . . sehen können. Deshalb musste er . . **(m)** . . sehen, wie die Wohnung an einen anderen Studenten mit mehr Geld vermietet wurde.

 **FREIE FAHRT!**

4 Die Trennung ist manchmal schwer!

a Finden Sie mit Hilfe eines Wörterbuches für jede der trennbaren Vorsilben auf den Seiten **290–291** möglichst viele trennbare Verben. Benutzen Sie die folgenden Verben:

> gehen   steigen   fahren   laufen   kommen

zum Beispiel:
einsteigen, ausgehen, vorbeifahren

b Schreiben Sie nun Sätze im Präsens, in denen jedes Ihrer Verben mindestens einmal vorkommt.

zum Beispiel:
Eine Frau steigt in den Bus ein.
Mein Bruder kommt gleich aus dem Kino heraus.
Sie fährt an uns vorbei.

5 Es geht um die Wette!

Suchen Sie innerhalb einer bestimmten Zeit Verben mit einer bestimmten Vorsilbe (*ge-*, *be-*, *um-*, *miss-*, *ent-*, *ver-*, *zer-*). Wer zuerst zehn Verben gefunden hat, ruft ,stopp!' Die Verben werden vorgelesen. Wenn andere aus der Gruppe dieselben Verben haben, streichen Sie sie durch. Sieger ist, wer zum Schluss die meisten übrig gebliebenen Wörter hat.

42 Word forms and meanings: nouns, adjectives and adverbs

 SO WIRD'S GEMACHT

42.1 Noun formation

42.1.1 Compound nouns

German frequently forms compound nouns, consisting of two or more nouns. For example, **der Ausstellungsraum** ('exhibition room') consists of **die Ausstellung** and **der Raum**. In such compounds both the meaning and the gender are decided by the second element (see Chapter 6).

As the example above shows, you often link compounds by adding one or two letters. The link can be: **e**, **en**, **es**, **n** or **s**:

*das Hund**e**gebell*	dog's barking
*der Frau**en**sport*	women's sport
*die Bund**es**republik*	Federal Republic
*die Küch**en**abfälle*	kitchen scraps
*der Teufel**s**kreis*	vicious circle

Conversely, with feminine nouns, in particular, you sometimes drop the final **-e** from the first element of the compound:

die Erde	earth	but	*die Erdkunde*	geography
die Miete	rent	but	*der Mietvertrag*	tenancy agreement
die Schule	school	but	*das Schulgebäude*	school building

42.1.2 Forming nouns

You can form nouns from different parts of the verb. These include:

- Past participles:

der Angestellte (male) employee, **die Bekannte** (female) acquaintance

- Present participles:

die Streikenden those on strike, **der Verhungernde** starving man

- Infinitives:

das Wandern walking, **das Singen** singing

➡ **Exercise 1**

42.1.3 Prefixes

Apart from the verbal prefixes listed in Chapter 41, which also appear in related nouns (for example, *das **Einkommen*** income, *die **Ausgabe*** edition), you commonly find a number of other prefixes with nouns:

- ***Fehl-***   wrong; mistaken:

*die **Fehlgeburt*** miscarriage, *die **Fehldeutung*** misinterpretation

- ***Ge-***   Denotes either collective nouns (formed from other nouns) or extended activity (formed from verbs); the latter often have negative overtones:

*das **Gebälk*** timberwork, *das **Gedränge*** crush

- ***Grund-***   basic:

*das **Grundstudium*** basic (university) course, *das **Grundgesetz*** Basic Law (German Constitution)

- ***Haupt-***   main:

*der **Hauptgrund*** main reason, *der **Hauptbahnhof*** central station

- ***Miss-***   wrong; mistaken:

*der **Missmut*** sullenness, *das **Missverständnis*** misunderstanding

- ***Neben-***   subsidiary/secondary:

*der **Nebenberuf*** job on the side, *die **Nebengasse*** back street

- ***Nicht-***   non-:

*das **Nichtmitglied*** non-member, *der **Nichtangriffspakt*** non-aggression pact

- ***Riesen-***   enormous:

*die **Riesensubvention*** huge subsidy, *der **Riesenhunger*** huge appetite

- ***Schein-***   not real:

*der **Scheinwiderstand*** sham resistance, *der **Scheinfriede*** phoney peace

- ***Teil-***   part/partial:

*das **Teilergebnis*** partial result, *der **Teilverlust*** partial loss

- ***Un-***   opposite; bad; abnormal:

*der/die **Unbekannte*** stranger, *der **Unmut*** ill humour, *die **Unmenge*** huge amount

- ***Ur-***   original; very old:

*der **Ursprung*** origin, *der **Urmensch*** primeval man

➡️ Exercises 2, 4

42.1.4 Suffixes

German also uses a large number of suffixes (typical word endings) to form nouns. Chapter 6 describes the genders with which these suffixes are associated. The information here in brackets gives the gender of the suffix (m. = masculine, f. = feminine, n. = neuter) and the parts of speech with which they combine (i.e. verbs, other nouns or adjectives) to form the new noun:

- **-chen** (n., nouns) and **-lein** (n., nouns)   Both, often with an umlaut on the stressed vowel, indicate diminutives:

das Mäuschen small mouse, *das Mädchen* girl, *das Büchlein* small book, *das Fräulein* young woman

- **-e** (f., verbs or nouns)   Usually denotes an action when the noun derives from a verb, and a quality when it derives from an adjective (in the latter case there will usually be an umlaut on the stressed vowel):

die Bitte request, *die Größe* size

- **-ei** (f., nouns)   Denotes places, often where things are collected:

die Konditorei café, *die Bücherei* library

- **-er/-ler** (m., nouns or verbs)   Denotes a person performing an action:

der Sänger singer, *der Sportler* sportsman

- **-erei** (f., verbs)   Indicates a continuous or frequent and annoying activity:

die Streiterei quarrelling, *die Meckerei* moaning, grumbling

- **-heit** (f., adjectives), **-keit/-igkeit** (f., adjectives) and **-nis** (n. or f., verbs or adjectives) Used to form abstract nouns:

die Dunkelheit darkness, *die Blindheit* blindness, *die Haltbarkeit* how long something will keep, *die Geschwindigkeit* speed, *das Geheimnis* mystery, *die Erkenntnis* recognition

- **-ik** (f.)   Usually denotes academic disciplines:

die Kybernetik cybernetics, *die Mathematik* mathematics

- **-in** (f., nouns)   Forms the feminine of people and many animals:

die Ausländerin foreigner, *die Löwin* lioness

- **-ling** (m., verbs or adjectives)   Indicates a person:

der Flüchtling refugee, *der Häuptling* chief(tain)

- **-schaft** (f., nouns, adjectives)   Forms collective or abstract nouns:

die Genossenschaft co-operative, *die Schwangerschaft* pregnancy

- **-tum** (n., nouns)   Denotes an abstract noun, sometimes a collective group or an institution:

das Königtum kingdom, *das Bauerntum* farmers, *das Priestertum* priesthood

- **-ung** (f., verbs)   Indicates the process of the original verb:

die Handlung action, *die Siedlung* settlement

- **-wesen** (n., nouns)   Usually denotes some type of system:

das Bildungswesen education, *das Finanzwesen* the financial world

42.2 Adjective formation

You can use suffixes and prefixes in a variety of ways to form adjectives.

42.2.1 Participles

You can use both the present and past participles of most verbs as adjectives:

bekannt	well-known
gebildet	(well-) educated
begabt	able, gifted
leitend	leading
verwirrend	confusing
nichtssagend	meaningless, frivolous

42.2.2 Suffixes

In the following list, the type of word with which the suffix combines is given in brackets.

- **-arm** (nouns)   poor in   **-reich** (nouns)   rich in:

kalorienarm low in calories, *nikotinarm* low-nicotine, *vitaminreich* rich in vitamins, *kinderreich* with lots of children

- **-bar** (verbs)   Often equivalent of English '-able' and '-ible':

fahrbar mobile/on castors, *trinkbar* drinkable

- **-en/-ern** (nouns)   Denotes something made of the material of the original noun (**-ern** forms take an umlaut):

bronzen bronze, *stählern* made of steel

- **-feindlich** (nouns)   hostile towards   **-freundlich** (nouns)   friendly towards:

frauenfeindlich misogynous, *umweltfeindlich* harmful to the environment, *hundefreundlich* welcoming dogs, *kinderfreundlich* welcoming children

- **-frei** (nouns)   free from   **-los** (nouns)   without, like English '-less':

alkoholfrei non-alcoholic, *autofrei* car-free, *zeitlos* timeless, *endlos* endless

- **-haft** (nouns)   Indicates the person or thing shares the particular attribute:

riesenhaft gigantic, *elefantenhaft* elephantine

- **-ig** (nouns) (often with umlaut)   Suggests that the person or thing shares the characteristics of the original noun or has some similarity to it. This suffix can also denote duration:

windig windy, *zügig* speedy, *fünftägig* five-day

- **-isch** (nouns)   Forms adjective from foreign words or proper names or indicates a shared attribute with the original noun (sometimes in a negative sense):

niederländisch Dutch, *kindisch* childish

- **-lich** (nouns, adjectives or verbs)   When you use it with nouns it either suggests a similarity with the original noun or denotes frequency. With adjectives it indicates a smaller amount or degree of the quality. With a verb, it denotes ability to do something:

königlich regal, *täglich* daily, *grünlich* greenish, *unerklärlich* inexplicable

- **-mäßig** (nouns)   Is used to refer to, suggest similarity with or indicate accordance with something:

berufsmäßig professional, *schulmäßig* like at school/didactic, *planmäßig* according to plan

42.2.3 Prefixes

German uses only a small number of prefixes to form adjectives. You always place these on the front of existing adjectives. Most have clear meanings:

- **hoch-**   Denotes a high degree of the attribute:

hochintelligent highly intelligent, *hochindustrialisiert* highly industrialised

- **höchst-**   Is even more emphatic than hoch:

höchstwahrscheinlich in all probability, *höchstgefährlich* extremely dangerous

- **un-**   Is used to make an adjective negative:

unversöhnlich irreconcilable, *untreu* unfaithful

- **ur-**   Is used to denote something original or very old. Alternatively, it can be used to intensify the meaning:

urchristlich early Christian, *ureigen* one's very own

42.3 Adverb formation

You can use most adjectives as adverbs without any change in their form. There are, however, a number of typical adverbial forms, for example:

vormittags	in the mornings
*rück**wärts***	backwards
*vernünftig**erweise***	sensibly

You can add these to simple adjectives, nouns or verbs. For further examples see Chapter 14.

 # ÜBUNG MACHT DEN MEISTER!

1 Woher kommt das Wort?

Sortieren Sie die Nomen aus dem untenstehenden Kasten in drei Gruppen ein:

◄ **Section 42.1.2**

a   Nomen aus Verbinfinitiven
b   Nomen, die aus dem Partizip I (Präsens) gebildet sind
c   Nomen, die aus dem Partizip II (Perfekt) gebildet sind

zum Beispiel:

Infinitiv	**Partizip I**	**Partizip II**
das Wandern	die Streikenden	der Angestellte

das Kommen	der Angestellte	das Trinken	die Unbekannte
der Reisende	die Geliebte	die Überlebenden	die Sterbenden
die Verlobte	das Rauchen	das Malen	der Angeklagte
das Singen	der Verurteilte	die Streikenden	die Geschiedene
das Entscheidende	der Auszubildende	das Spielen	der Bittende
die Leidenden	der Betrunkene	das Leben	das Wandern

2 Kennen Sie den Unterschied?

Bilden Sie zusammengesetzte Wörter und finden Sie deren Bedeutung heraus.

◄ **Section 42.1.3**

Haupt-   Satz (m.)
Neben-   Straße (f.)
         Eingang (m.)
         Fach (n.)
         Sache (f.)
         Gebäude (n.)
         Beruf (m.)

3 Neue Wörter

Es gibt jeweils zwei Möglichkeiten, die Nomen unten als zusammengesetzte Nomen zu schreiben. Schreiben Sie die neuen Nomen mit ihrem Geschlecht auf und finden Sie deren Bedeutung heraus.

zum Beispiel:
der Kauf   das Haus

  ⟶ *das Kaufhaus* (department store), *der Hauskauf* (house purchase)

a das Obst der Garten
b der Wein die Flasche
c das Bier   das Fass
d der Garten die Stadt
e das Spiel die Karte
f   die Arbeit der Tag
g der Wirt   das Haus
h das Fenster der Laden

4 Hier gibt es nichts Positives

Diese Vorsilben sind alle ein bisschen negativ. Für jede Vorsilbe bilden Sie zusammengesetzte Wörter. Benutzen Sie die Wörter im Kasten unten.

◀ **Section 42.1.3**

a Fehl-
b Miss-
c Nicht-
d Un-

-erfolg	-geburt	-glück
-ruhe	-meldung	-mensch
-raucher	-handlung	-schwimmer
-schlag	-beachtung	-gunst
-wetter	-mitglied	-fall
-verständnis	-anzeige	-brauch

 **FREIE FAHRT!**

5 Wer findet die längsten Wörter?

Arbeiten Sie zu zweit! Mit Hilfe eines Wörterbuches sucht jede(r) fünf Wörter, die aus mindestens drei anderen Wörtern bestehen.

zum Beispiel:
die Straßenbahnlinie
der Personenkraftwagen

Der (die) Partner(in) findet dann die zugrunde liegenden Wörter.

zum Beispiel:

die Straße	*die Bahn*	*die Linie*
die Person	*die Kraft*	*der Wagen*

6 So kann man neue Nomen bilden

Finden Sie zehn Nomen, die aus Verbinfinitiven gebildet sind, und schreiben Sie für jedes Nomen einen Satz im Präsens.

zum Beispiel:

Das Reisen macht mich immer sehr müde.
Das Rauchen ist im Zug verboten.

7 Wörtersuche

Finden Sie in einer deutschen Zeitung oder in einem Buch einen längeren Artikel bzw. Text. Ordnen Sie alle Nomen im Text unter die Endungen auf den Seiten **298–299** ein. Schreiben Sie das jeweilige Geschlecht dazu.

zum Beispiel:

-chen	**-e**	**-ei**	**-er/-ler**
das Häuschen	*die Frage*	*die Bücherei*	*der Kanzler*

8 Die Reklame übertreibt häufig

Schauen Sie sich a) Werbung in Zeitschriften oder b) Beschreibungen in Urlaubsprospkten an. Hier findet man oft zusammengesetzte Adjektive oder Adverbien. Wie viele können Sie finden?

zum Beispiel:

blütenweiß, extrastark, superschnell . . .
touristenfreundlich, freizeitorientiert, regenarm . . .

9 Wortreihen

Mit Hilfe eines Wörterbuches versuchen Sie Wortreihen mit mindestens zehn verschiedenen Nomen zu bilden.

zum Beispiel:

Garten – Tisch ⟶ **Tisch**lampe ⟶ **Lampe**ngeschäft ⟶ **Geschäft**sstraße ⟶
Straße(n) . . .
Garten – Haus ⟶ **Haus**gast ⟶ **Gast**arbeiter ⟶ Arbeit(s) . . .

Key to the *Übung macht den Meister!* exercises

Chapter 3

1 **1st paragraph**: Ihnen, Ihrem, Ihnen; **2nd paragraph**: Ihnen, Ihre, Sie, Ihnen, Ihre; **3rd paragraph**: Ihnen, Sie, Ihnen, Ihrer, Sie, Ihrem, Ihrem, Sie, Ihr, Sie; **4th paragraph**: Ihnen; **5th paragraph**: Ihnen, Ihrem, Ihren, Sie, Ihre.

2 Sehr geehrter **H**err Boll,
wir danken **I**hnen für **I**hre **A**nfrage nach einem **P**rospekt unseres **H**auses. Wir haben **I**hnen wunschgemäß ein **D**oppelzimmer mit **S**eeblick für die **Z**eit vom 7.7.–21.7. in unserem **H**ause reserviert. Der **P**reis, den wir **I**hnen berechnen, hängt von der **A**usstattung des **Z**immers ab. Falls **S**ie ein **Z**immer mit **B**alkon wünschen, würde sich der **P**reis um 2 Euro pro **T**ag erhöhen.
Dürfen wir **S**ie auch darauf hinweisen, dass in dem **P**reis das **F**rühstück und das **A**bendessen eingeschlossen sind.
Würden **S**ie uns bitte mitteilen, ob **S**ie mit dem **W**agen anreisen und somit eine **G**arage oder einen **S**tellplatz benötigen.
Wir legen für **S**ie den **H**otelprospekt bei und erwarten **I**hre baldige **R**ückantwort.
Mit freundlichen **G**rüßen, **I**hr Magnus Reiser (**H**otelmanager)

3

Nomen ss	*Nomen ß*	*Verben ss*	*Verben ß*
Schloss	Spaß	küssen	schließen
Schuss	Straße	müssen	schießen
Schluss	Gruß	hassen	heißen
Nuss	Grüße	essen	reißen
Pass	Soße	wissen	stoßen
Riss	Strauß	lassen	grüßen

4 Als wir diesen Sommer in der Landeshauptstadt waren, hatten wir ein unangenehmes Erlebnis, denn wir wurden von Taschendieben am Bahnhof beraubt.
Wir waren gerade nach langer, ermüdender Fahrt aus dem Zug ausgestiegen(,) und mein Mann, der die Koffer trug, folgte mir zum Bahnsteigende. Aber weil wir uns am Hauptbahnhof nicht auskannten, stellten wir die Koffer ab(,) um uns an der Information nach einem Hotel zu erkundigen. Mein Mann setzte sich auf eine Bank und las die Zeitung, während ich mich auf den Weg zum Informationsbüro machte. Danach hatten wir vor, mit einem Taxi zum Hotel zu fahren(,) denn wir waren sehr müde von der Fahrt.
Als ich auf der Rolltreppe, die voller Menschen war, ins Untergeschoss des Bahnhofs fuhr, bemerkte ich eine Gruppe junger Männer, die heftig diskutierten und ein bisschen betrunken schienen.
Ich betrat das Informationsbüro, buchte ein Hotelzimmer, kaufte einen Stadtplan und erkundigte mich nach einem Taxistand. Weil wir kein Bargeld bei uns hatten, holte ich noch schnell etwas Geld vom Geldautomaten am Eingang. Als ich wieder zur Rolltreppe zurückkehrte, wollten mehrere Männer gleichzeitig die Rolltreppe betreten.
Wir gingen sofort mit unserem Gepäck zum Taxistand, nahmen ein Taxi und fuhren direkt zum Hotel. Aber als wir dort ankamen und ich den Taxifahrer bezahlen wollte, merkte ich, dass der gesamte Inhalt meiner Handtasche fehlte: Geldbeutel, Pässe, Fahrkarten, Hotelreservierung und Kreditkarten waren verschwunden! Da wurde uns klar, dass ich auf der Rolltreppe Taschendieben in die Hände gefallen war!

Chapter 4

1

der PC	das Sofa	die Couch	die Lampen
der Sessel	das Regal	die Kommode	die Vorhänge
der Nachttisch	das Bett	die Matratze	die Stühle
der Teppich	das Videogerät	die Stehlampe	die Bilder
der Schrank			
der Computertisch			
der CD-Spieler			

2 a) der Garten, der Wagen, die Villa, die Sauna, das Schwimmbad, die Kunstwerke (gehören), die Pferde (gehören), die Ställe (gehören), das Segelboot.
   b) Das ist ein Garten, ein Wagen, eine Villa, eine Sauna, ein Schwimmbad, das sind Kunstwerke, Pferde, Ställe, das ist ein Segelboot.
   c) Er besitzt einen Garten, einen Wagen, eine Villa, eine Sauna, ein Schwimmbad, Kunstwerke, Pferde, Ställe, ein Segelboot.

3 das romantische Rothenburg, das künstlerische Schwabing, das moderne Augsburg, das berühmte Nürnberg, das malerische Regensburg, das sonnige Spanien, das bergige Österreich, das antike Griechenland, das grüne Irland, das gastfreundliche Portugal.

4 a) Er ist Portugiese und spielt Klavier.   b) Sie ist Griechin und spielt Flöte.
   c) Er ist Schwede und spielt Cello.   d) Sie ist Holländerin/Niederländerin und spielt Klarinette.
   e) Er ist Ire und spielt Gitarre.   f) Er ist Schweizer und spielt Trompete.
   g) Sie ist Österreicherin und spielt Blockflöte.

5 Das Alkoholtrinken/Trinken von Alkohol ist verboten! Das Essen in den Zimmern ist verboten! Das Duschen vor acht Uhr ist verboten! Das Betreten des Rasens ist verboten! Das Parken vor dem Haus ist verboten!

6 a) Er ist Pfarrer.   b) Sie ist Lehrerin.   c) Sie ist Schülerin.   d) Sie ist Studentin.
   e) Er ist Dozent.   f) Sie ist Tierärztin.   g) Er ist Rechtsanwalt.

7 Wein kostet 4,50 Euro die Flasche! Tee kostet 1,80 Euro die Tasse! Äpfel kosten 1,60 Euro das Kilo! Kuchen kosten 1,90 Euro das Stück! Kartoffelchips kosten 80 Cent die Tüte! Pommes frites kosten 1,50 Euro die Portion! Zigaretten kosten 4,20 Euro die Schachtel! Milch kostet 70 Cent der Liter!

Chapter 5

1 a) Dieses Wasser ist klarer als jenes. Diese Küste ist felsiger als jene. Diese Insel ist malerischer als jene. Dieser Zeltplatz ist schattiger als jener. Dieses Restaurant ist moderner als jenes. Diese Preise sind niedriger als jene.
   b) Ich mag dieses Wasser mehr als jenes. Ich mag diese Küste mehr als jene. Ich mag diese Insel mehr als jene. Ich mag diesen Zeltplatz mehr als jenen. Ich mag dieses Restaurant mehr als jenes. Ich mag diese Preise mehr als jene.

   c)
dasselbe	Klima	dieselbe	Sprache
dasselbe	Wetter	dieselbe	Kultur
dasselbe	Freizeitangebot	dieselbe	Küche
denselben	Hafen	dieselben	Einwohner
denselben	Leuchtturm	dieselben	Wetterbedingungen
denselben	Baustil	dieselben	Spezialitäten

2 a) jedes   b) jeden   c) jeden   d) jeden   e) jede   f) jeden   g) jede   h) jedes.

3 a) (irgend)einem   b) (irgend)einer   c) keine   d) kein   e) seine   f) keinen
   g) keine   h) einen   i) keine   j) keine   k) kein   l) einer   m) einem   n) keine
   o) einen   p) sein.

4 a) Wie viele b) einige   c) etliche/mehrere   d) Wie viel   e) wenige   f) ein bisschen
   g) allerlei   h) vielerlei   i) zweierlei   j) zweierlei   k) einige   l) keine
   m) ein bisschen   n) mehrere/verschiedene   o) einige/ein paar
   p) einige/ein paar   q) Solch eine/eine solche/so eine   r) viel

Chapter 6

1 a) das Schwein   b) der Affe   c) das Wetter   d) das Bier   e) die Schweiz
   f) das Dutzend   g) das Mädchen   h) der Rhein   i) (die) Concorde

2

der	die	das	die
Demonstrant	Fabrik	Gas	Schadstoffe
Regen	Industrie	Fahrzeug	Maßnahmen
Atommeiler	Verschmutzung	Gift	Abgase
Wald	Luft	Erdöl	
Müll	Pflanze	Wachstum	
Umweltsünder	Auswirkung	Problem	
Verkehr	Bedingung	Abwasser	
Protest	Wiederverwertung	Meer	
Wind	Erhaltung	Waldsterben	
	Erde	Kraftwerk	
	Kohle	Benzin	
	Gesundheit		
	Demonstration		
	Energie		
	Versorgung		

3

der	die	das	die
Umweltschutz	Umweltverschmutzung	Umweltgesetz	Umweltmaßnahmen
-schaden	-katastrophe	-ministerium	-regelungen
-minister	-partei	-problem	
-sünder	-politik		
	-steuer		
	-konferenz		

Chapter 7

1 zwei Mäntel, zwei Blazer, zwei Jacken, zwei graue Hosen, zwei gestreifte Krawatten, zwei Hemden, zwei Trainingsanzüge, zwei Paar Schuhe, zwei Badehosen, zwei Tennisschläger, zwei Schultaschen, zwei Geldbeutel, zwei Fahrräder.

2 zwei Stühle, zwei Kommoden, zwei Schreibtische, zwei Schreibtischlampen, zwei Spiegel, zwei Bücherregale, zwei Spielcomputer, zwei CD-Spieler, zwei Fußbälle, zwei Eisenbahnen, zwei Paar Rollschuhe, zwei Baukästen, zwei Spielpistolen, zwei Trompeten.

3

Keine Endung	-n-Endung	Umlaut	-en-Endung	-nen-Endung
die Enkel	die Cousinen	die Töchter	die Herren	die Sekretärinnen
die Lehrer	die Tanten	die Mütter	die Studenten	die Freundinnen
die Onkel	die Neffen	die Brüder	die Frauen	die Enkelinnen
die Schüler	die Nichten	die Väter		
die Pfarrer	die Vettern	die Schwäger		
	die Schwestern			
	die Damen			
	die Kollegen			

Chapter 8

1 die Vorzüge des Modells, der Preis des Fahrzeugs, das Topmodell der Reihe, das Grundmodell der Serie, die Farbe des Wagens, der Benzinverbrauch der Maschine, die Leistung des Motors, das Material der Sitze, der Mechanismus des Schiebedachs, die Ausstattung des Innenraums, die Stärke der Batterie, die Zentralverriegelung der Türen, die Automatik der Fensterheber, der Vorteil der Klimaanlage.

2 mit dem Schiebedach, mit dem Steuerrad, mit den Bremsen, mit dem Gaspedal, mit dem Kofferraum, mit den Türschlössern, mit den Sitzen, mit der Antenne, mit der Kupplung, mit dem Stereogerät, mit den Scheibenwischern, mit dem Fernlicht.

3   des Franzosen, dieses Kunden, meines Neffen, des berühmten Dirigenten, des Bauern, meines Nachbarn, des Filmhelden, des Prinzen, des Bayern.

4   *(sample answers only)*
    a) dem Bauern   b) für den berühmten Dirigenten   c) meinem Nachbarn   d) dem Franzosen
    e) an diesen Kunden   f) für meinen Neffen   g) dem Bayern   h) dem Filmhelden

5   die Erkenntnis – der Erkenntnis, das Verhältnis – des Verhältnisses, das Bekenntnis – des Bekenntnisses, das Hindernis – des Hindernisses, die Erlaubnis – der Erlaubnis, das Geständnis – des Geständnisses, die Besorgnis – der Besorgnis, das Begräbnis – des Begräbnisses, die Kenntnis – der Kenntnis, das Geheimnis – des Geheimnisses.

Chapter 9

1   a) ihr   b) du   c) Sie

2   a) es   b) es   c) es   d) es   e) sie   f) sie   g) sie   h) er   i) sie   j) er
    k) sie   l) es   m) sie   n) sie   o) sie   p) sie   q) es   r) es   s) sie

3   a) sie, er, sie, sie   b) sie, ihn, sie, ihn, ihm, er, sie   c) sie, ihn, sie, ihm, ihm, ihr, sie
    d) er, sie, sie, sie, ihn, sie

4   a) mein, seine   b) Ihre   c) Ihren   d) seinem, meinen   e) mein   f) Ihrem   g) unsere, eure
    h) dein, meiner   i) seine, seine   j) unsere, unsere   k) seinen, meinen   l) Ihre

5   a) Wer   b) man   c) jemand   d) niemand   e) niemanden   f) Wer
    g) Wen   h) Welcher   i) Welchen   j) jemand   k) Niemand

Chapter 10

1   a) die Semesterferien   b) die Hörsäle   c) die Mensa   d) das Wintersemester, das Sommersemester
    e) das Staatsexamen   f) die Aula   g) die Vorlesungen/Übungen/Seminare   h) die Klausur
    i) Professor

2   a) Hochschulstudenten or Studenten   b) die Studentenkneipe   c) Studentenausweis
    d) Studentendorf   e) Studentenbude   f) Studentencafé
    g) Langzeitstudenten   h) Sportstudenten   i) Studentenpfarrer
    j) Studentenzahl   k) Auslandsstudenten

3   in den Hörsaal, in die Kneipe, in die Mensa, in die Bibliothek, in den Betrieb, in das Stadion, in das Laboratorium, auf die Universität, auf das Universitätsfest, auf den Maiball, auf den Tennisplatz, auf das Amt.

4   a) 7   b) 9   c) 5   d) 3   e) 10   f) 2   g) 6   h) 1   i) 4   j) 8

Chapter 11

1   a) Den Eltern – eine Kreuzfahrt   b) Der Schwester – einen Pelzmantel
    c) Dem Bruder – ein Motorrad   d) Der Zwillingsschwester – einen Kleinwagen
    e) Den Schwiegereltern – eine Kiste Sekt   f) Der Schwägerin – eine Seidenbluse
    g) Dem Schwager – eine Golfausrüstung   h) Dem Neffen – einen Spielcomputer
    i) Der Nichte – eine Stereoanlage

2   1st paragraph: in einer Kleinstadt; in der Firma; unter den Arbeitskollegen.
    2nd paragraph: nach der Arbeit; mit einer jungen Sekretärin; zum Autorennen; mit dem Zug; mit dem neuen Sportwagen, der seinem Vater gehörte; mit seiner neuen Freundin; in dem teuersten

Restaurant; nach einem vorzüglichen Abendessen.

3rd paragraph: aus der Stadt; unter der Motorhaube; in der Schweiz; zwischen der Schweizer Grenze und dem Gotthardpass.

4th paragraph: mit dem neuen Modell; zum nächsten Telefon; aus dem nahe gelegenen Dorf.

5th paragraph: in dem einzigen Gasthaus; in dem teuren Restaurant.

3   1st paragraph: fiel dem jungen Mann auf; half gerade einer alten Dame; folgten ihnen; und einigen alten Herren; begegneten sie noch weiteren Leuten; einer Firma aus Süddeutschland gehörte.

   2nd paragraph: schmeckte ihnen; erzählten dem Fahrer; tat ihm Leid; es dem Mechaniker nicht gelungen war; dass er ihnen nicht hatte helfen können; fiel dem Busfahrer plötzlich ein; wie er den jungen Leuten helfen könnte; ich gratuliere Ihnen; es passt mir; dankten ihm; es gelang ihnen.

4   a) 4   b) 5   c) 11   d) 9   e) 7   f) 3   g) 10   h) 2   i) 1   j) 8   k) 6

Chapter 12

1   a) Hamburgs   b) Münchens   c) Frankfurts   d) Kölns   e) Leipzigs   f) Dresdens g) Berlins

2   a) Frankreichs Hauptstadt ist Paris.   b) Italiens Hauptstadt ist Rom.
   c) Spaniens Hauptstadt ist Madrid.   d) Österreichs Hauptstadt ist Wien.
   e) Schwedens Hauptstadt ist Stockholm.   f) Irlands Hauptstadt ist Dublin.
   g) Hollands Hauptstadt ist Amsterdam.

3   einer herrlichen Lage, großer Beliebtheit, der Ufer des Neckars, des Flusses, des Neckars, der Stadt, der Altstadt, der Sommermonate, des Schlosses, der Schlossruine, des Waldes und der Weinberge, der zahlreichen internationalen Touristen, der günstigen Lage.

Chapter 13

1   a) Welche Jacke findest du besser, die lange oder die kurze?
   b) Welchen Hut findest du besser, den grünen oder den roten?
   c) Welches Hemd findest du besser, das weiße oder das gelbe?
   d) Welche Handschuhe findest du besser, die schwarzen oder die blauen?
   e) Welchen Mantel findest du besser, den braunen oder den grünen?

2   a) Die kleine Frau auf diesem Bild ist meine ältere Schwester Claudia.
   b) Sie trägt hier eine schwarze Jacke, ein weißes Hemd, einen roten Hut und modische rote Schuhe.
   c) Neben ihr steht meine andere Schwester Birgit. Was meinst du, passt die gelbe Bluse zum grünen Kleid?! Und passen die dunklen Strümpfe zu den grauen Schuhen?
   d) Und hier ist mein kleiner Bruder Fritz. Gefallen dir der braune Anzug und die weißen Schuhe?! Weiße Schuhe trägt er immer so gern!
   e) Kennen Sie diesen alten Mann mit der braunen Mütze, der vor dem teuren blauen Mercedes steht? Das ist mein Vater.
   f) Wie du siehst, habe ich die lange Nase von der Mutter, aber meinen kurzen Hals und meine blonden Haare habe ich vom Vater.

3   a) Düsseldorfer, früheren, großen, dicken.   b) junge, blauen, weißen, älteren.
   c) alten, Gute, nette.   d) ganz, besseren.
   e) freundliche, gutes, wunderschöne.   f) malerischen, restaurierten, mittelalterlichen, Sehenswertes.

4   (a variety of answers possible)

5   a) stolz auf   b) von   c) enttäuscht   d) von   e) überzeugt   f) an
   g) interessiert   h) für   i) verantwortlich   j) dankbar   k) fähig

Chapter 14

1 a) jahrtausendelang b) stundenlang c) jahrelang d) tagelang e) minutenlang
   f) jahrzehntelang g) sekundenlang h) wochenlang

2 a) stündlich b) wöchentlich c) täglich d) wissenschaftlich e) jährlich
   f) monatlich g) staatlich h) wahrscheinlich

3 a) 7 b) 4 c) 1/2 d) 3/7 e) 3/7/8 f) 9 g) 8 h) 5 i) 6.

4 a) vorhin, dahin, wohin, hierhin, dorthin; hinauf, hinaus, hinein, hinunter, hinüber, hingegen.
   b) woher, daher, hierher, vorher, nebenher; heraus, herauf, herum, herein, herüber, herunter.

Chapter 15

1 a) Berlin ist größer als Bonn. Bonn ist nicht so groß wie Berlin.
   b) Hamburg liegt nördlicher als Hannover. Hannover liegt nicht so weit nördlich wie Hamburg.
   c) München liegt südlicher als Frankfurt. Frankfurt liegt nicht so weit südlich wie München.
   d) Die Zugspitze ist höher als der Feldberg. Der Feldberg ist nicht so hoch wie die Zugspitze.
   e) Die bayrischen Alpen sind bergiger als der Schwarzwald. Der Schwarzwald ist nicht so bergig wie die bayrischen Alpen.
   f) Das süddeutsche Klima ist milder als das norddeutsche Klima. Das norddeutsche Klima ist nicht so mild wie das süddeutsche Klima.
   g Schleswig-Holstein ist flacher als Bayern. Bayern ist nicht so flach wie Schleswig-Holstein.
   h) Der Bodensee ist tiefer als der Titisee. Der Titisee ist nicht so tief wie der Bodensee.
   i) Das Ruhrgebiet ist industrieller als die friesischen Inseln. Die friesischen Inseln sind nicht so industriell wie das Ruhrgebiet.

2 a) noch luxuriöser, größer, bequemer, weicher und teurer, moderner, neuer, fleißiger und intelligenter, höher, jetzt hat sie mehr Arbeit und weniger Freizeit.
   b) eine luxuriösere Einrichtung, einen größeren Schreibtisch, einen bequemeren Chefsessel, einen weicheren und teureren Teppich, einen moderneren Computer, ein neueres Telefon, eine fleißigere und intelligentere Sekretärin, ein höheres Gehalt, mehr Arbeit und weniger Freizeit.

3 im größten Hotel, an der malerischsten Küste, das luxuriöseste Zimmer, mit der schönsten Aussicht, im elegantesten Restaurant, die feinsten Speisen, die tollste Musik, die heißesten Rhythmen, die besten Tänzer, die einfallsreichsten Cocktails, die teuersten Preise.

4 a) bestens/wärmstens b) strengstens c) höchstens/mindestens
   d) bestens e) höchstens/mindestens/wenigstens f) nächstens
   g) meistens h) mindestens/höchstens/wenigstens i) schnellstens

Chapter 16

1 durch einen Zufall, von meiner Mutter, in der Nähe, bei einer großen Firma, über diese Nachricht, seit einem Monat, in dieser Gegend.
   Entgegen meinen Wünschen, an der Universität, wider meinen Willen, an die Universität, innerhalb eines Monats, im Süden.
   seit vier Wochen, in der Umgebung, durch die Stadt, ohne meinen Wagen, gegen einen Baum, für die Reparatur, unter den Studenten, seit der Ankunft.
   nach der Arbeit, in der Stadt, ins Kino, bei gutem Wetter, zu einem netten Biergarten, außerhalb der Stadt, mit einem Abend, in der nächsten Woche, an der Bushaltestelle, vor dem Rathaus, für dich, an die Bushaltestelle, bei der Sparkasse.
   für mich, auf dem Anrufbeantworter, auf die nächste Woche, auf den Ausflug, in die Stadt oder den Biergarten.

2 die Ecke, **den** Boden, die Tür, das Fenster, **den** Kleiderschrank, **den** Computertisch, die Decke, **den** Küchenschrank, das Bücherregal, die Wand, **den** Boden, **den** DVD-Spieler.

3 **der** Ecke, **dem** Boden, **der** Tür, **dem** Fenster, **dem** Kleiderschrank, **dem** Computertisch, **der** Decke, **dem** Küchenschrank, **dem** Bücherregal, **der** Wand, **dem** Boden, **dem** DVD-Spieler.

4 Wegen des Regens, der Hitze, des schlechten Wetters, des Sturms, des Gewitters, der Kälte, des Hagels, des Unwetters, des Glatteises, des Nebels.

Chapter 17

1 a) Vor drei Monaten kaufte der Student Horst einen Reisewecker. Gleichzeitig besorgte er zwei Batterien. Zunächst hat der Wecker gut funktioniert und immer ist Horst pünktlich in der Universität angekommen. Nach einigen Wochen wurde der Wecker unzuverlässig. Schon bald ging er einige Minuten nach. Von dieser Zeit an konnte sich Horst nicht mehr auf das Gerät verlassen. Schließlich brachte er den Wecker in das Geschäft zurück. Auf Grund der einjährigen Garantie verlangte er einen sofortigen Umtausch. Gegen Vorlage der Garantiekarte tauschte die Verkäuferin das fehlerhafte Gerät um. Glücklicherweise hatte er den Wecker in einem guten Fachgeschäft zu Semesterbeginn für nur 50 Euro gekauft.

   b) Er hatte den Wecker glücklicherweise in einem guten Fachgeschäft zu Semesterbeginn für nur 50 Eurogekauft.

   Den Wecker hatte er glücklicherweise in einem guten Fachgeschäft zu Semesterbeginn für nur 50 Euro gekauft.

   Glücklicherweise hatte er den Wecker in einem guten Fachgeschäft zu Semesterbeginn für nur 50 Euro gekauft.

   Zu Semesterbeginn hatte er den Wecker glücklicherweise in einem guten Fachgeschäft für nur 50 Euro gekauft.

   In einem guten Fachgeschäft hatte er glücklicherweise den Wecker zu Semesterbeginn für nur 50 Euro gekauft.

   Für nur 50 Euro hatte er glücklicherweise den Wecker in einem guten Fachgeschäft zu Semesterbeginn gekauft.

2 An einem Freitag im Frühling ereignete sich ein schreckliches Gewitter in der Nähe der Stadt Kiel in Schleswig-Holstein.

   In der Nähe der Stadt Kiel in Schleswig-Holstein ereignete sich ein schreckliches Gewitter an einem Freitag im Frühling.

   In Schleswig-Holstein in der Nähe der Stadt Kiel ereignete sich ein schreckliches Gewitter an einem Freitag im Frühling.

3 a) sondern–2   b) denn–4   c) denn–7   d) aber–8   e) und–6   f) aber/und–5
   g) aber–3   h) und–1

4 a) i) zerstörte   ii) tötete   iii) richtete . . . an   iv) rissen . . . ein   v) verwüstete   vi) führte
   vii) tötete   viii) verursachte.
   b) i) In Japan zerstörte ein Erdbeben ein Superhotel.
   ii) Im Stadtpark tötete ein Blitz einen Gärtner.
   iii) In der Karibik richtete ein Wirbelsturm Millionenschäden an.
   iv) In den Schweizer Alpen rissen Fluten einen Damm ein.
   v) In Florida verwüstete ein Orkan ein Waldgebiet.
   vi) In der Rheinebene führte Dauerregen zu Überschwemmungen.
   vii) In der Türkei tötete eine Explosion 110 Arbeiter.
   viii) In Südengland verursachte ein Gewitter schwere Ernteschäden.

5 a) Bitte steigen Sie ein.
   b) Bitte setzen Sie sich.
   c) Bitte schnallen Sie sich an.
   d) Bitte schalten Sie das Handy ab.
   e) Bitte stellen Sie Ihren Sitz aufrecht.
   f) Bitte lesen Sie die Sicherheitsvorschriften.
   g) Bitte hören Sie der Sicherheitsanweisung zu.
   h) Bitte genießen Sie den Flug.

6 a) Schreibe bald einen Brief!
   b) Sei beim Umsteigen vorsichtig!
   c) Verliere den Pass nicht!
   d) Verpasse den Anschlusszug nicht!

e) Iss die Butterbrote unterwegs!

f) Vergiss das Handgepäck nicht im Zug!

g) Gib den Eltern ein Geschenk von uns!

7 a) Wann bist du abgefahren?

b) Wo bist du umgestiegen?

c) Wie war die Reise?

d) Was hast du unterwegs gemacht?

e) Wer hat dich zum Bahnhof gebracht?

f) Wohin bist du in England gefahren?

g) Warum bist du nicht über Harwich gefahren?

h) Womit hast du den Kanal überquert?

i) Wen hast du unterwegs kennen gelernt?

j) Womit hast du die Zeit verbracht?

Chapter 18

1 a) wenn die Ferienzeit im Sommer beginnt.

b) obgleich er nicht viel verdient.

c) ohne dass er Geld spart.

d) bevor er eine Entscheidung über das Reiseziel trifft.

e) nachdem er das Reiseziel festgelegt hat.

f) ob er mit der Bahn oder mit dem Flugzeug fährt.

g) da er unverheiratet ist.

h) weil er nicht allein sein möchte.

i) obwohl er mehrere Fremdsprachen spricht.

j) ohne dass er eine Reiseapotheke in seinem Gepäck hat.

k) damit er sorglos reisen kann.

l) sobald er am Reiseziel ankommt.

m) während er seine Ferien verbringt.

n) sobald er wieder in seinem Heimatort eintrifft.

2 a) Wenn der Wecker um 7.30 Uhr klingelt, wacht Gisela Hoffmann auf.

b) Obwohl sie wach ist, bleibt sie noch fünf Minuten liegen.

c) Bevor sie ins Badezimmer geht, macht sie ihre Morgengymnastik.

d) Nachdem sie die Übungen gemacht hat, beginnt sie mit der Morgentoilette.

e) Damit ihre Zähne gesund bleiben, putzt sie sie sehr sorgfältig.

f) Um im Büro gut auszusehen schminkt sie sich sorgfältig vor dem Spiegel.

g) Sobald sie im Badezimmer fertig ist, geht sie in die Küche.

h) Während sie frühstückt, liest sie die Zeitung.

i) Nachdem sie gefrühstückt hat, macht sie Butterbrote für die Mittagspause im Büro.

j) Wenn sie das Haus verlässt, schlägt die Kirchturmuhr meistens 8.30 Uhr.

k) Als sie heute das Haus verließ, war es leider schon neun Uhr.

3 a) Es war ganz toll, dass wir jeden Abend ein Lagerfeuer haben anzünden dürfen.

b) Es gefiel mir sehr gut, obwohl ich immer Deutsch habe sprechen müssen.

c) Es machte viel Spaß, als wir beim Zeltaufbau haben mithelfen müssen.

d) Wir waren enttäuscht, dass wir wegen des schlechten Wetters die lange Bergtour nicht haben machen können.

e) Die Ferien waren prima, so dass wir nicht nach Hause haben zurückkehren wollen.

f) Wir hatten viel Freizeit, obwohl wir bei allen Arbeiten haben mithelfen sollen.

Chapter 19

1 a) den, der, dessen, in dem, durch den, in dem

b) das, dessen, dessen, in dem, durch das, das

c) die, die, auf der, deren, auf der, über der, auf der

d) die, die, in denen, durch die, in denen, von denen

2 a) Das hier ist der Bergführer, der die Gruppe geführt hat.

b) Neben ihm steht seine Frau, die sich immer um das Essen gekümmert hat.

c) Vor ihnen sitzt ein junges Ehepaar, das auf der Hochzeitsreise war.

d) Dahinter stehen drei Studenten aus Japan, die viele Fotos gemacht haben.

e) Neben ihnen sieht man die junge Dame aus der Schweiz, die die Berggipfel immer als Erste erreicht hat.

f) Neben ihr steht ein junger Spanier, dessen Frau hier neben dem Bergführer sitzt.

g) Das hier war die älteste Teilnehmerin, deren kleiner Hund auch dabei war.

h) Ihr Bruder, dessen Rucksack am letzten Tag in eine Bergschlucht fiel, steht links neben ihr.

i) Die beiden jungen Bergsteiger im Hintergrund, deren Gesichter so braun gebrannt sind, haben unsere Gruppe begleitet.

j) Das Haus im Vordergrund, dessen Dach hier auf der linken Seite zu sehen ist, war die letzte Berghütte auf unserer Wandertour.

3 a) in denen, zu denen   b) mit der   c) auf dem   d) in dem   e) mit denen   f) auf den
   g) durch die   h) für die

4 a) was für eine   b) wer   c) welche   d) wo   e) wann   f) was
   g) wie   h) wessen   i) warum

Chapter 20

1 interessieren sich für, strengen sich an, Sie erholen sich, sich gesund zu ernähren.
   Der Ehemann interessiert sich für, hat er sich in einem Fußballverein angemeldet, trifft er sich mit Kollegen, hat er sich verbessert, sich einem großen Fußballklub an**zu**schließen, hat sich bezahlt gemacht, er erfreut sich ausgezeichneter Gesundheit.
   Die Ehefrau befasst sich mit Yoga und kümmert sich um, Sie wäscht sich und (sie) pflegt sich mit, Sie bemüht sich, Um sich fit zu halten hat sie sich bei einem Yogakurs in der Abendschule angemeldet.
   beschäftigen sich mit, halten sich fit, Daneben befasst sich der Sohn mit Schwimmen, und die Tochter bemüht sich, Sie alle sind sich einig/Sie sind sich alle einig.

2 a) i) Ich schenke dem Vater einen Atlas.   ii) Ich gebe der Mutter eine Flasche Parfüm.
       iii) Die Eltern kaufen dem Sohn ein Fahrrad.   iv) Die Eltern schenken der Tochter einen Discman.
       v) Der Bruder gibt der Schwester eine CD.   vi) Die Schwester schenkt dem Bruder eine
       vii) Die Kinder geben den Eltern Pralinen.   Taschenlampe.
   b) i) Ich schenke **ihn** dem Vater.   ii) Ich gebe **sie** der Mutter.
       iii) Die Eltern kaufen **es** dem Sohn.   iv) Die Eltern schenken **ihn** der Tochter.
       v) Der Bruder gibt **sie** der Schwester.   vi) Die Schwester schenkt **sie** dem Bruder.
       vii) Die Kinder geben **sie** den Eltern.
   c) i) Ich schenke **ihm** einen Atlas.   ii) Ich gebe **ihr** eine Flasche Parfüm.
       iii) Die Eltern kaufen **ihm** ein Fahrrad.   iv) Die Eltern schenken **ihr** einen Kassettenrekorder.
       v) Der Bruder gibt **ihr** eine CD.   vi) Die Schwester schenkt **ihm** eine Taschenlampe.
       vii) Die Kinder geben **ihnen** Pralinen.
   d) i) Ich schenke **ihn ihm**.   ii) Ich gebe **sie ihr**.
       iii) Die Eltern kaufen **es ihm**.   iv) Die Eltern schenken **ihn ihr**.
       v) Der Bruder gibt **sie ihr**.   vi) Die Schwester schenkt **sie ihm**.
       vii) Die Kinder geben **sie ihnen**.

Chapter 21

1 a) Ich möchte heute nicht ins Kino gehen. Ich möchte **nicht heute** ins Kino gehen (sondern . . .).
   b) Wir wollen am Sonntag nicht im Restaurant essen. Wir wollen **nicht am Sonntag** im Restaurant essen.
   c) Ich möchte dieses neue Automodell nicht kaufen. Ich möchte **nicht dieses neue Automodell** kaufen.
   d) Ich habe gestern Abend diese Nachricht im Fernsehen nicht gesehen. Ich habe **nicht gestern Abend** diese Nachricht im Fernsehen gesehen.
   e) Ich reise im Sommer nicht wieder nach Spanien. Ich reise **nicht im Sommer** wieder nach Spanien.
   f) Ich bin dieses Jahr bei meiner alten Firma nicht angestellt. Ich bin dieses Jahr **nicht bei meiner alten Firma** angestellt.

2 a) kein Dach über dem Kopf   b) keine Familie   c) keinen warmen Mantel
   d) keine Schuhe   e) kein regelmäßiges Einkommen   f) keinen Cent
   g) keine feste Adresse   h) keinen festen Wohnsitz   i) keine Freunde
   j) keine Packung Zigaretten

3 *(a variety of answers possible)*

4 a) Wir haben uns in den letzten Sommerferien im IC-Zug zwischen Hamburg und Berlin getroffen.
   b) Ich habe meinen Mann an einem Sommerabend beim Biertrinken in München im Hofbräuhaus kennen gelernt.
   c) Ich habe meine Frau an Fastnacht zufällig in einer Disco auf einer Geschäftsparty kennen gelernt.
   d) Wir haben uns zu Ostern auf einer Safari in Kenia kennen gelernt.
   e) Ich habe meinen Mann eines Tages im Winter beim Skifahren in Österreich getroffen.
   f) Ich habe meine zukünftige Frau zum ersten Mal mit meinen Arbeitskollegen auf einer Geschäftsreise nach Bern gesehen.
   g) Wir haben uns letztes Jahr zufällig in Potsdam im Wartezimmer unseres Hausarztes getroffen.

Chapter 22

1 arbeite, einstellt, beschäftigt, gibt, aushelfen.
   macht, passt, ist, bekommen, heißt, ist.
   beginne, arbeite, liegt, essen, freue, austausche.
   ist, verkauft, habe, versuche, sind, weiß, will, beschweren, finde.

2 a) wohnen Sie in der Stadtmitte, arbeiten Sie in diesem Betrieb, spielen Sie Schach, studieren Sie hier an der Universität, lernen Sie Spanisch, trainieren Sie im Fitness-Studio, besitzen Sie ein Auto, haben Sie Semesterferien, wissen Sie das schon, geben Sie Nachhilfestunden, fahren Sie mit dem Fahrrad zur Arbeit, laufen Sie Ski, sammeln Sie Briefmarken, lassen Sie Ihr Auto in der Mercedesgarage reparieren, sind Sie schon hier angestellt.
   b) wohnst du in der Stadtmitte, arbeitest du in diesem Betrieb, spielst du Schach, studierst du hier an der Universität, lernst du Spanisch, trainierst du im Fitness-Studio, besitzt du ein Auto, hast du Semesterferien, weißt du das schon, gibst du Nachhilfestunden, fährst du mit dem Fahrrad zur Arbeit, läufst du Ski, sammelst du Briefmarken, lässt du dein Auto in der Mercedesgarage reparieren, bist du schon hier angestellt.
   c) wohnt ihr in der Stadtmitte, arbeitet ihr in diesem Betrieb, spielt ihr Schach, studiert ihr hier an der Universität, lernt ihr Spanisch, trainiert ihr im Fitness-Studio, besitzt ihr ein Auto, habt ihr Semesterferien, wisst ihr das schon, gebt ihr Nachhilfestunden, fahrt ihr mit dem Fahrrad zur Arbeit, lauft ihr Ski, sammelt ihr Briefmarken, lasst ihr euer Auto in der Mercedesgarage reparieren, seid ihr schon hier angestellt.

3 a) bin, habe, weiß   b) ist, hat, weiß   c) ist, hat, weiß   d) sind, haben, wissen
   e) sind, haben, wissen   f) sind, haben, wissen   g) ist, hat, weiß, hat

Chapter 23

1 a) mitteilte   b) verbrachte   c) war   d) versprach   e) stimmte   f) betraf
   g) sah   h) pries   i) erwähnte   j) ließ   k) behandelte   l) war
   m) regnete   n) herrschte   o) hielt   p) froren   q) waren   r) störte
   s) hoffe

2 ich saß, ich las, es war, es dämmerte, da sah ich, (der Radfahrer) näherte, er fiel mir auf, (er) trug, (er) hatte, er befand sich, (er) versuchte, Die Verkehrsampel zeigte, radelte er, ein Personenwagen näherte sich, abbiegen wollte, sah der Fahrer, erfasste ihn, Der Radfahrer stürzte, wurde geschleudert, Sein Rucksack flog . . . und traf, zersplitterte, Der Radfahrer . . . lag, war der Notrettungswagen . . . und brachte, kam er . . . davon.

3 lief . . . ab, wohnten, waren, hatte, arbeitete, versorgte, bestellte, aßen, bekamen, kauften . . . ein. mussten, hatten, gingen, zogen wir . . . an, saßen, war, durften, erwärmte, badete, kannte, heizte, ging, gab, war.

Chapter 24

1. a) ist   b) ist   c) haben   d) haben   e) haben   f) hat   g) sind   h) sind
   i) ist   j) sind   k) sind   l) haben   m) hat   n) haben   o) hat   p) hat
   q) haben   r) sind   s) hat   t) haben   u) sind   v) haben   w) sind

2. a) i) Sie haben das ganze Jahr über gespart. Sie haben auf die Ferien gewartet. Sie haben die Reise geplant. Sie haben die Reiseroute geprüft.
    ii) Sie haben das Reisebüro besucht. Sie haben interessante Reiseziele entdeckt. Sie haben miteinander über die Reisepläne verhandelt. Sie haben Reiseschecks bei der Bank bestellt.
    iii) Sie haben das alte Zelt für Notfälle repariert. Sie haben Hotelprospekte studiert. Sie haben mit einem Hotel telefoniert. Sie haben Zimmer für zwei Wochen reserviert.
    iv) Sie haben ihre Lieblingssachen eingepackt. Sie haben Reiseproviant eingekauft. Sie haben die neuen Reisepässe vom Passamt abgeholt. Sie haben das Wasser und die Heizung abgeschaltet. Sie haben ihre Ferienadresse aufgeschrieben.
    v) Sie haben einen freundlichen Nachbarn gefunden, der das Haus versorgt. Sie haben ihm die Hausschlüssel gegeben. Sie haben den Hund ins Tierheim gebracht. Sie haben an alles gedacht!
   b) Sie sind ganz schlecht eingeschlafen. Sie sind frühmorgens um drei Uhr aufgewacht. Sie sind zehn Minuten später aufgestanden. Sie sind noch bei Dunkelheit abgereist. Sie sind mit hoher Geschwindigkeit gefahren. Sie sind leider nicht weit gekommen. Schon kurz außerhalb der Stadt auf der Autobahn ist es passiert. Herr Sorgsam ist am Steuer eingeschlafen. Das Auto ist von der Fahrbahn abgekommen. Es ist an einem Baum gelandet. Sie alle sind verletzt worden. Was ist nun geschehen? Die Polizei ist gekommen. Sie sind die Ferien über im Krankenhaus geblieben.

3. a) Bevor wir in diese Stadt kamen, hatten wir in einem kleinen Dorf auf dem Land gelebt.
   b) . . . hatte ich viele Haustiere gehabt.
   c) . . . hatte mein Bruder sogar ein eigenes Pony besessen.
   d) . . . waren meine Eltern durch die ganze Welt gereist.
   e) . . . hatten meine Eltern ein eigenes Geschäft gehabt.
   f) . . . hatten wir nie in einem Hochhaus gewohnt.
   g) . . . war ich nie in diese Stadt gekommen.
   h) . . . waren wir immer zu Fuß zum Einkaufen gegangen.
   i) . . . war mein Bruder mit dem Schulbus zur Schule gefahren.

Chapter 25

1. a) wird   b) wird   c) werden   d) werden   e) wird   f) werden   g) wird   h) wird
   i) werden   j) werden   k) werden   l) werden   m) werden   n) wird   o) wird   p) werden

2. a) Ulla wird die Wände streichen. Eva wird das Bad putzen. Sven wird die Toilette reparieren. Herr Arnold, ein Handwerker, wird die Dusche einbauen. Eva and Günther werden die Teppiche verlegen. Sven wird Regale einbauen. Alle gemeinsam werden die Küche modernisieren. Günther wird die Fenster putzen. Sven wird die Terrasse bepflanzen. Sven und Eva werden die Gardinen aufhängen.
   b) Ich werde die Wände streichen. Eva, du wirst das Bad putzen. Sven, du wirst die Toilette reparieren. Herr Arnold, Sie werden die Dusche einbauen. Eva und Ulla, ihr werdet die Teppiche verlegen. Sven, du wirst Regale einbauen. Wir alle gemeinsam werden die Küche modernisieren. Günther, du wirst die Fenster putzen. Sven, du wirst die Terrasse bepflanzen. Sven and Eva, ihr werdet die Gardinen aufhängen.
   c) Ulla wird wohl die Wände gestrichen haben. Eva wird wohl das Bad geputzt haben. Sven wird wohl die Toilette repariert haben. Herr Arnold, ein Handwerker, wird wohl die Dusche eingebaut haben. Eva und Günther werden wohl die Teppiche verlegt haben. Sven wird wohl Regale eingebaut haben. Alle gemeinsam werden wohl die Küche modernisiert haben. Günther wird wohl die Fenster geputzt haben. Sven wird wohl die Terrasse bepflanzt haben. Sven and Eva werden wohl die Gardinen aufgehängt haben.

Chapter 26

1. a) Schrei
   b) Gib
   c) Sei
   d) Komm
   e) Sitz
   f) Sing(e)
   g) Stell
   h) Räum . . . auf
   i) Steh(e) . . . auf
   j) Zieh(e) . . . an

2. a) Raucht
   b) Hinterlasst
   c) Werft
   d) Betretet
   e) Tragt
   f) Kaut
   g) Schreibt
   h) Gebt . . . ab
   i) Esst
   j) Seid

3. 1–h, 2–j, 3–g, 4–b, 5–c, 6–d, 7–f, 8–i, 9–e, 10–a.

4. a) Halten Sie die Mittagsruhe von 13–15 Uhr ein!
   b) Waschen Sie sonntags kein Auto!
   c) Stellen Sie Fahrräder nicht im Treppenhaus ab!
   d) Reinigen Sie einmal pro Monat den Gehweg!
   e) Putzen Sie jede Woche das Treppenhaus!
   f) Hören Sie im Garten keine laute Musik!
   g) Veranstalten Sie keine Grillpartys auf dem Balkon!
   h) Schließen Sie die Haustüre um 22 Uhr ab!

5. a) vorwärmen
   b) stellen
   c) einlegen
   d) hineingeben
   e) kochen
   f) übergießen
   g) quellen
   h) nachgießen
   i) servieren

6. 1–b, 2–d, 3–f, 4–a, 5–g, 6–e, 7–c.

Chapter 27

1. *(a variety of answers possible)*

2. a) i)   Sie beabsichtigen nach Bayern umzuziehen.
      ii) Sie plant eine Ausbildung als Erzieherin zu machen.
      iii) Er hofft ein helles Zimmer in der Stadtmitte zu finden.
      iv) Sie versuchen Arbeit in einem Hotel zu bekommen.
      v)   Er wünscht sich hier bei seinen Verwandten zu bleiben.
   b) i)   . . . schnell Deutsch zu lernen.
      ii) . . . eine nette Wohnung zu finden.
      iii) . . . später in die USA auszuwandern.
      iv) Planst/hoffst du eine Stelle zu bekommen?
      v)   . . . einen Sprachkurs zu machen.
      vi) Beabsichtigen/hoffen Sie einen Weiterbildungskurs zu besuchen?
      vii) . . . aufs Land umzuziehen.
      viii)Hofft ihr eine Ausbildung als Mechaniker zu machen?

3. a) Es ist schwierig alles auf einmal zu lernen. Alles auf einmal zu lernen ist schwierig.
   b) Es ist interessant eine neue Kultur kennen zu lernen. Eine neue Kultur kennen zu lernen ist interessant.
   c) Es ist teuer in Deutschland einzukaufen. In Deutschland einzukaufen ist teuer.
   d) Es ist langweilig immer nur im Heim zu sitzen. Immer nur im Heim zu sitzen ist langweilig.
   e) Es macht Spaß neue Freunde kennen zu lernen. Neue Freunde kennen zu lernen macht Spaß.
   f) Es ist schwer keine Familie zu haben. Keine Familie zu haben ist schwer.
   g) Es ist einfach neue Speisen auszuprobieren. Neue Speisen auszuprobieren ist einfach.
   h) Es ist möglich eine Aushilfsstelle zu finden. Eine Aushilfsstelle zu finden ist möglich.
   i) Es ist unmöglich einen deutschen Pass zu bekommen. Einen deutschen Pass zu bekommen ist unmöglich.

4. a) Ich schlage vor/empfehle/rate täglich eine halbe Stunde zu trainieren.
   b) Ich schlage vor/empfehle/rate früher ins Bett zu gehen.
   c) Ich schlage vor/empfehle/rate an der frischen Luft spazieren zu gehen.

d) Ich schlage vor/empfehle/rate wärmere Kleidung zu tragen.
e) Ich schlage vor/empfehle/rate zum Hautarzt zu gehen.
f) Ich schlage vor/empfehle/rate den Friseur zu besuchen.

5 a) Statt zu trainieren, sitzt sie vor dem Fernsehapparat.
b) Statt früh ins Bett zu gehen, geht sie oft aus.
c) Statt spazieren zu gehen, fährt sie mit dem Auto.
d) Statt warme Kleidung zu tragen, kleidet sie sich unvernünftig.
e) Statt zum Hautarzt zu gehen, geht sie zu einem Psychiater.

6 a) Sie macht eine Diät um schlank zu werden.
b) Sie raucht nicht mehr um gesund zu bleiben.
c) Sie schläft viel um sich zu entspannen.
d) Sie geht viel zu Fuß um fit zu werden.
e) Sie pflegt sich um hübsch zu bleiben.
f) Sie verkauft ihr Auto ohne es ihrem Freund zu sagen.
g) Sie kleidet sich vernünftig ohne sich schlecht zu fühlen.
h) Sie verbringt mehr Zeit zu Hause ohne sich zu langweilen.
i) Sie achtet auf ihr Gewicht ohne zu hungern.
j) Sie verbessert ihr Selbstwertgefühl ohne es zu merken.

Chapter 28

1 a) ansagen, sagt an, hat angesagt; anbringen, bringt an, hat angebracht; ankommen, kommt an, ist angekommen; anlachen, lacht an, hat angelacht; anschauen, schaut an, hat angeschaut; angeben, gibt an, hat angegeben; anziehen, zieht an, hat angezogen; anweisen, weist an, hat angewiesen; anstreichen, streicht an, hat angestrichen; anreden, redet an, hat angeredet; anfangen, fängt an, hat angefangen; anstellen, stellt an, hat angestellt.

b) mitbringen, bringt mit, hat mitgebracht; mitnehmen, nimmt mit, hat mitgenommen; mitsingen, singt mit, hat mitgesungen; mitgehen, geht mit, ist mitgegangen; mitkommen, kommt mit, ist mitgekommen; mitreden, redet mit, hat mitgeredet; mitfahren, fährt mit, ist mitgefahren; mitlaufen, läuft mit, ist mitgelaufen; mitteilen, teilt mit, hat mitgeteilt; mitmachen, macht mit, hat mitgemacht; mitfühlen, fühlt mit, hat mitgefühlt; mitreisen, reist mit, ist mitgereist.

2 a) belegen, belegt, hat belegt; bekommen, bekommt, hat bekommen; bestehen, besteht, hat bestanden; beziehen, bezieht, hat bezogen; begegnen, begegnet, ist begegnet; beliefern, beliefert, hat beliefert; bereiten, bereitet, hat bereitet; besetzen, besetzt, hat besetzt; berufen, beruft, hat berufen; beweisen, beweist, hat bewiesen; besorgen, besorgt, hat besorgt.

b) verkaufen, verkauft, hat verkauft; vergeben, vergibt, hat vergeben; verlieren, verliert, hat verloren; versehen, versieht, hat versehen; verkommen, verkommt, ist verkommen; verfahren, verfährt, hat verfahren; vergessen, vergisst, hat vergessen; verlassen, verlässt, hat verlassen; verweisen, verweist, hat verwiesen; verwöhnen, verwöhnt, hat verwöhnt; verschwinden, verschwindet, ist verschwunden; versagen, versagt, hat versagt.

3 a)

Nomen	Verb	Partizip
Übersetzung	übersetzen	übersetzt
Überblick	überblicken	überblickt
Überweisung	überweisen	überwiesen
Übergabe	übergeben	übergeben
Überfall	überfallen	überfallen
Unterbrechung	unterbrechen	unterbrochen
Unterstellung	unterstellen	unterstellt
Unterdrückung	unterdrücken	unterdrückt

3 b)

Nomen	Verb	Partizip
Untergang	untergehen	untergegangen
Umtausch	umtauschen	umgetauscht
Umkehr	umkehren	umgekehrt
Durchfall	durchfallen	durchgefallen

Durchführung	durchführen	durchgeführt
Unterbringung	unterbringen	untergebracht
Umzug	umziehen	umgezogen

4 a) fällt . . . durch   b) durchsuchte   c) durchdenke   d) durchsucht
    e) liest . . . durch   f) durchgeführt, durchquert, durchgekommen   g) durchgemacht
    h) durchfuhr   i) durchkreuzte   j) hielt . . . durch   k) griff . . . durch
    l) strich . . . durch

5 a) arbeitet   b) verarbeitet   c) arbeiten   d) zusammen
    e) erarbeitet   f) überarbeitet   g) arbeitet   h) um
    i) bearbeitet   j) arbeiten   k) mit   l) arbeiten . . . durch
    m) abarbeiten   n) eingearbeitet   o) aufgearbeitet

6 ausgesucht, eröffnet, beantragt, bestellt, ausgefüllt, unterschrieben, abgeholt, eingelöst, abgehoben, überwiesen.

Chapter 29

1 a) 8/11   b) 2/5/6/9/10   c) 3/8   d) 1/4/5/7/9/11

2 a) i) wollen/möchten   ii) möchten/wollen   iii) können   iv) dürfen/können
    v) sollen/müssen   vi) müssen   vii) sollen/müssen   viii) können/dürfen
    b) Hans und seine junge Frau Anni (i) haben vor nach Neuseeland aus**zu**wandern. Sie (ii) planen
      dort in der Wildnis eine Farm **zu** bewirtschaften. Leider (iii) sind sie fähig, nur ein bisschen
      Englisch **zu** sprechen. (iv) Sie bekommen **erst** die Erlaubnis ein**zu**wandern, wenn sie ein gültiges
      Visum haben. (v) Es wird ihnen deshalb geraten auf die neuseeländische Botschaft **zu** gehen.
      (vi) Sie haben viele Formulare aus**zu**füllen und Fragen **zu** beantworten. (vii) Sie sind darauf
      vorbereitet etwa vier Monate **zu** warten. (viii) Dann haben sie die Erlaubnis aus**zu**wandern.

3 a) dürfen   b) muss   c) müssen   d) darf   e) dürfen   f) müssen   g) darf
    h) muss   i) darf   j) darf

4 willst du, Ich will, möchte ich, Kannst du, Muss, Ich will, Ich will, meine Freunde wollen, möchten wir,
    Willst/Möchtest du, Man darf, ich sollte, Ich muss.

5 Herr Vergesslich mag fremde Länder gern. In den Sommerferien will er weit wegreisen. Dieses Jahr
    kann er drei Wochen Urlaub bekommen.
      Er möchte eine Safari in Afrika mitmachen. Er will eine teure Pauschalreise buchen, denn er
    möchte die Reise genießen.
      Als er ins Reisebüro kommt, hört er, dass er ohne Visum nicht einreisen darf und dass er sich
    impfen lassen muss. Er solle das Visum sofort beantragen. Als er seinen Pass zeigen will, merkt er,
    dass dieser nicht mehr gültig ist. Er muss verlängert bzw. erneuert werden. So muss er seine Reise
    aufschieben, weil er ohne gültigen Pass das Land nicht verlassen kann.

6 a) Der Bundespräsident will im Juli zu einem Staatsbesuch nach Südafrika reisen.
    b) Der Innenminister möchte noch diesen Monat seinen französischen Kollegen in Paris besuchen.
    c) Der Wirtschaftsminister muss auf einer Konferenz in Mailand eine Rede halten.
    d) Der Außenminister soll sich zurzeit auf einer Tagung in Berlin befinden.
    e) Der Bundeskanzler kann leider an den geplanten Feierlichkeiten in Japan nicht teilnehmen.
    f) Die Kultusminister der Länder können sich bei ihrem Treffen in Berlin nicht einigen.
    g) Die Verteidigungsminister der EU müssen sich diese Woche in Salzburg über die neuen
      Maßnahmen einigen.

7 a) Man hat einen bestimmten Geldbetrag umtauschen müssen.
    b) Man hat nicht auf den Transitstraßen anhalten dürfen.

c) Man hat sich von Grenzpolizisten kontrollieren lassen müssen.

d) Man hat Verwandte nicht ohne Erlaubnis besuchen können.

e) Man hat nicht im anderen Teil der Stadt einkaufen können.

f) Die DDR-Bürger haben nicht ohne Genehmigung ausreisen dürfen.

Chapter 30

1 *All verbs require 'sich'.*

2 mich verliebt, befand mich, interessierte mich, sehnte mich, mir eingebildet, er sich . . . fühlte, änderte sich, beschäftigte sich, interessierte sich, nahm mir vor, freute sich, bedankte sich, bildete sich ein, überlegte mir, ärgerte mich, beklagten sich, nahmen sich vor, stritten uns, verstanden uns, mir nicht vorstellen, hatten uns geirrt, lasse mich scheiden.

3 a) dich, mich   b) sich, sich   c) euch, uns   d) dir, mich   e) euch, uns, uns

Chapter 31

1 a) Es donnert. Es gibt Donner.

 b) Es regnet. Es hört auf zu regnen. Es regnet wieder.

 c) Es hagelt.

 d) Es schneit. Es gibt Schnee. Es wird kalt.

 e) Es regnet. Es schneit. Es hagelt.

 f) Es wird sehr warm. Es bleibt sehr warm.

 g) Es gibt Regen. Es gibt Sonne. Es gibt Wolken.

 h) Es gibt viele Wolken. Es gibt wenige Wolken.

 i) Es friert. Es gibt Eis.

2 *(a variety of answers possible)*

3 1–g, 2–c, 3–a, 4–j, 5–b, 6–d, 7–f, 8–e, 9–h, 10–i.

4 a) Es wird viel gefeiert.

 b) Es wird viel Sekt getrunken. Es wird ein Feuerwerk veranstaltet.

 c) Es werden Geschenke ausgepackt.

 d) Es wird Gänsebraten gegessen. Es wird Weihnachtsstollen gegessen.

 e) Es wird viel gebacken.

 f) Es werden Weihnachtslieder gesungen. Es wird ein Christbaum aufgestellt.

 g) Es werden Masken und Fastnachtskostüme getragen.

 h) Es werden Bälle und Partys veranstaltet.

 i) Es wird ein Umzug abgehalten.

 j) Es werden Ostereier gefärbt.

Chapter 32

1 für, aus, von, von, mit, nach.

 um, zu, vor, auf, mit, mit, über.

 in, auf, auf, aus, mit, für, über, zu, an.

 an, mit, über, mit.

 aus, um, mit, mit, mit, nach, zur, zu, zur.

 an, auf, auf.

2 a) Sie hat daraus gelernt.   b) Sie war nicht darauf vorbereitet.   c) Sie gewöhnte sich daran.

 d) Sie freute sich darüber.   e) Sie war dankbar dafür.   f) Sie gewöhnte sich bald daran.

 g) Sie nahm gern daran teil.   h) Sie hatte davor Angst.

Chapter 33

1 a) Energie wird gespart.
  b) Die Geschwindigkeit wird beschränkt.
  c) Flaschen und Gläser werden zum Glascontainer gebracht.
  d) Pfandflaschen und keine Einwegflaschen werden gekauft.
  e) Altpapier und Pappe werden gesammelt.
  f) Plastiktüten werden fast nie benutzt.
  g) Keine Plastikgefäße werden gekauft.
  h) Der Müll wird in verschiedene Mülltonnen getrennt.
  i) So wird die Umwelt geschont.

2 a) Joghurtbecher wurden weggeworfen/sind weggeworfen worden.
  b) Papier wurde verschwendet/ist verschwendet worden.
  c) Energie wurde verbraucht/ist verbraucht worden.
  d) Einwegflaschen wurden gekauft/sind gekauft worden.
  e) Plastiktüten wurden kostenlos abgegeben/sind abgegeben worden.
  f) Verbleites Benzin wurde getankt/ist getankt worden.
  g) Müll wurde nicht getrennt/ist nicht getrennt worden.
  h) Altmaterial wurde nicht gesammelt/ist nicht gesammelt worden.

3 a) Alternative Energiequellen werden gesucht.
  b) Sonnen- und Windenergie werden mehr genutzt werden.
  c) Energiesparende Haushaltsgeräte werden eingeführt werden.
  d) Die Höchstgeschwindigkeit wird gesenkt werden.
  e) Der Energieverbrauch wird besteuert werden.
  f) Die Umweltverschmutzung wird bestraft werden.

4 a) Die Steuern wurden erhöht.
  b) Keine neuen Finanzmittel wurden bereitgestellt.
  c) Keine Sozialwohnungen wurden gebaut.
  d) Die Renten wurden nur um 1% erhöht.
  e) Mehr Geld wurde für die Rüstung ausgegeben.
  f) Keine neue Umweltpolitik wurde betrieben.
  g) Kein Geld wurde in den Straßenbau investiert.

5 a) Ein amerikanischer Tourist ist <u>von einem Taschendieb</u> bestohlen worden.
  b) Der Einbrecher wurde <u>von einem Polizisten</u> auf frischer Tat ertappt.
  c) Durch das schnelle Eingreifen der Polizei ist <u>ein Banküberfall</u> verhindert worden.
  d) Zwei Randalierer sind am Hauptbahnhof <u>von einem Polizisten</u> festgenommen worden.
  e) Auf der Kreuzung ist <u>ein Betrunkener</u> von einem Lastwagen überfahren worden.
  f) Zwei Taschendiebe wurden von der Polizei <u>im Fußballstadion</u> gefasst.
  g) Ein Haus wurde <u>durch einen Blitzschlag</u> in Brand gesetzt.
  h) Ein streunender Hund ist <u>von einem Streifenwagen</u> gefunden worden.
  (Bitte beachten Sie, dass die Sätze auch jeweils mit dem unterstrichenen Ausdruck beginnen können.)

6 a) Man hat einen Touristen bestohlen.
  b) Man hat einen Einbrecher auf frischer Tat ertappt.
  c) Man hat einen Banküberfall verhindert.
  d) Man hat zwei Randalierer am Hauptbahnhof festgenommen.
  e) Man hat einen Betrunkenen auf der Kreuzung überfahren.
  f) Man hat zwei Taschendiebe im Fußballstadion gefasst.
  g) Ein Blitzschlag hat ein Haus in Brand gesetzt.
  h) Man hat einen streunenden Hund gefunden.

Chapter 34

1 sie sei . . . gelandet, sie habe . . . verlassen, sie habe sich beeilt, sie habe . . . einhalten wollen, sie sei . . . gegangen, sei sie . . . gestoßen, sie habe . . . genommen, sie sei . . . gelaufen, habe sie . . . gesehen, sie hätten . . . gewartet, [er] habe sie . . . angesprochen und (er habe) . . . gefragt, sie . . . abgestellt habe, habe sich eine junge Dame genähert, . . . ergriffen habe, . . . eingestiegen sei, das Taxi sei . . . abgefahren, es habe sich herausgestellt, nicht gekannt hätten, sie seien erstaunt . . . gewesen, sie habe . . . verloren, habe ihre Firma . . . ausgesetzt, es sich . . . gehandelt habe.

2 a) wie ich hieße/heiße
   b) wo ich wohnte/wohne
   c) wann ich geboren sei
   d) ob ich zum ersten Mal hier sei
   e) ob ich versichert sei
   f) wie meine Krankenkasse hieße/heiße
   g) ob ich eine Krankengeschichte hätte
   h) seit wann ich Schmerzen hätte
   i) wo es weh tue
   j) ob ich Angst vor einer Spritze hätte
   k) ob ich allergisch gegen Penicillin sei
   l) ob ich die Symptome beschreiben könne
   m) es tue ihm Leid, ich sei sehr krank
   n) er müsse einen Krankenwagen für mich bestellen
   o) ich müsse noch heute operiert werden

3 a) wo er sei
   b) was passiert sei
   c) wie lange er bleiben müsse
   d) wann er aufstehen könne
   e) wann er etwas essen dürfe
   f) ob man hier rauchen dürfe
   g) ob er ruhig liegen solle
   h) er wolle seine Verwandten anrufen – er habe keine Kinder
   i) wie oft er die Tabletten einnehmen müsse
   j) warum er nichts trinken dürfe, er habe Durst

4 a) ich hätte zu viel gegessen
   b) ich hätte zu wenig Bewegung gehabt
   c) ich sei nicht fit
   d) ich müsse mehr Sport treiben
   e) ich dürfe nicht mehr rauchen
   f) ich könne viel Obst essen
   g) ich solle nicht so viele Pommes frites essen
   h) ich müsse mehr auf meine Gesundheit achten

Chapter 35

1 hätten, könnten, möchten, wollten, könnte, wäre, bräuchten, wäre, ginge, fänden, wäre, wäre, sparten, könnten, hätten, wäre.

2 a) i) hätten   ii) abschlössen   iii) umtauschten   iv) führen   v) reservierten
   vi) reisten
   b) i) mitnehmen würden   ii) haben würden (*more likely:* hätten)   iii) abschließen würden
   iv) umtauschen würden   v) fahren würden   vi) reservieren würden
   vii) reisen würden

3 a) Er wäre gern Multimillionär.
   b) Er hätte gern einen Rolls Royce.
   c) Er besäße gern ein Flugzeug/würde gern ein Flugzeug besitzen.
   d) Er wohnte gern in einem Schloss/würde gern in einem Schloss wohnen.
   e) Er machte gern sechs Monate im Jahr Urlaub/würde gern sechs Monate im Jahr Urlaub machen.
   f) Er spielte gern Golf und Tennis auch während der Woche/Er würde gern Golf und Tennis auch während der Woche spielen.
   g) Er besäße gern 30 Hotels/Er würde gern 30 Hotels besitzen.
   h) Er lebte gern wie ein König/Er würde gern wie ein König leben.
   i) Sie wäre gern die reichste Frau Deutschlands.
   j) Sie hätte gern mehr Freunde.
   k) Sie hätte gern mehr Gold und Juwelen.
   l) Sie besäße gern einen ganzen Reitstall/Sie würde gern einen ganzen Reitstall besitzen.
   m) Sie würde gern mehr ausländische Stars kennen.

n) Sie spräche gern ohne Akzent/Sie würde gern ohne Akzent sprechen.
o) Sie lernte gern auch Französisch, Spanisch und Italienisch/Sie würde gern auch Französisch, Spanisch und Italienisch lernen.
p) Sie beschäftigte gern einen Butler/Sie würde gern einen Butler beschäftigen.

4 a) An ihrer Stelle wäre ich nicht gekommen.
   b) . . . hätte ich einen Arzt angerufen.
   c) . . . hätte ich Tabletten genommen.
   d) . . . wäre ich im Bett geblieben.
   e) . . . hätte ich mich ausgeruht.
   f) . . . hätte ich die Einladung abgesagt.
   g) . . . hätte ich mehr auf die Gesundheit geachtet.

Chapter 36

1 a) höflicher wäre
  b) nettere Freunde hätte
  c) die Arbeit abnehmen würde
  d) nicht tränke/trinken würde
  e) nicht ins Wirtshaus ginge/gehen würde
  f) nach Hause käme/kommen würde
  g) öfter kochen würde
  h) Arbeit suchte/suchen würde
  i) fleißiger wäre
  j) ihr Zimmer aufräumen würde
  k) nicht rauchte/rauchen würde
  l) nicht so viel Geld verbrauchen würde
  m) nicht so viele Kleider kaufen würde
  n) nicht so laute Musik hören würde
  o) nicht so oft in Nachtklubs gehen würde

2 a) Ich wünschte, die Hausaufgaben wären nicht so schwer/Wenn doch die Hausaufgaben nicht so schwer wären!
  b) Ich wünschte, der Unterricht würde nicht so früh beginnen/Wenn doch der Unterricht nicht so früh beginnen würde!
  c) Ich wünschte, die Stunden wären nicht so langweilig/Wenn doch die Stunden nicht so langweilig wären!
  d) Ich wünschte, man bekäme bessere Noten/würde bessere Noten bekommen/Wenn man doch bessere Noten bekäme/bekommen würde!
  e) Ich wünschte, man würde leichter versetzt/Wenn man doch leichter versetzt würde!
  f) Ich wünschte, man bliebe nicht sitzen/würde nicht sitzen bleiben/Wenn man doch nicht sitzen bliebe!/sitzen bleiben würde!
  g) Ich wünschte, die Ferien wären länger/Wenn doch die Ferien länger wären!

3 käme/kommen würde, mitnähme/mitnehmen würde, wäre, wäre, vorankämen/vorankommen würden, hätten, bekämen/bekommen würden, wäre, hätte, gewinnen würde, wäre, hätten.

4 a) . . ., hätte ich nette Kollegen.
  b) . . ., hätte ich nicht so einen weiten Arbeitsweg.
  c) . . ., würde ich mehr verdienen.
  d) . . ., müsste ich jetzt nicht diese langweilige Arbeit machen.
  e) . . ., hätte ich längeren Urlaub.
  f) . . ., würde ich flexiblere Arbeitszeiten genießen.
  g) . . ., bekäme ich bessere Aufstiegschancen/würde ich bessere Aufstiegschancen bekommen.
  h) . . ., wäre ich zufriedener.

5 a) Wenn wir mehr Zeit gehabt hätten, hätten wir den Kurfürstendamm besucht.
  b) . . ., hätten wir die Mauer besichtigt.
  c) . . ., wären wir in die Oper gegangen.
  d) . . ., hätten wir eine Bootsfahrt auf dem Wannsee gemacht.
  e) . . ., hätten wir einen Ausflug nach Potsdam gemacht.
  f) . . ., wären wir in die Umgebung gereist.
  g) Wenn wir mehr Geld gehabt hätten, hätten wir im Luxushotel gewohnt.
  h) . . ., wären wir jeden Abend auf dem Kurfürstendamm ausgegangen.

i) . . ., hätten wir teure Theaterkarten gekauft.
j) . . ., hätten wir Einkäufe in den Boutiquen gemacht.
k) . . ., wären wir immer mit dem Taxi gefahren.
l) . . ., hätten wir schöne Reiseandenken mitgebracht.

Chapter 37

1 a) der Audi   b) den Mercedes   c) der BMW   d) des Volkswagens   e) dem Polo
   f) des Fords   g) der Golf   h) dem Opel

2 der neue Kollege, der/ein Ingenieur aus England; mit Herrn Maître, dem/einem Ingenieur aus
   Frankreich, zusammen; werden . . . Herrn Müller, den Hauptingenieur der Firma, unterstützen; Herr
   Pfeifer, der Personalchef, mit Herrn Weiß, dem Abteilungsleiter; mit Frau Bosch, der neuen Chefin,
   kommen die . . . aus; ist Frau Basler, die Stellvertreterin, um so freundlicher; für die Mitarbeiter, die
   Angestellten der Firma Laub, hat sie immer Zeit; Herrn Weber, den/einen Abteilungsleiter; mit Frau
   Hübsch, der/einer Chefsekretärin, arbeitet sie eng zusammen.

3 a) auf eine Tasse schwarzen Kaffee, auf ein Glas prickelnden Sekt, auf eine Portion süße Erdbeeren,
       auf einen Krug kühles Bier, auf eine Flasche französischen Rotwein, auf einen Teller italienische
       Spaghetti, auf einen Schluck starken Schnaps, auf eine Scheibe frischgebackenes Brot.
   b) mit einer Tasse schwarzem Kaffee, mit einem Glas prickelndem Sekt, mit einer Portion süßer
       Erdbeeren, mit einem Krug kühlem Bier, mit einer Flasche französischem Rotwein, mit einem
       Teller italienischer Spaghetti, mit einem Schluck starkem Schnaps, mit einer Scheibe
       frischgebackenem Brot.

Chapter 38

1 a) sechsundfünfzig Euro   b) hundert Euro   c) fünfundachtzig Euro und fünfundneunzig Cent
   d) sechsundvierzig Euro und fünfzig Cent

2 a) 55 824   b) 1 324 005   c) 37 215   d) 839   e) 2 000 412   f) 66 487   g) 1 385

3 a) neununddreißig   b) sieben   c) Vier   d) Zwölf
   e) drei   f) achtzig   g) vier   h) einhundertundeins
   i) Zehn   j) Sieben   k) Dritte   l) Erste, Zweite
   m) Dritte   n) siebte   o) Achte   p) einundzwanzigsten
   q) zweite

4 (Im Jahre) neunzehnhundertfünfundvierzig hat der Zweite Weltkrieg geendet.
   (Im Jahre) neunzehnhundertneunundvierzig ist die BRD gegründet worden.
   (Im Jahre) neunzehnhundertfünfundfünfzig hat die BRD die Souveränität erlangt.
   (Im Jahre) neunzehnhundertsiebenundfünfzig ist das Saarland das elfte Bundesland geworden.
   (Im Jahre) neunzehnhunderteinundsechzig ist die Berliner Mauer gebaut worden.
   (Im Jahre) neunzehnhundertneunundachtzig ist die Grenze zwischen der BRD und der DDR geöffnet
   worden.
   (Im Jahre) neunzehnhundertneunzig ist Deutschland wiedervereinigt worden.
   (Im Jahre) neunzehnhundertachtundneunzig haben die SPD und die Grünen eine neue Regierung
   gebildet.
   (Im Jahre) neunzehnhundertneunundneunzig hat die erste Sitzung des Bundestages im neuen
   Reichstag in Berlin stattgefunden.
   (Im Jahre) zweitausend(und)fünf ist eine Frau zum ersten Mal Bundeskanzler geworden.

5 a) Der erste Januar ist/heißt Neujahr/Am ersten Januar feiert man Neujahr.
   b) Der erste Mai ist/heißt der Tag der Arbeit/Am ersten Mai feiert man **den** Tag der Arbeit.
   c) Der erste November ist/heißt Allerheiligen/Am ersten November feiert man Allerheiligen.
   d) Der vierundzwanzigste Dezember ist/heißt der Heilige Abend/Am vierundzwanzigsten Dezember
       feiert man **den Heiligen** Abend.

e) Der einunddreißigste Dezember ist/heißt Silvester/Am einunddreißigsten Dezember feiert man Silvester.

f) Der dritte Oktober ist/heißt der Tag der deutschen Einheit/Am dritten Oktober feiert man den Tag der deutschen Einheit.

6 a) Fast ein Drittel/Mehr als ein Viertel wohnt bei den Eltern.
   b) Ein Fünftel/Weniger als ein Viertel wohnt in einer Wohngemeinschaft.
   c) Ein Zehntel wohnt in einem Studentenwohnheim.
   d) Ein Drittel wohnt in einer Wohnung allein oder mit Partner(in).
   e) Weniger als ein Zehntel wohnt zur Untermiete.

7 a) Nummer   b) Zahl   c) Hausnummer   d) Arbeitslosenzahl   e) Zahl
   f) Telefonnummer   g) Zahl

Chapter 39

1 Sie besucht am Montag/montags einen Englischkurs. Sie treibt am Dienstag/dienstags Sport. Sie spielt am Mittwoch/mittwochs Karten. Sie besucht am Donnerstag/donnerstags eine Sauna. Sie macht am Freitag/freitags einen Großeinkauf im Supermarkt. Sie feiert am Samstag/samstags/am Sonnabend/sonnabends mit Freunden. Sie geht am Sonntag/sonntags in die Kirche.

2 a) 3. Oktober   b) Rosenmontag   c) der Gründonnerstag
   d) am Ostersonntag   e) am Aschermittwoch   f) der Palmsonntag
   g) Pfingstsonntag und Pfingstmontag   h) der Karfreitag

3 a) Im Januar   b) Im Dezember   c) Im Juli und im August
   d) Im März   e) Im März oder im April   f) Im Oktober

4 a) Viertel nach zwei/viertel drei   b) Viertel vor vier/drei viertel vier
   c) siebzehn Minuten nach vier/vier Uhr siebzehn   d) halb sechs/fünf Uhr dreißig
   e) zwanzig vor sieben/sechs Uhr vierzig   f) zwölf Uhr mittags/Mittag
   g) halb zwei/ein Uhr dreißig

5 vor fünf Jahren – letztes Jahr – vorgestern – gestern – gestern Abend – heute Morgen – heute – heute Abend – morgen früh – morgen – morgen Nachmittag – übermorgen – übermorgen Abend – nächste Woche – nächstes Jahr

Chapter 40

1 a) 6   b) 3   c) 1   d) 2   e) 4   f) 8   g) 9   h) 5   i) 7

2 a) Tiefe b) Höhe c) Breite d) Tiefe e) Länge f) Höhe g) Breite h) Länge i) Länge/Breite

3 Ball: rund; Teppich: rechteckig/viereckig; Dose: zylindrisch; Postkarte: rechteckig; Ei: oval; Kirsche: rund; Handtuch: viereckig; Streichholzschachtel: würfelförmig; Pille: rund.

4 a) Quadratmeter   b) Kreisverkehr   c) Kugelschreiber   d) Planquadrat
   e) Würfelzucker   f) Erdkugel   g) Eiswürfel   h) Würfelspiel

Chapter 41

1 besuchen, begehen, bespannen, belassen, besichtigen, behandeln, bekommen, belaufen, beschneiden, belegen, beantworten, betrauen.
entgehen, entspannen, entlassen, entkommen, entlaufen.
missverstehen, misslingen, misshandeln, misstrauen.

verstören, versuchen, vergehen, verspannen, verlassen, verhandeln, verkommen, verlaufen, verschneiden, verlegen, verantworten, vertrauen.
zerstören, zergehen, zerlassen, zerbrechen, zerlaufen, zerschneiden, zerlegen.

2 a) mitmachen, mitgehen, mitschreiben, mitspielen, mitfahren, mitteilen, mitlaufen, mitgeben.
   b) aufstehen, aufstellen, aufgeben, aufmachen, aufsagen, aufrichten, auflassen, aufkommen.
   c) einsehen, einholen, einbringen, einsteigen, einmarschieren, einkaufen, einnehmen, einreden.
   d) vorlesen, vorlegen, vorsagen, vormachen, vorhaben, vorbringen, vorzeigen, vorkommen.

3 a) einsehen, voraussehen, wiedersehen, übersehen, aussehen, umsehen, zusehen, ansehen, vorhersehen/unvorhergesehen, fernsehen, nachsehen, entgegensehen.

   b) a) entgegen   b) wieder   c) um   d) voraus   e) ein   f) nach   g) aus
      h) fern   i) an   j) unvorher   k) über   l) vorher   m) zu

Chapter 42

1 *Infinitiv*   *Partizip I*   *Partizip II*
   das Kommen   der Reisende   der Verurteilte
   das Rauchen   der Auszubildende   die Verlobte
   das Spielen   die Sterbenden   die Unbekannte
   das Leben   das Entscheidende   der Betrunkene
   das Singen   die Leidenden   der Angeklagte
   das Trinken   die Überlebenden   die Geschiedene
   das Malen   der Bittende   die Geliebte
   das Wandern   die Streikenden   der Angestellte

2 der Hauptsatz   der Nebensatz
   die Hauptstraße   die Nebenstraße
   der Haupteingang   der Nebeneingang
   das Hauptfach   das Nebenfach
   die Hauptsache   die Nebensache
   das Hauptgebäude   das Nebengebäude
   der Hauptberuf   der Nebenberuf

3 a) der Obstgarten, das Gartenobst   b) die Weinflasche, der Flaschenwein
   c) das Bierfass, das Fassbier   d) die Gartenstadt, der Stadtgarten
   e) die Spielkarte, das Kartenspiel   f) der Arbeitstag, die Tagesarbeit
   g) das Wirtshaus, der Hauswirt   h) der Fensterladen, das Ladenfenster

4 **Fehl**   **Miss**   **Nicht**   **Un**
   -geburt   -erfolg   -raucher   -glück
   -meldung   -geburt   -schwimmer   -ruhe
   -schlag   -handlung   -beachtung   -mensch
   -anzeige   -gunst   -mitglied   -gunst
                    -verständnis   -wetter
                    -brauch   -fall
                                                       -verständnis

Verb tables

Weak verbs

Weak verbs are quite regular. Once you have learnt the relevant endings, you will be able to conjugate any weak verb. Take the stem of the verb, which you form by removing the **en** from the infinitive (thus the stem of **sagen** is **sag**-), and add the endings highlighted in bold below:

Present tense

ich sag**e**	wir sag**en**
du sag**st**	ihr sag**t**
Sie sag**en**	Sie sag**en**
er/sie/es sag**t**	sie sag**en**

Simple past

ich sag**te**	wir sag**ten**
du sag**test**	ihr sag**tet**
Sie sag**ten**	Sie sag**ten**
er/sie/es sag**te**	sie sag**ten**

Past participle

ich habe **ge**sag**t**	wir haben **ge**sag**t**
du hast **ge**sag**t**	ihr habt **ge**sag**t**
Sie haben **ge**sag**t**	Sie haben **ge**sag**t**
er/sie/es hat **ge**sag**t**	sie haben **ge**sag**t**

Strong verbs

The personal endings for strong verbs are very similar to those for weak verbs, but several strong verbs have vowel changes in the stem of the present tense, and most of the strong verbs have vowel changes in the simple past tense and the past participle. Note, for example, the vowel changes and endings for the verb **geben**:

Present tense

ich geb**e**	wir geb**en**
du g**i**b**st**	ihr geb**t**
Sie geb**en**	Sie geb**en**
er/sie/es g**i**b**t**	sie geb**en**

Simple past

ich g**a**b	wir g**a**b**en**
du g**a**b**st**	ihr g**a**b**t**
Sie g**a**b**en**	Sie g**a**b**en**
er/sie/es g**a**b	sie g**a**b**en**

Past participle

ich habe **gegeben**	*wir haben* **gegeben**
du hast **gegeben**	*ihr habt* **gegeben**
Sie haben **gegeben**	*Sie haben* **gegeben**
er/sie/es hat **gegeben**	*sie haben* **gegeben**

In view of these vowel changes, whenever you come across a new strong verb you need to learn four forms:

- the infinitive
- the third-person singular (***er/sie/es*** form)
- the 1st person and 3rd person simple past tense (***ich*** and ***er/sie/es*** forms)
- the past participle.

The following table lists these forms for the most common strong and irregular verbs, along with the verbs' meanings, and indicates whether they are used with ***haben*** or ***sein***. All compounds of these verbs follow the same pattern. For example, ***aufstehen***, ***gestehen*** and ***verstehen*** all have the same vowel changes as the simple verb ***stehen***. Similarly, ***aushalten***, ***behalten*** and ***sich unterhalten*** all behave like ***halten***.

See Chapter 24 for rules on when to use ***sein*** rather than ***haben*** with the past participle.

Infinitive	Present	Simple past	Past participle	Meaning
backen	*bäckt/backt*	*backte*	*hat gebacken*	to bake
befehlen	*befiehlt*	*befahl*	*hat befohlen*	to order, command
beginnen	*beginnt*	*begann*	*hat begonnen*	to begin, start
beißen	*beißt*	*biss*	*hat gebissen*	to bite
bekommen	*bekommt*	*bekam*	*hat bekommen*	to get, receive
bergen	*birgt*	*barg*	*hat geborgen*	to rescue; hide
betrügen	*betrügt*	*betrog*	*hat betrogen*	to deceive
biegen	*biegt*	*bog*	*hat gebogen*	to bend
bieten	*bietet*	*bot*	*hat geboten*	to offer
binden	*bindet*	*band*	*hat gebunden*	to tie
bitten	*bittet*	*bat*	*hat gebeten*	to ask, request
blasen	*bläst*	*blies*	*hat geblasen*	to blow
bleiben	*bleibt*	*blieb*	*ist geblieben*	to stay, remain
braten	*brät*	*briet*	*hat gebraten*	to roast
brechen	*bricht*	*brach*	*hat gebrochen*	to break
brennen	*brennt*	*brannte*	*hat gebrannt*	to burn
bringen	*bringt*	*brachte*	*hat gebracht*	to bring
denken	*denkt*	*dachte*	*hat gedacht*	to think
dringen	*dringt*	*drang*	*ist gedrungen*	to penetrate
dürfen	*darf*	*durfte*	*hat gedurft/dürfen*	to be allowed
empfehlen	*empfiehlt*	*empfahl*	*hat empfohlen*	to recommend
erschrecken	*erschrickt*	*erschrak*	*ist erschrocken*	to be startled
essen	*isst*	*aß*	*hat gegessen*	to eat
fahren	*fährt*	*fuhr*	*ist gefahren*	to travel, drive
fallen	*fällt*	*fiel*	*ist gefallen*	to fall
fangen	*fängt*	*fing*	*hat gefangen*	to catch
finden	*findet*	*fand*	*hat gefunden*	to find
fliegen	*fliegt*	*flog*	*ist geflogen*	to fly
fliehen	*flieht*	*floh*	*ist geflohen*	to flee
fließen	*fließt*	*floss*	*ist geflossen*	to flow

Infinitive	Present	Simple past	Past participle	Meaning
fressen	*frisst*	*fraß*	*hat gefressen*	to eat (of animals)
frieren	*friert*	*fror*	*hat gefroren*	to freeze
gebären	*gebärt/gebiert*	*gebar*	*hat geboren*	to give birth
geben	*gibt*	*gab*	*hat gegeben*	to give
gefallen	*gefällt*	*gefiel*	*hat gefallen*	to please
gehen	*geht*	*ging*	*ist gegangen*	to go
gelingen	*gelingt*	*gelang*	*ist gelungen*	to succeed
gelten	*gilt*	*galt*	*hat gegolten*	to be valid (worth)
genießen	*genießt*	*genoss*	*hat genossen*	to enjoy
geschehen	*geschieht*	*geschah*	*ist geschehen*	to happen
gewinnen	*gewinnt*	*gewann*	*hat gewonnen*	to win
gießen	*gießt*	*goss*	*hat gegossen*	to pour
gleichen	*gleicht*	*glich*	*hat geglichen*	to resemble
gleiten	*gleitet*	*glitt*	*ist geglitten*	to slide
graben	*gräbt*	*grub*	*hat gegraben*	to dig
greifen	*greift*	*griff*	*hat gegriffen*	to take hold of
haben	*hat*	*hatte*	*hat gehabt*	to have
halten	*hält*	*hielt*	*hat gehalten*	to stop, hold
hängen	*hängt*	*hing*	*hat gehangen*	to hang, be hanging
heben	*hebt*	*hob*	*hat gehoben*	to lift
heißen	*heißt*	*hieß*	*hat geheißen*	to be called
helfen	*hilft*	*half*	*hat geholfen*	to help
kennen	*kennt*	*kannte*	*hat gekannt*	to know (a person or place)
klingen	*klingt*	*klang*	*hat geklungen*	to sound
kommen	*kommt*	*kam*	*ist gekommen*	to come
können	*kann*	*konnte*	*hat gekonnt/können*	to be able
kriechen	*kriecht*	*kroch*	*ist gekrochen*	to creep, crawl
laden	*lädt*	*lud*	*hat geladen*	to load
lassen	*lässt*	*ließ*	*hat gelassen/lassen*	to let, have done
laufen	*läuft*	*lief*	*ist gelaufen*	to run
leiden	*leidet*	*litt*	*hat gelitten*	to suffer
leihen	*leiht*	*lieh*	*hat geliehen*	to lend
lesen	*liest*	*las*	*hat gelesen*	to read
liegen	*liegt*	*lag*	*hat gelegen*	to lie, be lying down
lügen	*lügt*	*log*	*hat gelogen*	to tell lies
meiden	*meidet*	*mied*	*hat gemieden*	to avoid
messen	*misst*	*maß*	*hat gemessen*	to measure
mögen	*mag*	*mochte*	*hat gemocht/mögen*	to like
müssen	*muss*	*musste*	*hat gemusst/müssen*	to have to
nehmen	*nimmt*	*nahm*	*hat genommen*	to take
nennen	*nennt*	*nannte*	*hat genannt*	to name
pfeifen	*pfeift*	*pfiff*	*hat gepfiffen*	to whistle
raten	*rät*	*riet*	*hat geraten*	to advise
reiben	*reibt*	*rieb*	*hat gerieben*	to rub
reißen	*reißt*	*riss*	*hat gerissen*	to tear
reiten	*reitet*	*ritt*	*ist geritten*	to ride
rennen	*rennt*	*rannte*	*ist/hat gerannt*	to run
riechen	*riecht*	*roch*	*hat gerochen*	to smell
ringen	*ringt*	*rang*	*hat gerungen*	to wrestle
rufen	*ruft*	*rief*	*hat gerufen*	to call
saufen	*säuft*	*soff*	*hat gesoffen*	to drink (booze)
schaffen	*schafft*	*schuf*	*hat geschaffen*	to create
scheiden	*scheidet*	*schied*	*hat/ist geschieden*	to divorce; depart
scheinen	*scheint*	*schien*	*hat geschienen*	to shine, seem

Infinitive	Present	Simple past	Past participle	Meaning
schieben	schiebt	schob	hat geschoben	to push
schießen	schießt	schoss	hat geschossen	to shoot
schlafen	schläft	schlief	hat geschlafen	to sleep
schlagen	schlägt	schlug	hat geschlagen	to hit
schleichen	schleicht	schlich	ist geschlichen	to creep
schließen	schließt	schloss	hat geschlossen	to close
schmelzen	schmilzt	schmolz	ist/hat geschmolzen	to melt
schneiden	schneidet	schnitt	hat geschnitten	to cut
schreiben	schreibt	schrieb	hat geschrieben	to write
schreien	schreit	schrie	hat geschrien	to shout
schreiten	schreitet	schritt	ist geschritten	to stride
schweigen	schweigt	schwieg	hat geschwiegen	to be silent
schwimmen	schwimmt	schwamm	ist/hat geschwommen	to swim
schwören	schwört	schwor	hat geschworen	to swear
sehen	sieht	sah	hat gesehen	to see
sein	ist	war	ist gewesen	to be
senden	sendet	sandte	hat gesandt	to send; broadcast
		(sendete)	(hat gesendet)	
singen	singt	sang	hat gesungen	to sing
sinken	sinkt	sank	ist gesunken	to sink
sitzen	sitzt	saß	hat gesessen	to sit, be sitting
sollen	soll	sollte	hat gesollt/sollen	to be supposed to
sprechen	spricht	sprach	hat gesprochen	to speak
springen	springt	sprang	ist gesprungen	to jump
stechen	sticht	stach	hat gestochen	to sting
stehen	steht	stand	hat gestanden	to stand
stehlen	stiehlt	stahl	hat gestohlen	to steal
steigen	steigt	stieg	ist gestiegen	to climb
sterben	stirbt	starb	ist gestorben	to die
stoßen	stößt	stieß	hat/ist gestoßen	to push; bump into
streichen	streicht	strich	hat gestrichen	to stroke; paint
streiten	streitet	stritt	hat gestritten	to argue
tragen	trägt	trug	hat getragen	to carry, wear
treffen	trifft	traf	hat getroffen	to meet
treiben	treibt	trieb	hat getrieben	to drive
treten	tritt	trat	ist/hat getreten	to step
trinken	trinkt	trank	hat getrunken	to drink
tun	tut	tat	hat getan	to do
verderben	verdirbt	verdarb	hat verdorben	to spoil
vergessen	vergisst	vergaß	hat vergessen	to forget
verlassen	verlässt	verließ	hat verlassen	to leave
verlieren	verliert	verlor	hat verloren	to lose
verschwinden	verschwindet	verschwand	ist verschwunden	to disappear
verzeihen	verzeiht	verzieh	hat verziehen	to pardon, forgive
wachsen	wächst	wuchs	ist gewachsen	to grow
waschen	wäscht	wusch	hat gewaschen	to wash
weichen	weicht	wich	ist gewichen	to move, give way to
weisen	weist	wies	hat gewiesen	to show
wenden	wendet	wandte/	hat gewandt/	to turn
		wendete	hat gewendet	
werben	wirbt	warb	hat geworben	to advertise
werden	wird	wurde	ist geworden	to become
werfen	wirft	warf	hat geworfen	to throw
wiegen	wiegt	wog	hat gewogen	to weigh

Infinitive	Present	Simple past	Past participle	Meaning
winden	*windet*	*wand*	*hat gewunden*	to wind
wissen	*weiß*	*wusste*	*hat gewusst*	to know (something)
wollen	*will*	*wollte*	*hat gewollt/wollen*	to want
ziehen	*zieht*	*zog*	*hat gezogen*	to pull
zwingen	*zwingt*	*zwang*	*hat gezwungen*	to force

Index

Section numbers are given first, followed by page numbers in brackets.